ハンドボールスキルアップシリーズ

目からウロコの 個人技術

【写真】モンテネグロ女子代表・マリヤ・ヨヴァノビッチ

はじめに

ハンドボールの魅力は、もちろんチームプレーにあります。

一瞬のスキをついた絶妙なパスがチームメイトの得点を生み、互いの笑顔がはじける時、心までつながる醍醐味が、そこにはあります。

ディフェンスミスをしてしまい「しまった！」と思った瞬間、うしろに控えたゴールキーパーが目のさめるような好セーブで助けてくれた時、思わず「サンキュー！」のひと言が口をついて出てしまいます。

みんなで守って、みんなで走り、みんなでパスをつないで、シュートに結びつける。そこにハンドボールの魅力があるのです。

しかし、一朝一夕にチームとして魅力あるプレーができあがるものでもありません。

1つひとつのプレーが輝き、みんなの力として結集していくためには、プレーヤー個々に磨かれた技術の裏打ちがなければなりません。個人技術の積み重ねがチームの強さにつながっていくのです。

この本は、みなさんのお役に立てるよう、ハンドボールの個人技術に焦点を絞ってまとめられています。

個人技術を「パス」「ステップワーク」「フェイント」、そのための「トレーニング」、「パスをもらう前の動き」「1対1の攻略法」「2対2の攻略法」「ポストでの動き」「けん制に対する動き」などに分けて、個人技術を鍛え、伸ばすための考え方と工夫を網羅しています。

この本の各ページは、月刊誌『スポーツイベント・ハンドボール』に連載された「保存版スキルアップシリーズ」をまとめなおしたものです。解説は日本の名指導者の先生方にお願いしています。初心者から上級者まで、これまで、なんとなくやっていたプレー、トレーニングについて、その概念がくつがえされる、まさに「目からウロコ」の教科書、さらに言えば、「強化書」となっていることでしょう。

『ハンドボールスキルアップシリーズ』は、すでに『目からウロコのシュート術』が刊行されています。

第2弾となった、この『目からウロコの個人技術』では、連続写真でも表現しきれない動きについて、QRコードを通じて動画でも確認できるシステムを採用しています。ご活用いただければ幸いです。

〈スポーツイベント・ハンドボール編集部〉

この本では、パスやフェイントなどハンドボールの個人技術を紹介しています。

プレーの連続写真を追いながら、一流指導者がその技のコツを解説します。

頭と身体の両方で動きを理解し、レベルアップにつなげ、ハンドボールをより楽しみましょう。

連続写真と動画

各プレーを連続写真で細かく解説しています。一瞬のできごとの中でも大切なポイントはあります。写真と解説をよく見ながらプレーを向上させてください。また、よりプレーをわかりやすくするため、QRコードからアクセスできる動画も公開しています。解説、写真、動画を一体にして技術を身につけましょう。

この本を読むには

実績豊富な指導者による解説

各プレーの意味やそのための動き、コツを各テーマのエキスパートが解説します。豊富な経験を持つ指導者ならではの視点に注目してください。まずはどんなことが基本となるのかよく読んで理解しましょう。

Technique 1 ボールの握り方
投げ方の基本は、親指と小指でボールをグリップし、人差し指、中指、薬指の３本でボールに逆回転（バックスピン）をかけることです。手の平と等間隔に指の間を空けて、手の平とボールの間に少しすき間を作るのが一般的だと言われていますが、人によってボールの握りは少しずつ違います。親指以外の４本の指を揃える人もいれば、小指と薬指とをくっつける人もいます。中には手の平をべったりつける方が投げやすいという人もいます。
握り方は人それぞれですので、ここでは共通する考え方を紹介しておきます。握りがどうであれ、ヒジから先を自由にひねることができれば、腕を振りやすくなります。手の平全体でボールを強く握ろうとすると、前腕や手首に力が入り、腕がひねりにくくなります。ひねりが使えないと、ヒジから先が前に出てくる、いわゆる「腕がしなる」投げ方ができなくなります。しならない投げ方だと、腕の振りが遅くなりますし、DFにコンタクトされた時にパスを出せません。
ヒジから先を自由に使うためには、指先に力を入れ過ぎず、リラックスした状態でボールを持つことが基本になります。そのためにはボールと手の平とを少し空けておいた方がいいでしょう。手の平がボールと密着していると、力みやすくなります。ボールを手で作ったくぼみにはめるぐらいの力加減なら、腕や手首も動かしやすくなります。
しっかり握れるとグリップができる
日本リーグ選手に聞く①
味方を思いやるラストパス
～石立真悠子（オムロンなど）～
パスでは、距離とボールの質をいつも頭に置いています。近づいてくる選手には柔らかく、遠ざかる選手には強く。きれいなバックスピンがかかっていないと捕りにくいので、シュートの時よりも回転を気にしていますね。ラストパスはちょっとずれると味方の勢いや視野も変わってくるので、その人の好きな場所に好きなタイミングで出せるよう心がけています。例えば藤井紫緒さんだったらスピードがあるので、強いパスよりも空間に置いていくようなパスの方が、勢いに乗ってシュートを打ってくれます。
12

ハンドボールスキルアップシリーズ
第3章 得点を決め勝利を引き寄せる『フェイント』
ステップシュートを打つと見せ
ント。相手DFはステップシュー
利き腕側を守りに行くので、充分
けてから逆手側に切り返して行き
トでも大股、肩を入れるというポ
ることにも注目してください。
3
6
86ページでドリブルの使用は最小限にとお話ししましたが、この連続写真のプレーのように、相手をかわしてからの場面など、臨機応変に使ってください。
ドリブルを避けようとするあまりに、せっかく相手DFを抜いてもオーバーステップをしてしまっては、意味がありません。
93

日本リーグ選手に聞く

日本リーグ選手たちが実際に試合で使用しているテクニックを紹介します。それぞれがトップリーグで活躍するために培ったワザを学び、身につけましょう。

CONTENTS

CONTENTS

第1章
基本だからこそ大切にしたい
『パス』

正確なパスが勝負を決める

ハンドボールをするうえで重要な基本技術の１つであるパス。正確に身につけ、ミスを減らせば、自然と攻撃チャンスは増えてくる。ここでしっかりとパスの意味や投げ方などを確認、理解しよう。

協力：早大男子・女子ハンドボール部

シュートを打つため、プレーをするために必要な基礎技術のパス。
スペインへコーチ留学した経験も持つ大城章さん（早大男子部コーチ）に、
パスの基本や練習方法を解説してもらう。
パスの基本技術を磨き、勝負を決めるパスを身につけよう。

大城　章

おおしろ・あきら、1983年生まれ。宮城小、神森中、那覇西高と、ハンドボール王国・沖縄でも有数の名門チームで活躍。早大卒業後はスペインに留学し、みっちりと本場のコーチングを修得。帰国後は母校・早大を指揮し、2013年、全日本インカレ優勝に導くなど手腕を発揮。その後、日本リーグ女子のソニーセミコンダクタマニュファクチャリング監督を16年から23年まで務めたあと、24年から立大ヘッドコーチに就任。

パスの意味と考え方

仲間とボールを送り合うのが、ハンドボールの原点。

それでも、実際のゲームの中で、キャッチボールのように2人が足を止めて立ち、向かい合った状態でパス・キャッチをする、というケースは、まずありません。動きの中でのパス・キャッチがほとんどです。

しかも、パス、キャッチすることに集中するだけでは不充分で、味方のポジションや相手DFの状態も観察、把握しながらパス・キャッチすることが求められます。

また、動きの中でパス・キャッチを正確に繰り返していればいい、というものではありません。大切なのはゴールを狙い、シュートを放って、それを決めることです。

いくら正確に、華麗にパスをつないでも、シュートして、ゴールを決めることができなければ、ゲームには勝てません。

まずはシュートを狙うことが大前提です。

シュートを狙ったけれども、相手

DFのマークを受けるなどしてシュートが打てないところで、そこで仲間が次のチャンスでシュートを狙うためのパスを送る、という姿勢がベースになります。

次ページ以降から具体的な紹介に入りますが、シュートを狙い、放ち、決めるために、そして、正確かつスピーディーなパスを出すために適した投げ方があります。

また、スムーズにシュートへと移るのに適した、味方からのパスをキャッチする位置もあります。

シュートへとつなげるために、仲間に「ここにパスをくれ!!」とアピール、意思表示も必要になります。

立ち止まり、向かい合った状態で、お互いの胸を目がけてパス・キャッチを繰り返すのは、初歩の初歩。

実際のゲームでは、仲間（人）を目がけてではなく、仲間が動こうとするスペースに、スピードあるパスを出すことも大切になってきます。

今回はこの『スペース』『スピード』をキーワードとして追求していきますが、パスはすべてスピードボールで、という意味ではありません。その都度、パスの種類、速さを選択、判断していく必要があります。

その選択、判断を正確、スムーズにするためにも、自分の最大限の力を知っていることが大切。それがわかっていれば、よりスピードの変化もつけやすくなります。

パス・キャッチでは『ミスをしたくない』と思いがちですが、ミスを恐れず、日ごろの練習から自分の限界にチャレンジし、更新していきましょう。

最大値を更新することが、無難になりがちなゲームにも活きてきます。練習ではあえてリスクをおかして、自分を高めていきましょう。

大城 章の目 ①

"世界基準でのプレーを"

松ヤニはパス・キャッチだけでなく、ハンドボールを語るうえで避けては通れないテーマですが、大会や試合会場ごとに松ヤニの使用が制限される日本の現状は、松ヤニを使ったプレーが前提のアジア、世界を思うと、大きな問題です。

高知中央高の監督で、日本男子代表コーチも務めていた山口修さんも「GKの身体の近くにシュートを打ち分けるのは松ヤニを使ってこそで、両面テープでのプレーでは打ち分けられるか自信がない」とおっしゃっていましたが、松ヤニを使うと使わないでは、それぐらいの違いがあります。

当然、この問題はパス・キャッチの精度やテクニックにも影響してきます。

松ヤニ使用の前に、ハンドボールで使用できる体育館を確保するのもひと苦労という日本ならではの文化、環境もありますが、本来のハンドボールを求める姿勢は持ち続けていたいものです。

松ヤニを使った大会、試合を実現させる努力とともに、松ヤニ使用に限界があるのなら、ボールの規格なども柔軟に対応することも必要ではないでしょうか。

松ヤニと両面テープには大きな違いがある。

Technique 1

ボールの握り方

投げ方の基本は、親指と小指でボールをグリップし、人差し指、中指、薬指の３本でボールに逆回転（バックスピン）をかけることです。手の平と等間隔に指の間を空けて、手の平とボールの間に少しすき間を作るのが一般的だと言われていますが、人によってボールの握りは少しずつ違います。親指以外の４本の指を揃える人もいれば、小指と薬指とをくっつける人もいます。中には手の平をべったりつける方が投げやすいという人もいます。

握り方は人それぞれですので、ここでは共通する考え方を紹介しておきます。握りがどうであれ、ヒジから先を自由にひねることができれば、腕を振りやすくなります。手の平全体でボールを強く握ろうとすると、前腕や手首に力が入り、腕がひねりにくくなります。ひねりが使えないと、ヒジから先が前に出てくる、いわゆる「腕がしなる」投げ方ができなくなります。腕がしならない投げ方だと、腕の振りが遅くなりますし、DFにコンタクトされた時にパスを出せません。

ヒジから先を自由に使うためには、指先に力を入れ過ぎず、リラックスした状態でボールを持つことが基本になります。そのためにはボールと手の平とを少し空けておいた方がいいでしょう。手の平がボールと密着していると、力みやすくなります。ボールを手で作ったくぼみにはめるぐらいの力加減なら、腕や手首も動かしやすくなります。

日本リーグ選手に聞く①

味方を思いやるラストパス
～石立真悠子（元オムロンなど）～

パスでは、距離とボールの質をいつも頭に置いています。近づいてくる選手には柔らかく、遠ざかる選手には強く。きれいなバックスピンがかかっていないと捕りにくいので、シュートの時よりも回転を気にしていますね。ラストパスはちょっとずれると味方の勢いや視野も変わってくるので、その人の好きな場所に好きなタイミングで出せるよう心がけています。例えば藤井紫緒さんだったらスピードがあるので、強いパスよりも空間に置いていくようなパスの方が、勢いに乗ってシュートを打ってくれます。

手の小さい人の握り方

手の小さい人は、目いっぱい手を広げてボールを握ります。指先にも力が入ってしまうので、ヒジから先の動きが硬くなりがちです。大きいボールを握るためには、握力をつける必要があります。例えばダンベルの球状になっている部分を指で握って回せば、指先の力が鍛えられます。お風呂の中で手を開いたり閉じたりする古典的なトレーニングも、握力の強化に役立ちます。

手の大小にかかわらず、基本的な握り方は変わりません。指先で軽く握り、ボールと手の平の間にすき間を作ります。握力を鍛えたから強く握るのではなく、ボールを軽く握っても落ちないようにするために握力を鍛えているのです。最終的にはヒジから先を自由に使えるようにしたいから、握力が必要なのです。

松ヤニがないと握りにくいかもしれませんが、手の平に乗せるのではなく、指先で握る感覚を小さいころから養っておきましょう。

すき間は指１本ほど

手の大きい人の握り方

手の大きい人は、あまり苦もなくボールを握ることができるでしょう。普通サイズの人が野球やテニスのボールを投げるような感覚でハンドボールを握れます。特別に手を広げたり、指先に力を入れたりしなくてもボールを保持できるので、腕にも余分な力が入りません。ヒジから先を自由に使えるので、自然とヒジが前に出るフォームで投げられるようになります。

写真を見ても、手の平に余裕があり、ボールと手の平の間が空いています。上からつかんでいても、指先や前腕に余分な力が入っていません。

手の大きい人はキャッチングでも有利です。片手キャッチを積極的に取り入れてください。ポスト以外のポジションでも、片手キャッチは役立ちます。速攻でパスを受ける時や、スカイプレーで空中でボールをもらう時などに使えると、プレーの幅が広がります。

すき間が広い

Technique

2 ボールの投げ方

日本女子代表チームのコーチを務め、現在は筑波大男子部の監督を務める藤本元さんもコンパクトスイングを強調されていましたが（弊社刊『目からウロコのシュート術』第1章ディスタンスシュートより）、その考え方はパスも同じです。

シュート、パスのチャンスを確実に活かすために、左ページ上の連続写真のようなパスをキャッチしてからすぐにコンパクトスイングで投げることが大切です。

キャッチの動作からの流れでヒジが上がり、あとは腕を鋭く振り下ろすだけです。

盗塁を試みるランナーをアウトにしようと、ボールを捕って素早いモーションから強い送球を繰り出す野球のキャッチャーのスローに近いイメージです。

力強いボールを投げるためには、左ページ下の連続写真のようにテイクバック（バックスイング）を充分にとった方がいいのではと思うかもしれませんが、テイクバックが大きいと、その分、シュートやパスをするまでに余分な時間がかかってしまいます。

そのわずかな時間が相手DF、GKに対応できる余裕を与え、せっかく空いていたスペースが閉じてしまうなどして、チャンスを逃がすことになります。

どれだけ強く、速いボールを投げられたとしても、相手に対応する余裕があれば、その威力は半減してしまいます。

味方からのパスを低い位置で受けた時も、素早くヒジを上げて投げることを心がけましょう。

ヒジを上げて投げる、という動作そのものができない人も少なくないでしょう。

ボールをしっかり握れなかったり、ボールが大きいとヒジが上がらず、ボールを乗せたような投げ方になってしまいます。

ヒジを上げて投げるイメージを自分のものにするために、自分のカテゴリーよりも小さいボールを使って、ヒジを上げて投げるコツをつかんでいきましょう。

【写真1】 ヒジを上げて投げる

【写真2】 カテゴリー（男女・年代分類）によりボールの大きさは異なる

【写真3】時間のかからない投げ方

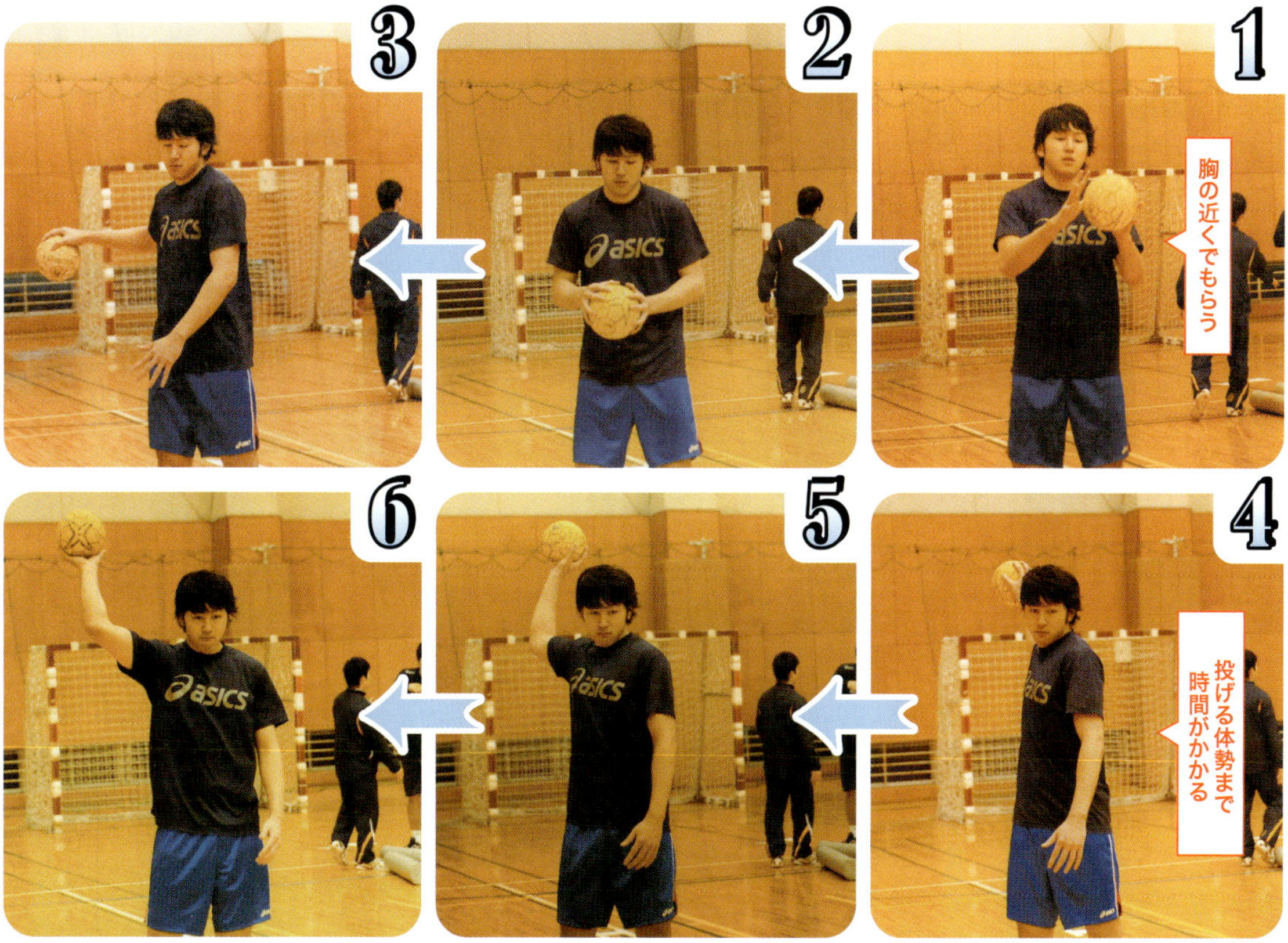

【写真4】時間のかかる投げ方

素早くシュート、パスをするために、ボールをキャッチする位置にも注意しましょう。

　パスは相手の胸を目がけて、キャッチも胸の前でしっかりと、ということを大切にしている人も多いでしょうが、**【写真5－1】**のように顔の横あたりでキャッチすれば、より時間のロスなくシュート、パスに持ち込むことができます。

　胸の前でボールをキャッチしてシュート、パスの動作に入る**【写真6－1】**と見比べたり、**【図1】**を見れば、顔の横でパスを受けた方がいち早くシュート、パスができることがわかると思います。

　時間にすればほんのわずかですが、このわずかな時間を活かすかどうかでシュート、パスの精度は変わってきます。

　キャッチする時ばかりでなく、パスをする時も味方がシュートする姿をイメージしながら、常識、セオリーにとらわれず、キーワードの『スピード』『スペース』を追求していきましょう。

1
顔の横でキャッチ
2
投げるまでの動きが少ない

【写真5】 顔の横でキャッチ

1
胸の近くでキャッチ
2
投げるまでの動きが大きい

【写真6】 胸の近くでキャッチ

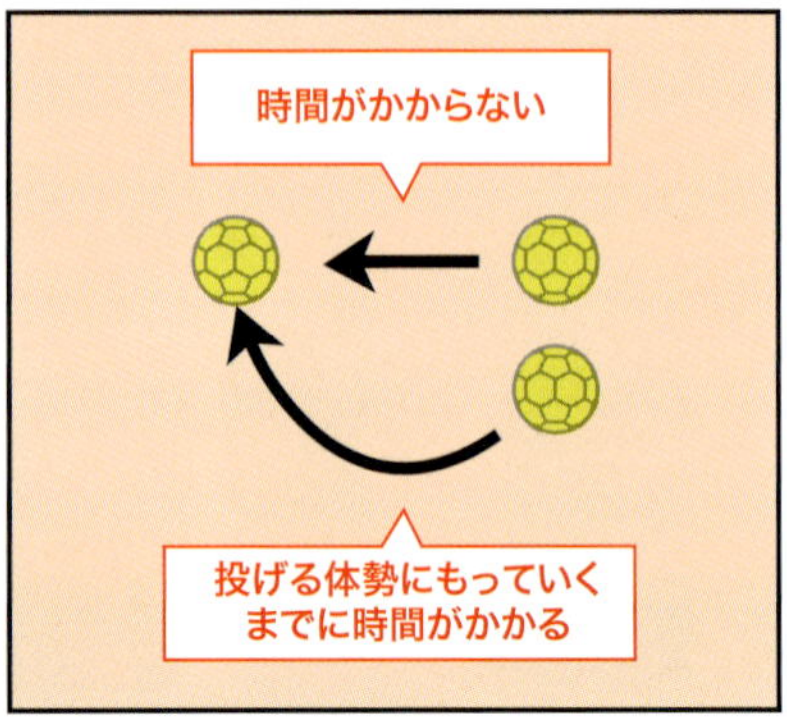
時間がかからない
投げる体勢にもっていくまでに時間がかかる

【図1】 ボールの軌道

常識、セオリーにとらわれない、という意味でも、積極的にチャレンジしたいのが片手キャッチです。

　日本では両手で、まずは確実にキャッチすることが基本とされたままですが、世界ではすでに片手キャッチが基本、と思えるぐらいの状況になっています。

　最近のオリンピックや世界選手権の映像を見た人ならば、それが納得できることでしょう。

　とりわけポストプレーなどでは、片手でキャッチしてそのままシュートに持ち込んだ方がスピーディーで、より多くのチャンスを活かせますし、15ページの【写真3】で紹介した顔の横でキャッチしてシュート、パスという動作も、【写真7・8】のように両手ではなく片手で自由自在にキャッチできれば、より時間のロスなくシュート、パスができるということがイメージできると思います。

11ページでお伝えしている松ヤニを使えるかどうか、という点も問題になってくるのですが、近い距離での対人パスから片手でキャッチし、そのまま投げる動作も取り入れていきましょう。

片手でボールをキャッチする時のコツは、ボールの勢いを和らげようと手を引くのではなく、上から手をかぶせるように、つかみにいくことが大切です。

足を止めての対人パスだけでなく、ワンマン速攻のパスも片手でキャッチするなど、走りながらの片手キャッチにも積極的にチャレンジしていきましょう。

asics
【写真7】片手キャッチ

【写真8】走りながらの片手キャッチ

大城 章の目②

“片手キャッチをマスターするために”

片手キャッチをマスターするために取り入れたいメニューを紹介していきましょう。

高価な器具は必要ありません。100円ショップなどで手に入る風船をふくらませ、片方の手で風船を弾ませ、下に落とさないようにしながら、送られてくるパスをもう一方の手でキャッチします【写真9】。

続いては、片方の手でボールをドリブルしながら、送られてくるパスをもう一方の手でキャッチ。

対人でパスだけを片手でキャッチするのはそれほど難しくありませんが、風船を弾ませたり、ボールをドリブルしたりと、別のことをしながら片手でキャッチするのは難しいものです【写真10】。

キャッチだけに集中するのではなく、味方、相手の動きやコート上のスペースも観察しながらプレーしなければならない実戦に直結したメニューです。

片手で風船を落とさないようにしながらキャッチ
【写真9】

片手でドリブルしながら、キャッチ
asics
【写真10】

Technique

3 投げ方のトレーニング

ヒジを上げて投げるために、14ページでは自分のカテゴリーよりも小さなボールを使うというメニューを紹介しましたが、ヒジを上げるだけでなく、ヒジをうまく使って投げられれば、より強く、スピーディーなシュート、パスにつながります。

ヒジをうまく使って投げるためのトレーニングメニューとしてあげられるのが、アメリカンフットボールのボールを投げるものです。

下の【写真11】で紹介しているように、ヒジが前に出てくる投げ方をできれば、この楕円形のボールを空中で回転しないように投げることができます。

こうした投げ方でハンドボールを投げれば、パスをする相手にもキャッチしやすい回転のボールを投げることができます。ボールが左右にスライドしながら回転するなど、受け手がキャッチしづらいパスをしてしまいがちな人の矯正にも有効なメニューになります。また、バドミントンやテニスのラケットを利用しても投げ方を矯正できます。

1
アメフト用ボールを使用する
2
しっかり振りかぶる
3
4
ヒジが前に出る
5
6

【写真11】 アメリカンフットボールを使ったトレーニング

Technique 4 ボールの回転

プレーするうえでボールに正しい回転をかけることは、パスを投げる側にもキャッチする側にも大切なことです。

回転をかける時、ボールを親指と小指で握るので、そのほかの人差し指、中指、薬指の使い方が重要です。

指の神経は、小指が一番鈍感で、人差し指に向かって順に感覚が鋭くなっていきます。ですから、ほかの3本の指をうまく使うことは、ボールコントロールに大きく影響します。

よく「いい回転」と言われているのが、バックスピンがかかった縦の回転です。3本の指でしっかり押し出していると綺麗な縦の回転になります。バスケットボールをリリースする時にかかる回転と同じです。

3本の指で押し出すと、薬指、中指、人差し指の順番でボールから離れていきます。しかし、中指が一番長いため、人差し指とほぼ同じタイミングでボールから離れることになるので、この2本の使い方はとくに気をつけてください。

指の使い方がうまくいかないと、斜めの回転や、無回転になります。その場合、手元でボールの軌道が微妙に変化してキャッチする側にミスが出てしまいます。

ヨーロッパでは、アメリカンフットボールのように、ボールの中心軸がズレずに真っ直ぐ飛んでくるジャイロ回転のようなパスを投げる選手もいました。

どちらの投げ方が一概にいいとは言えませんが、まずはバックスピンがかかった回転を投げることを意識しましょう。

斜め回転

- 回転軸がズレた斜めの回転
- 手元で変化する場合があり、キャッチしづらい

縦回転

- バックスピンがかかった縦の回転
- 縦の回転なので横の変化が少ない

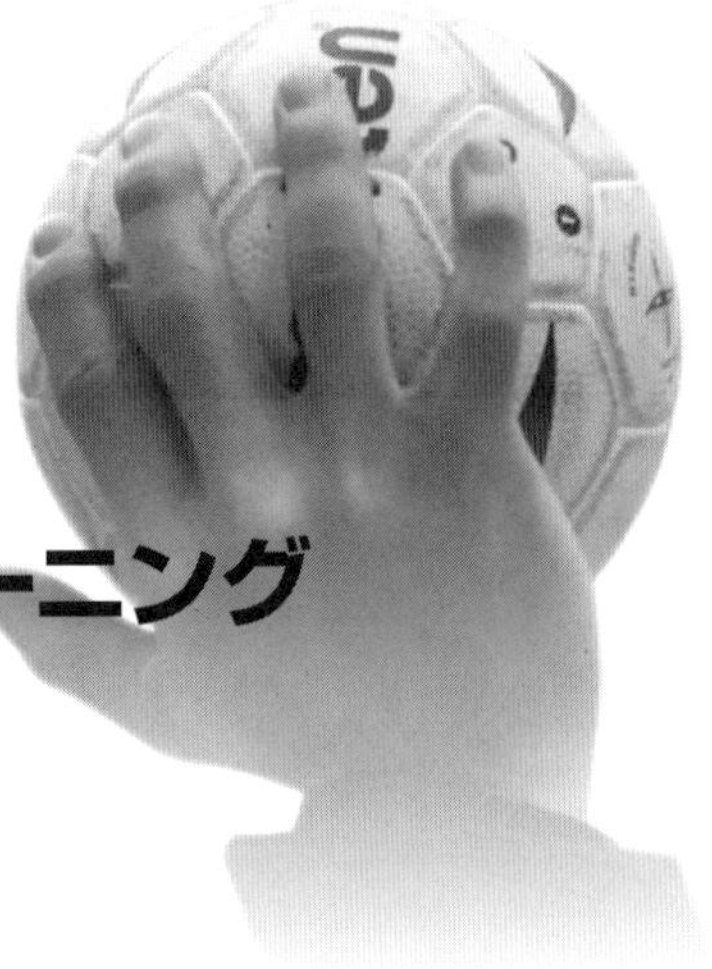

Technique 5 回転のかけ方のトレーニング

ここではボールに回転をかけるためのトレーニングを紹介します。

小さめのボール（後述）を手の平と親指、小指以外の３本指で挟むように持ちます【写真12】。挟むように持つため、通常の握り方とは違い、ボールと手の平の間にはスペースがありません【写真13】。これは回転をかける意識をつけるだけの握り方なので、違いに気をつけてください。

ボールを持ったら、普段のパスと同じように投げます【写真14】。親指と小指は使わずに投げるので、自然と３本の指で押し出すことが必要になってきます。手の平から離れて、徐々に指先に神経を集中させます。押し出す意識を忘れずに投げましょう。

５本の指で投げると、どうしても親指と小指に変な力が入り、変化が出てしまいます。その変化を出さないためにも、３本指で投げ、正しい回転の感覚を身につけましょう。

このトレーニングは、大きいボールを持つのは大変なので、普段使用しているボールよりも小さいボールを使います。高校生は2号球や1号球。小学生や握力があまりない人は、ビーチハンドボール用の柔らかいボールの方がやりやすいです。

ただ投げるだけではなく、ヒジの使い方やフォームなどが崩れないようにすることも意識しましょう。

もう1つトレーニングを紹介しま

親指と小指以外の指で持つ

【写真12】

指と手の平で挟むのですき間がない

【写真13】

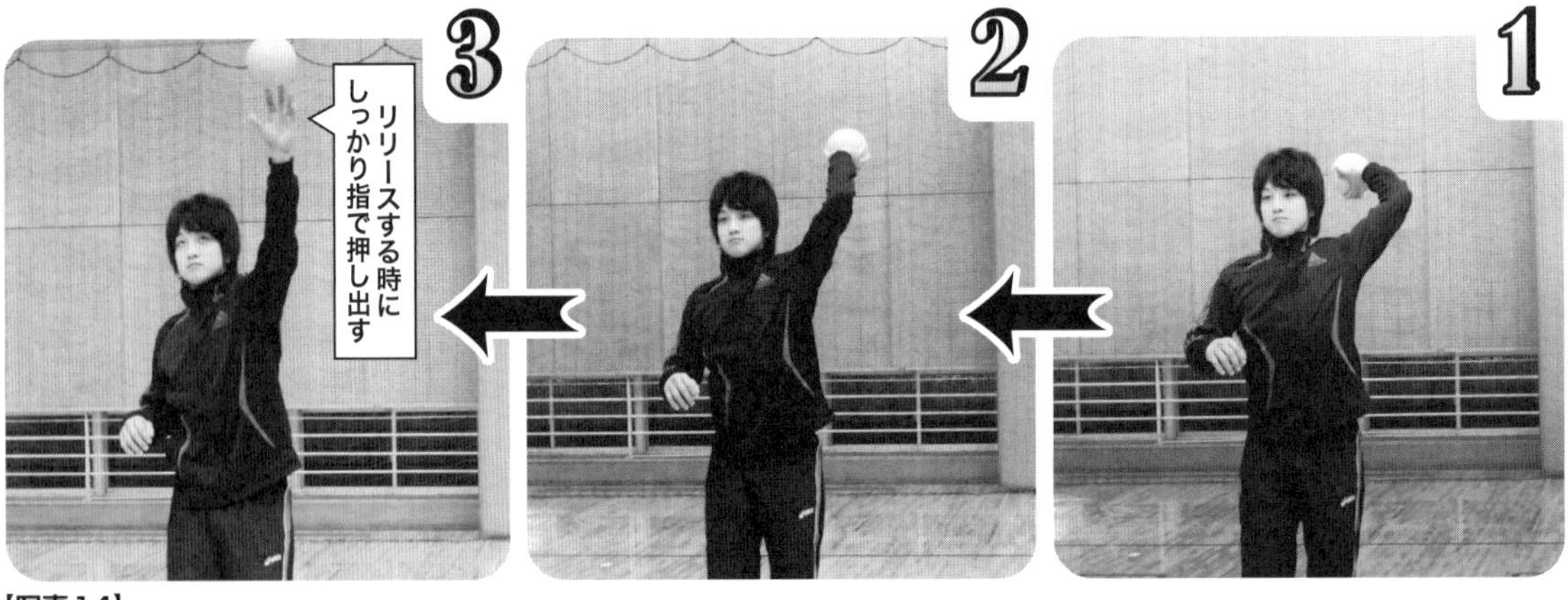
1
2
3
リリースする時にしっかり指で押し出す

【写真14】

す。今度は長座の状態からボールを持ち、上から抑えてもらいます。それに対して、反発するように上へ押し返します【写真15－1】。

抑えている人がボールから手を離した瞬間に、3本の指で押しましょう。しっかりと指で押すことができれば、キレイなバックスピンの回転がかかります。

この練習では、ボールを握る必要はありません。指先でボールに回転をかける感覚を養うものです。先ほどの練習とは違い、ハンドボールよりも大きいバスケットボールなどの方がやりやすいでしょう。

押し返した時に、真上にあげるのが望ましいのですが、多少左右にズレてもかまいません。重要なのは指の感覚です。下の【写真15－3】と【写真16－3】の指をよく見てください。しっかりと押し返しているのがわかると思います。

1人で練習する場合は、バスケットのシュートを練習するとイメージがつかみやすいでしょう。力を入れすぎず遊びの感覚でやってください。

1
ボールを抑える力に対して押し返す
2
指でボールを押し出す
3
バックスピンがかかる

【写真15】

1
2
手が離れた瞬間に3本の指で押し出す
3
真上にあげる

【写真16】

日本リーグ選手に聞く②

全方位対応のパス
～野田祐希（豊田合成）～

僕の場合は、決めつけでパスを出しません。コート全体を見ながら、どこのプレーにも対応できるようにしています。だから難しい体勢になったり、プレーがトリッキーに見えるのかもしれませんが、僕自身は味方全員に対応する意識で動いています。

そのためには、初めにゆっくり動きだして、全体を把握してからスピードアップします。ボールは軽く握って、身体全体の力を抜いていますね。

つねに首を振りながら、DFとOFの位置関係を把握するようにしています。

※日本リーグは現リーグH。選手の所属は2014－15シーズン当時。

Technique 6

動きながらのパス

『スペース』『スピード』を追求するためのメニューとして、とても適したメニューが、コートの半分（20m四方）を使ったパスです。

【図2】のようにサイドライン上を全力で走る人に対して、対角パス（……▶）を繰り返します。

全力で走り、まず①キャッチ、そして②ステップをしっかりと踏み、③力強くスローイング、という流れになります。

パスを出す人は、走っている『人』を目がけてパスを出すのではなく、パスを受ける人が走っていくコーナーの『スペース』を目がけてパスをします。

このパスも力をセーブしたり山なりのボールを投げるのではなく、マックスの力で『スピード』ボールを出すこと。ステップシュートをするぐらいのイメージで力いっぱい投げてください。

実戦を想定し、逆足（右利きなら右足）を踏み出して投げることも盛り込むと、より効果的です。

投げる力がまだ充分ではない小学生、中学生は20m四方ではなく、距離を縮めて10mぐらいから始めてもかまいません。

最初はキャッチもパスもなかなかうまくいかないでしょうが、ミスを恐れることなく、とにかくチャレンジしましょう。

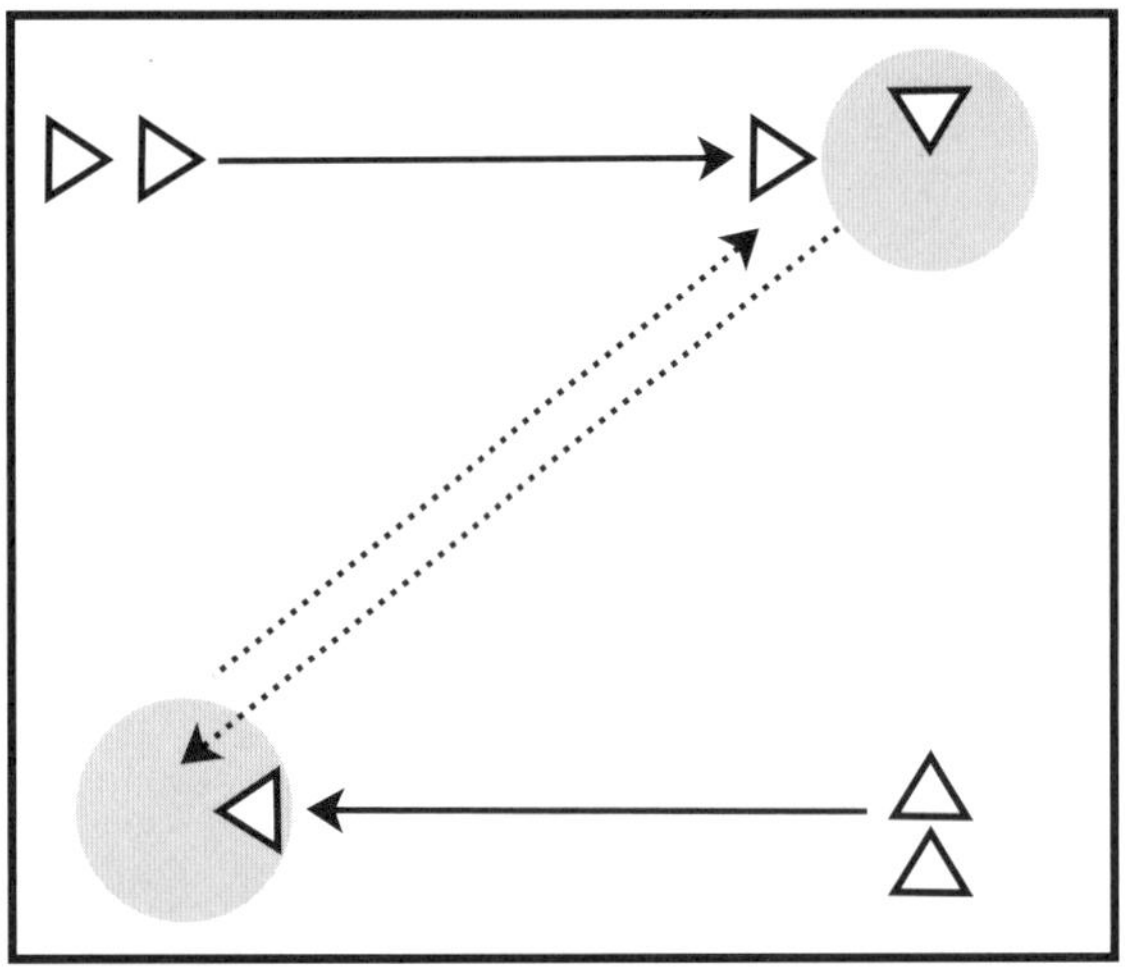

【図2】

また、キャッチミスをしても、実際の試合を想定し、すぐにリカバリーしてラインから出ないように心がけたり、すぐにパスに入るなど、素早く次の動作に入ることを心がけましょう。

レベルが上がっていくにつれて10回、20回、30回と、目標の回数を設定し、ミスなくパス・キャッチをつないでいきます。それでも、ミスを恐れて投げる力や走るスピードをセーブしてはダメです。ミスなくつなぐこと以上に『スペース』に『スピード』ボールを出し続けることが大切です。

投げる方も全力で投げる

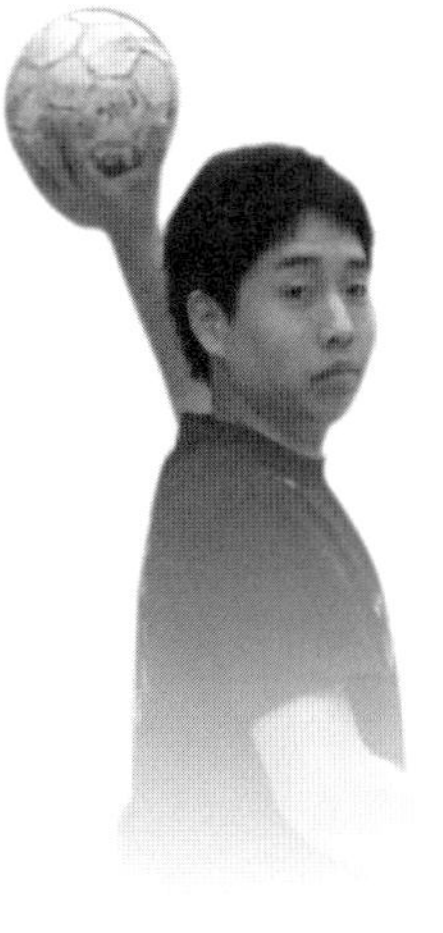

Technique 7

パスの種類

ひと口にパスといっても、いろいろな投げ方があります。最も基本的なものはオーバーハンドパス。肩を入れて上から振り下ろすように投げます。試合中では、オーバーハンドパスだけではなく、状況によって適したパスが必要になってきます。

例えば、近い距離にいる味方にパスを出したい時、オーバーハンドパスでは、投げるまでに時間がかかるなどワンテンポ遅れる場合があります。素早く前や横に投げたいなら、プッシュパスやラテラルパスで出した方がいいでしょう。逆に20mなど長い距離の場合、プッシュやラテラルでは味方に届きませんから、肩を入れて投げるオーバーハンドパスが適しています。

少し変化を加えたパスになると、バックハンドパスやスピンパス（スピンをかけたバウンドパス）などがあります。

いずれのパスも的確な判断と、正確に投げられることが大切です。普段からいろいろな場面を想定し、パスの練習をしてください。

ラテラルパス

バックハンドパス

プッシュパス

スピンパス

Technique 8

ラテラルパス

近い距離に素早くパスを出したい時に使うラテラルパス。直訳すると「横からの」パスです。シュートモーションでDFを引きつけることよりも、早くパスを出すことを優先する場合に使います。

ラテラルパスのポイントは、キャッチした高さをなるべく保ちながらパスを出すこと。ボールを下げてから投げると、時間がかかります。また手首だけで返そうとすると、ボールがばらつきます。ヒジから先を1つのかたまりだと考えて、指先とパスの方向を一直線になるようにすると、パスの軌道が安定します。

使用する場面

- となりにいる味方に早くパスを出したい時
- DFを引きつけなくても味方が余っている時

1
2
腕を横にふる
3
フスマを開く時の手の使い方をイメージ

【写真17】正しいラテラルパス

1
2
ボールを下に落とすと、時間がかかる
3
この体勢からのシュートは難しいのでDFは守りやすい

【写真18】時間がかかるラテラルパス

Technique 9 プッシュパス

ボールを押し出すように投げるのがプッシュパス。狭いところをとおしたり、DFにつかまってからもボールをつなぐために使います。世界では、コンタクトされたあとのパスとしてプッシュパスが重宝されています。「押し出す」という表現をしましたが、ヒジの曲げ伸ばしだけでは回転のいいパスになりません。ヒジから先を柔らかくして、ヒジを起点に小さく回し、前腕を内側にひねりながらボールをリリースします。

背中に壁がある状態でプッシュパスの練習をすると、ヒジから先の使い方が覚えられます【写真20】。

使用する場面

- ポストに素早くパスを出したい時
- 狭いすき間にパスをとおす時
- DFと接触したあとでもボールを活かしたい時

【写真19】正しいプッシュパス

【写真20】プッシュパス練習法

Technique 10

バックハンドパス

使用する場面

- サイドにラストパスを出す時
- シュートモーションでDFを引きつけてからパスしたい時

背後からパスをとおす時に使われるバックハンドパスはトリッキーと思われがちですが、使えるようになると攻撃の幅が広がります。

子どものころから遊びやウォーミングアップの中で積極的にチャレンジして、身につけていきたいスキルの1つです。

バックハンドパスのコツは、腕全体を1つのかたまりにして投げること。ヒジや手首を曲げようとすると、コントロールが乱れます。踏み出した足をゴールに向けることも重要です。前を狙う姿勢があるから、DFを引きつけられるのです。

1
ゴールに向かって踏み出すイメージ
2
ボールを背中側に通す
3
手首を腕と一体化してパスを出す

【写真21】 背中側から見たバックハンドパス

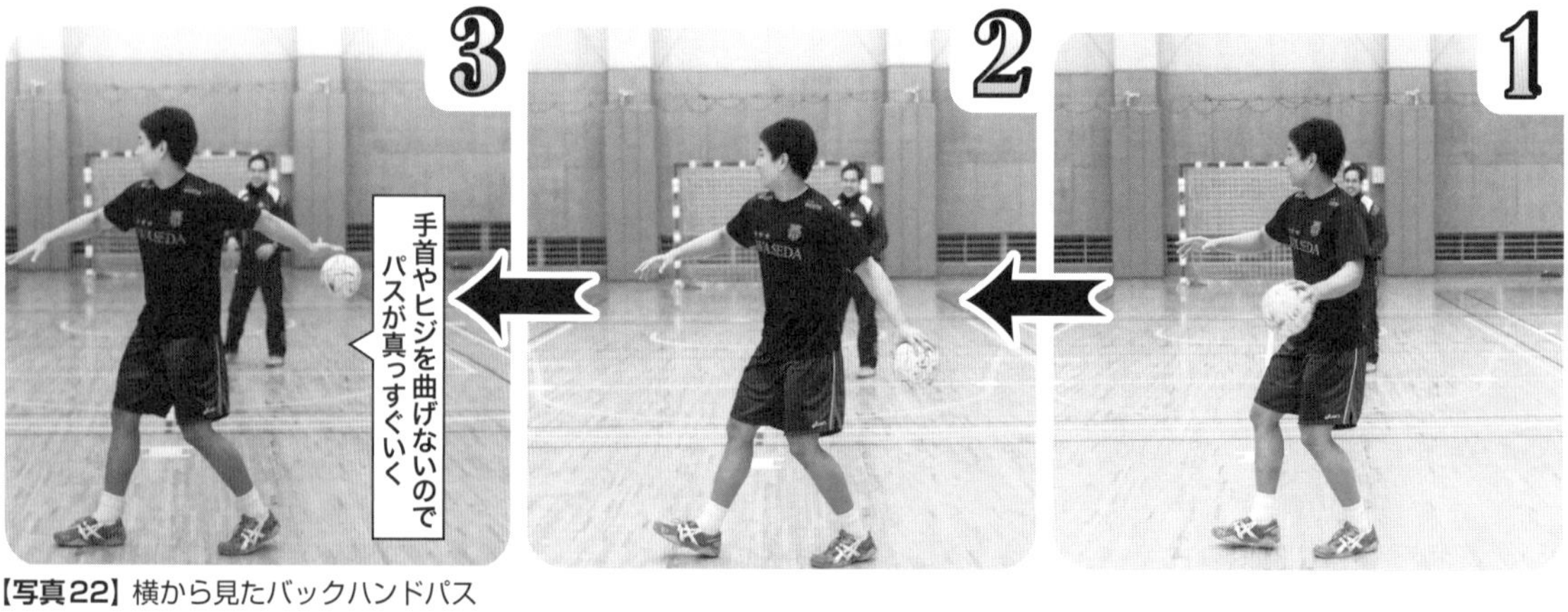
1
2
3
手首やヒジを曲げないのでパスが真っすぐいく

【写真22】 横から見たバックハンドパス

Technique 11 スピンパス

使用する場面

- ポストにバウンドパスを入れる時
- DFをかわしてバウンドパスをとおす時

ボールに横回転をかけると、一度外に弾んだボールが再び戻ってきます。スピンパスはワンバウンドさせて、DFの手の届かないところから味方にとおすために使われます。

最初から腕を下げていると、DFに読まれてしまいます。必ず初めは腕を上げておいて、DFには「上からのパス（もしくはシュート）が来る」と思わせることが大事です。

ボールの回転が真横すぎると、ボールが前に行かなくなります。斜め横に回転をかけて、リリースした瞬間にサッと手を引き戻してやると、変化が大きくなります【写真23－6】。

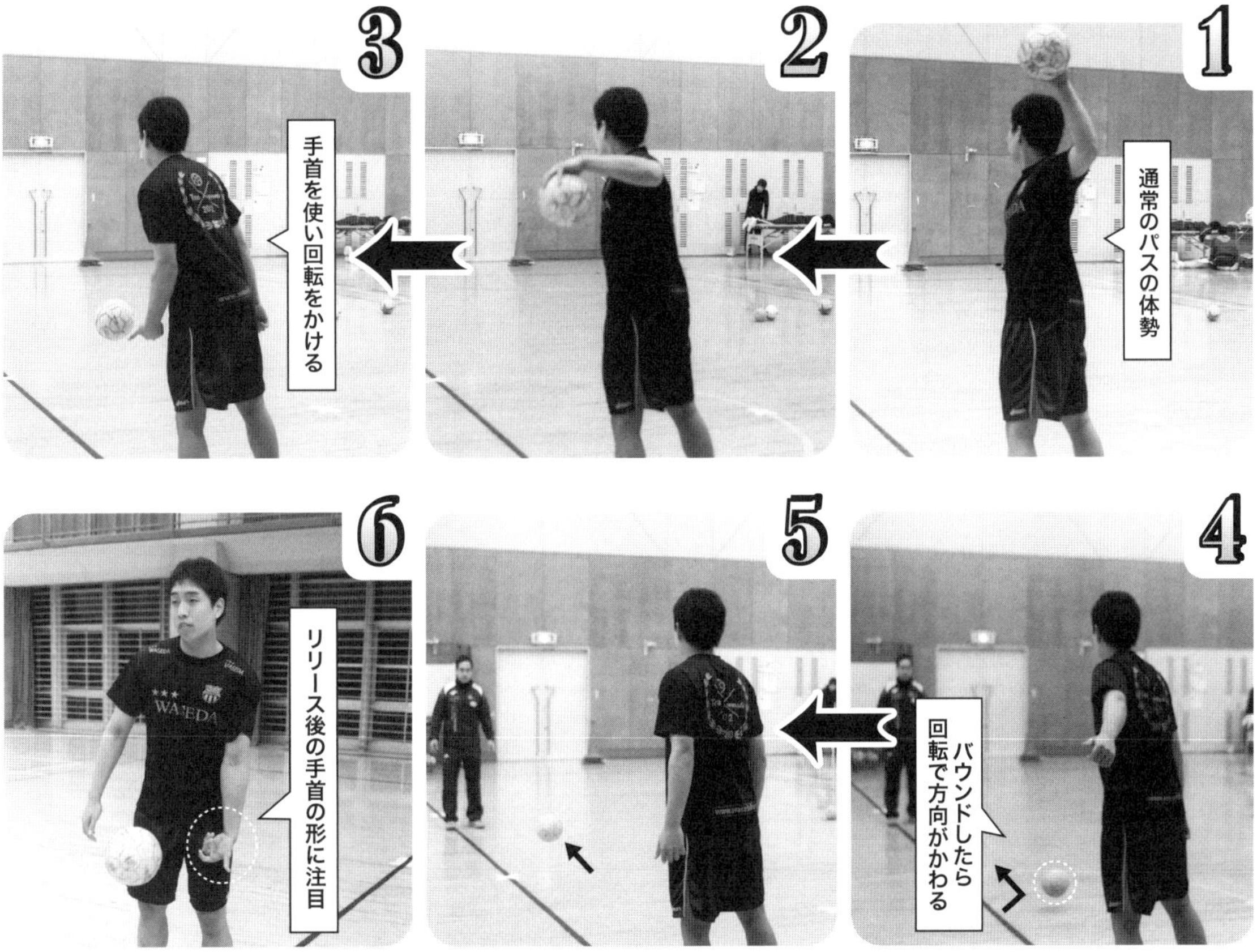
1
通常のパスの体勢
2
3
手首を使い回転をかける
4
バウンドしたら回転で方向がかわる
5
6
リリース後の手首の形に注目

【写真23】スピンパス

Technique 12

パスのトレーニング

2人ひと組のパスで、これまで覚えたことをおさらいしましょう。

まず足を止めないで、動きながらボールをもらいます。パスを出したあとも当然動きます。動きながらパスを続ける習慣が大事です。

2人ひと組になりますが、相手とは正対しません。ハンドボールの試合では、互いに向かい合ってパスをする状況はほとんどありません。実戦を意識して、ゴールに向かいながら、となりにいる味方にパスをするイメージで練習の時から動きます。

そのために必要になるのは、ゴールを狙う姿勢です。踏み出した足と顔は必ずゴールに向けます。つま先と鼻先がゴールに向いていたら、DFはシュートを警戒します。ハンドボールでは最初シュートを狙って、それが無理なら、パスなどの次の選択肢になります。最初から「パスのためのパス」ではなく「シュートを狙いにいってのパス」でないと、DFを引きつけることはできません。

またDFとGKを観察しながらパスをもらうとなると、ボールだけを見るわけにはいきません。周辺視野でボールも見ながら前を狙うことになります。だからボールを顔の横あたりでもらえると、前を狙いやすくなります。パスを出す人は、動いている相手の耳あたりにパスがくるイメージで投げましょう。空間に走り込んでくる相手の顔横に、速くて正確なパスを出す練習を繰り返してください。初心者には難しいかもしれませんが、パス練習は全力で速いパスに取り組むことが大事です。

オーバーハンドパスだけでなく、いろんなパスを織り混ぜながら練習すると、技術が磨かれていきます。

足をつねに動かす

ラテラルなどいろいろな種類のパスを出す

利き手と反対の手でも投げよう

練習のポイント

- パスの前後で動く
- 互いに正対しないで、ゴールを狙いながらパス
- 速いパスを相手の顔横めがけて投げる

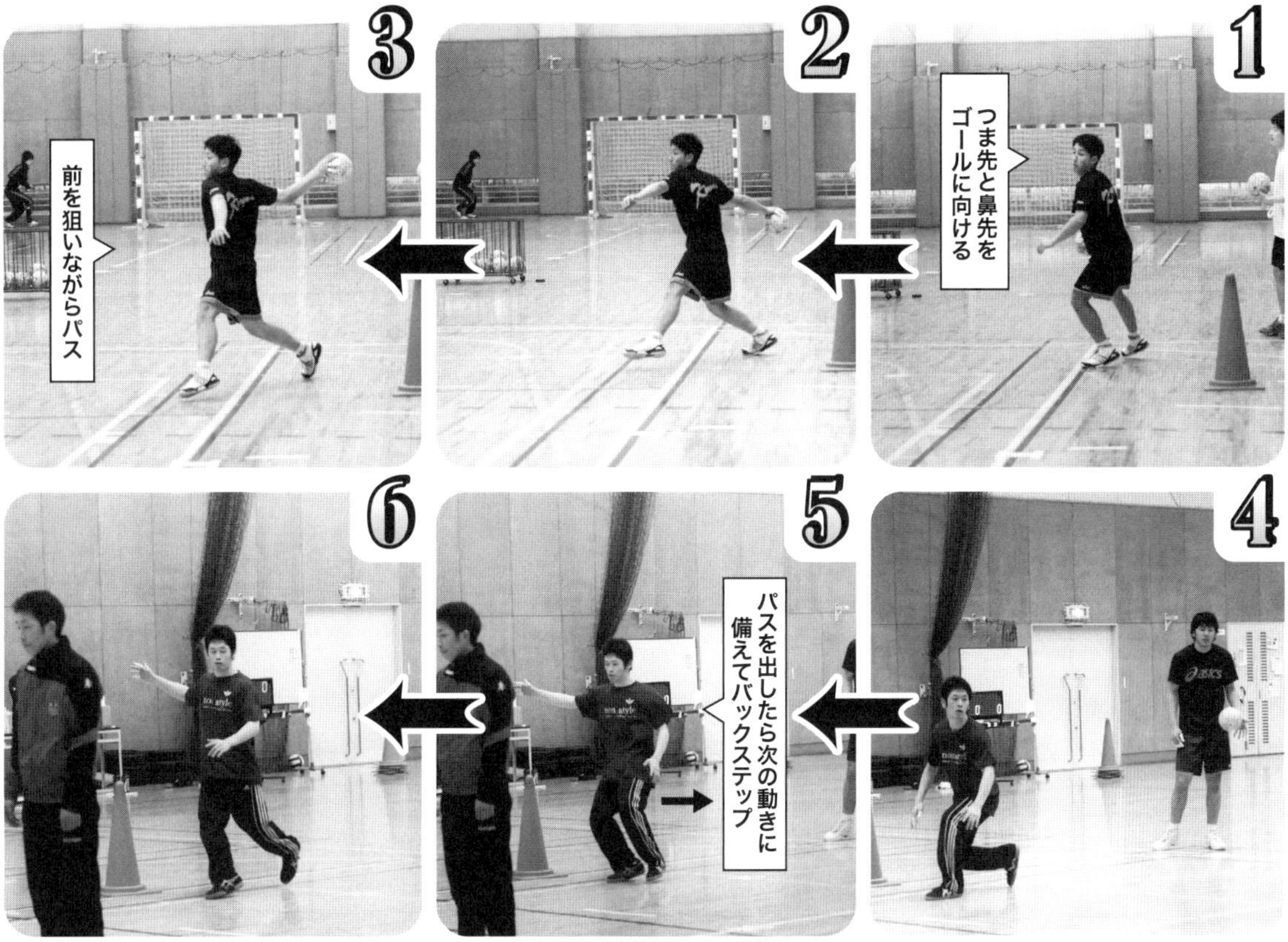

【写真24】

先ほどの2人ひと組のパス練習を発展させて、GKノックと絡めた練習方法を紹介します【写真24、図3】。

9mラインの外に立てたコーンを目印に、2人でパスをします。つま先と鼻先はゴールに向けて、前を狙いながらパス【写真24-1】。パスをもらう時は走り込んで空間でキャッチします。パスも空間へ速く出します。

パスを出したらバックステップでコーンの位置まで戻って、また次のパスに備えます【写真24-5】。

2人がパスを1回ずつ出したら、そのあとはシュートをします。GKノックも兼ねますからシュートコースは制限されますが、その中でも工夫して打つことで、GKもCPもより実戦に近い練習になります。

こういった形の練習にすれば、特別にバックステップだけをやらなくても、実戦的な動きと合わせてバックステップが身につきます。

練習のための練習ではなく、試合のどの場面で使う技術なのかを理解して練習することが、上達につながります。

また、単調になりがちなGKノックにも駆け引きの要素が入ってくるという効果もあります。

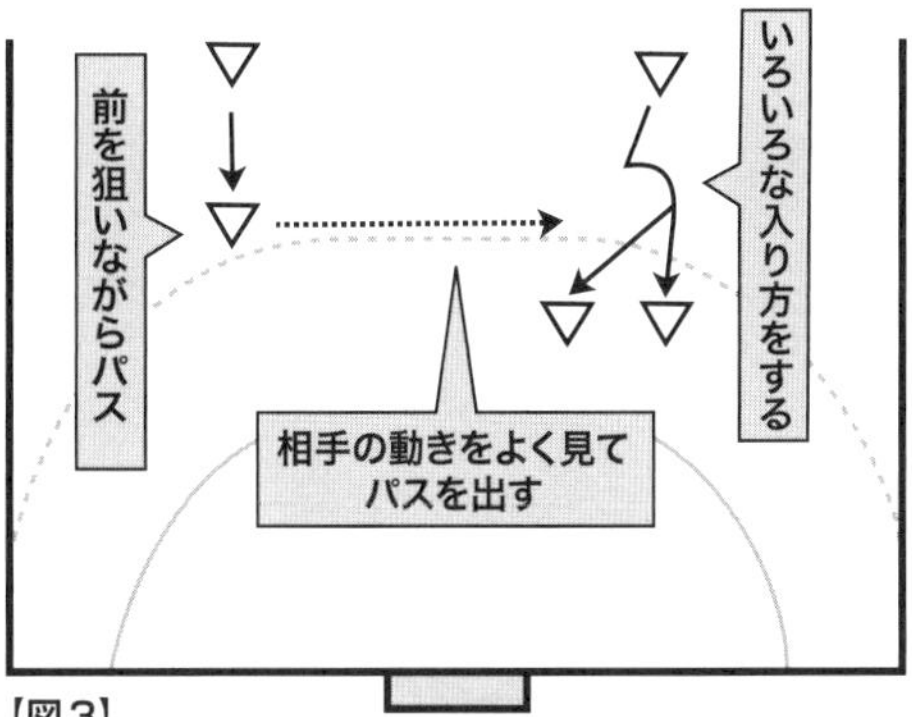

【図3】

……▶ = パス　──▶ = 人物の動き

練習のポイント

- 前を狙ってからパスを出す
- 次のプレーに備え
バックステップを怠らない

テクニカルなパスの種類

須田希世子
（熊本ビューストピンディーズ）

パスには、これまで紹介したもの以外にもさまざまな種類があり、実際の試合ではじつに多様なパスが行なわれています。

オーバーハンドパスと似た状態ですが、踏み込む足が逆になる逆足パスや、相手と競りながら腕だけで出すコンタクトパスなどは実際の試合でも使う場面は多いでしょう。26ページで紹介したバックハンドパスは、実戦で使える場面を想定して紹介します。29ページまでの内容を踏まえながら練習してください。

またの下をとおすパスや、逆スピンパスは使う場面は少ないでしょうが、相手の裏をつくパスです。「このタイミングにパスはない」と思わせたところにパスがくるので、DFは1歩対応が遅れるでしょう。

また、CPだけでなく、GKのロングパスも紹介します。この考え方、パスの出し方はぜひともCPにも理解してほしいところです。

いろいろなパスを覚えれば、より楽しくハンドボールができるので、実戦でどう使えるかを考えながら練習してください。

【逆足パス】

上体はオーバーハンドパスだが、踏み込む足が逆になる

〔32ページ～〕

【コンタクトパス】

身体とつま先はゴールに向いているが、腕だけで横にパスをする

〔34ページ～〕

【バックハンドでサイドへパス】

バックプレーヤーからサイドへ背中側からパスをとおすため、DFにカットされにくい

〔36ページ～〕

【また下バウンドパス】

大きく1歩踏み込んだ体勢からまた下をバウンドでとおすパス

〔38ページ～〕

【逆スピンパス】

内回りに強い回転をかけバウンドさせると、パスの方向が変わるパス

〔40ページ～〕

【GKのパス】

速攻などの球出しの場面で素早く状況を判断しパスを出す

〔42ページ～〕

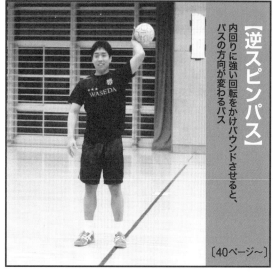

Technique 1

逆足パス

パスをする時に、必ずしも利き腕と反対の足を出せるとは限りません。右利きなら右足が前に出た状態でパスを出さないといけない状況も出てきます。歩数が合わなかったり、もう1歩出すとDFに守られそうな場合に、逆足で踏み込んでパスを出せれば、攻撃の幅が広がります。

パスの速さというのはボールそのものの速さだけでなく、どんな体勢からも素早くパスを出せるという意味もあります。左右どちらの足が前になっていても、速くて正確なパスを出せるようにしておけば、数的優位のチャンスを活かせます。同様に左右どちらの足が前でもステップシュートが打てるようになれば、さらに相手を惑わすことができます。

逆足でも投げるためには、体幹部のひねりが必要になります。右利きなら、右足を前に出しながらテイクバックすれば、自然と身体がねじれます。雑巾を絞るように体幹部をひねることができれば、速いパスも出せるでしょう。逆足をドンと踏み出した直後に腕を振れば、ボールにも

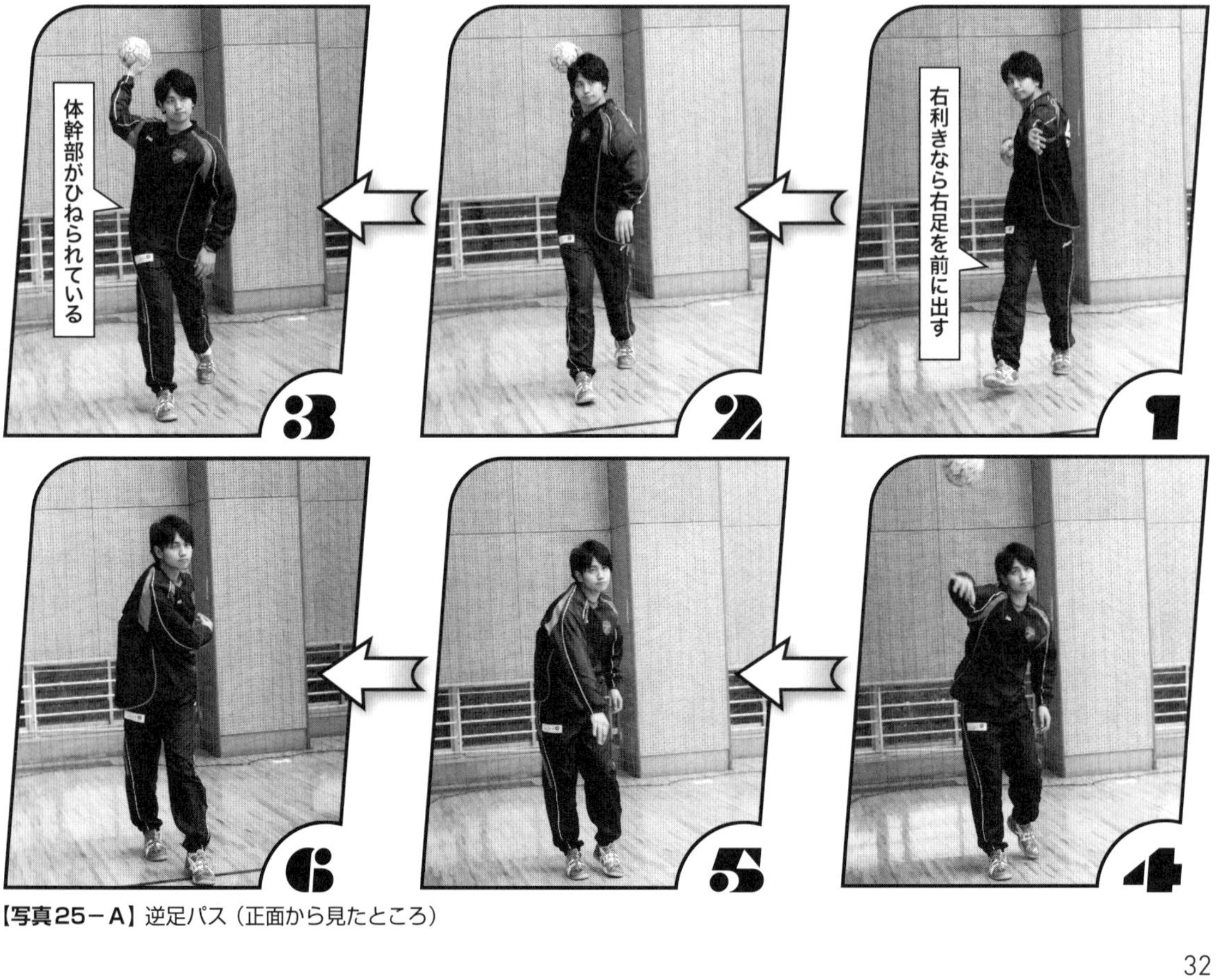

【写真25－A】 逆足パス（正面から見たところ）

体重が乗ってきます。投げたあと、走り出すと投げやすくなります。

また腕を強く振るためにも、上腕三頭筋を鍛えることも大切です。いわゆる二の腕の部分です。ここの筋肉を鍛えておけば、腕を速く振れるようになるので、パスだけでなくシュートにも役立ちます。

また逆足のパスだけでなく、反対の手でボールを投げる練習にもチャレンジしてください。相手に「この体勢からも投げてくるのか」と思わせることができれば、駆け引きで優位に立てます。

マスターするためのコツ

- 体幹部をひねって、ボールに力を伝える
- 逆足を踏み込んだ直後に腕を振る
- 上腕三頭筋を鍛える

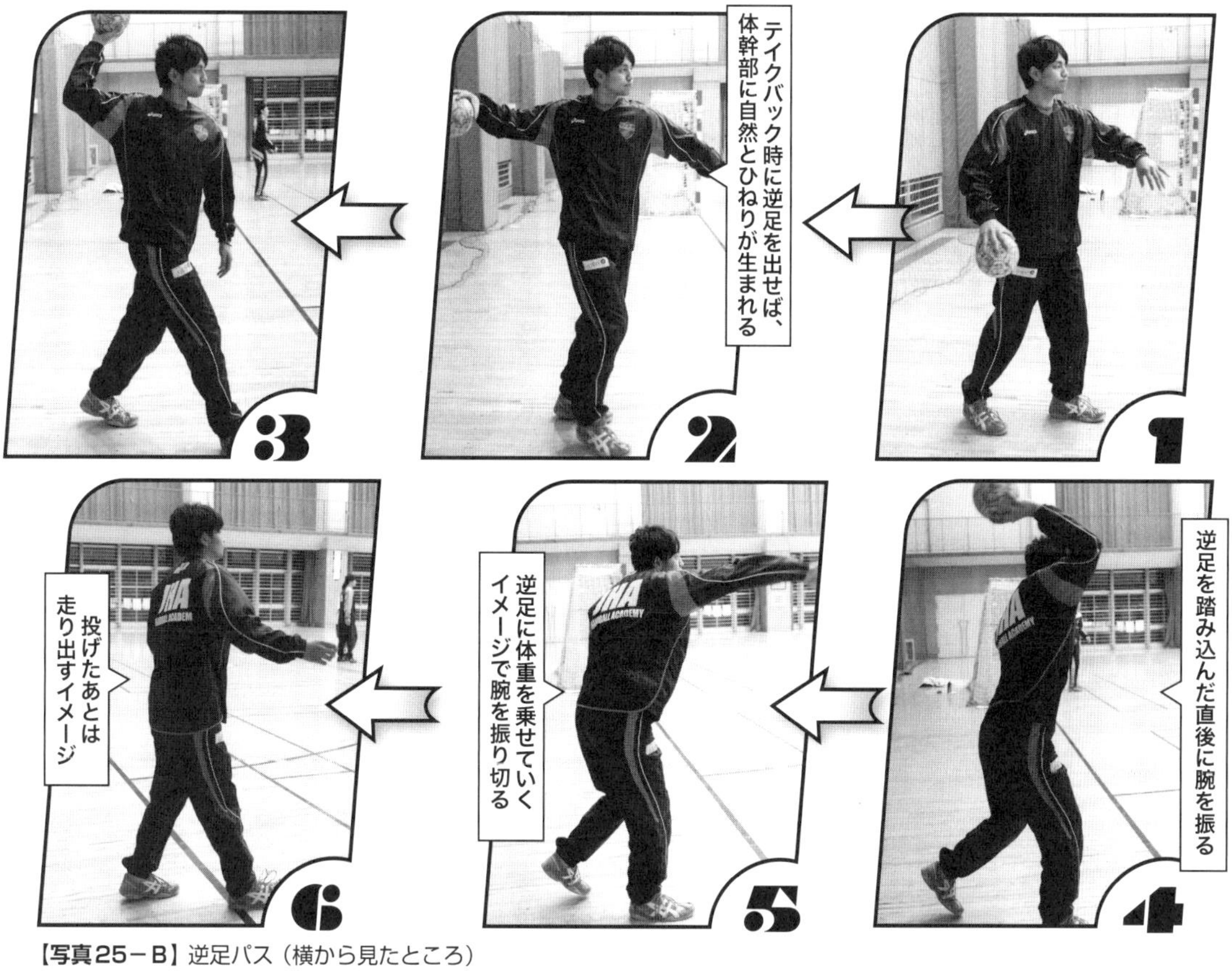
1
テイクバック時に逆足を出せば、体幹部に自然とひねりが生まれる
2
3
逆足を踏み込んだ直後に腕を振る
4
逆足に体重を乗せていくイメージで腕を振り切る
5
投げたあとは走り出すイメージ
6

【写真25－B】逆足パス（横から見たところ）

日本リーグ選手に聞く③

右利きの右バックのパス
～横地康介（トヨタ車体）～

パスを出す時は、自分の目の前のDFだけでなく、となりのDFが寄っているかどうかをチェックします。パスの技術以前に、DFを観察することを第一に考えています。右利きで右バックをやっていると、センターへ戻すパスが難しいかと思います。

僕の場合は、半身の姿勢を作ったまま、ヒジから先でパスを返します。振りかぶると時間がかるし、身体をセンター方向に向けてしまうとDFに捨てられます。

「いかにDFから捨てられないようにするか」を考えて、この形になりました。

※日本リーグは現リーグH。選手の所属は2014－15シーズン当時。

Technique 2

コンタクトパス

DFに当たられたあとでもボールを活かすために覚えておきたいのがコンタクトパス。世界のハンドボールだけでなく、ラグビーなどのコンタクトスポーツ全般で、この考え方が主流になってきています。当たられる前にパスをさばくだけでは、世界を勝ち抜けません。当たられてもなおボールをつなぐ意識と技術が、現代のハンドボールでは必要です。

写真では動きがわかりやすいようDFなしで撮影していますが、モデルの前にDFがいる想定で読み進めてください。

コンタクトパスで大事なのは、前の肩（写真では左利きがモデルなので右肩）をゴールに向けて、半身の体勢を作ることです。顔とつま先をゴールに向けているから、DFを引きつけられるのです。最初からパス狙いではなく、まずはシュートを狙ってからパスに切り替える。自分がDFを寄せてから味方にパスを出す。そういう意識がないと、DFに動きを読まれてしまいます。

【写真26、27】のように、ずっとゴー

【写真26】コンパクトパス（正面から見たところ）

ルに向かいながらパスを出すのが正しい形です。

【写真28】のように、パスを出す方向に顔とつま先を向けてしまったら、パスのためのパスになってしまいます。背中の張りもなく、シュートの怖さがありません。

まずはシュートありきで、相手にコンタクトされてからも、スキあらば打つ姿勢を忘れないでください。仮に捕まっても、ヒジから先のスナップスローでゴールを狙う、そういう姿勢が根本にあれば、コンタクトパスもより効果的になります。

マスターするためのコツ

- 顔と足先をゴールに向けてパス
- シュートモーションからパスに切り替える
- 当たられたらそこで終わりではなく、ボールを活かす意識を

ゴールを狙う体勢のままパス
1
2
3

【写真27】コンタクトパス（横から見たところ）

顔とつま先がパスの方向を向いてしまっている
1
2
3

【写真28】顔とつま先がゴールを向いていないコンタクトパス

日本リーグ選手に聞く④

駆け引きでプラスワンの状況を作る

～古家雅之（元・湧永製薬、現・HC和歌山）～

ただ前を狙いながらパスをするだけでは、DFに捨てられ、なかなか次のプレーにつながりません。その1つ前のプレーからわざとDFに見破られるような罠をはって、駆け引きをします。例えば、シュートからパスだけではDFも簡単に対応し、次のプレーに備えるでしょう。まずはパスからシュートを見せると、DFは食いついてきます。その状態からだと、次のパスが活き、簡単にプラスワンの状況が作れます。この時、自分をマークしている隣のDFを引きつけることを意識しています。

※日本リーグは現リーグH。選手の所属は2014－15シーズン当時。古家さんは現在、HC WAKAYAMA監督

Technique 3

バックハンドでサイドへパス

26ページで紹介したバックハンドパスを、より実戦で使える状況がサイドへパスを出す時です。

バックプレーヤーからサイドへラストパスを出す時に、バックハンドのバウンドパスを出せると有利になります。背中側のパスはDFとの距離があるので、パスをカットされにくくなります。

また、シュートモーションからの動きでバックハンドパスをすれば、DFを引きつけられます【写真26－2】。

この時、バウンドパスをとおしたいと思い、床に叩きつけるとバウンドが大きくなり、せっかくのチャンスが活かせないので、力の入れ方には注意してください。

派手に見えるプレーですが、数的優位を作れるメリットがあるので、早い段階から遊び感覚でプレーに取り込んだ方がいいでしょう。遊びの中から、相手との駆け引きを楽しむ感覚も育ちます。

バックパスを出す時には、必ずシュートモーションを入れます。上

【写真29】DFを引きつけてサイドへのバックハンドパス

から打ってくると思わせて、DFを寄せておくことで、このあとのバックパスが効いてきます。顔とつま先をゴールに向ける基本も忘れずに。

　次にテイクバックでコンパクトに腕を振り上げた反動を利用して、腕を背中側に振りおろします。この時にヒジや手首で方向をつけようとする（ひねろうとすると）と、コントロールが乱れます【写真31】。ヒジと手首を動かさずに、腕全体を振り子のように使って、重力に任せて振れば、コントロールしやすくなります。

マスターするためのコツ

- シュートモーションから変化させる
- 腕全体を重力に任せて振りおろす
- ヒジを曲げたり手首でこねない

【写真30】サイドから見たバックハンドパス

【写真31】バックハンドパス失敗例

日本リーグ選手に聞く⑤

2次速攻でのポストパス
～赤塚孝治（北陸電力）～

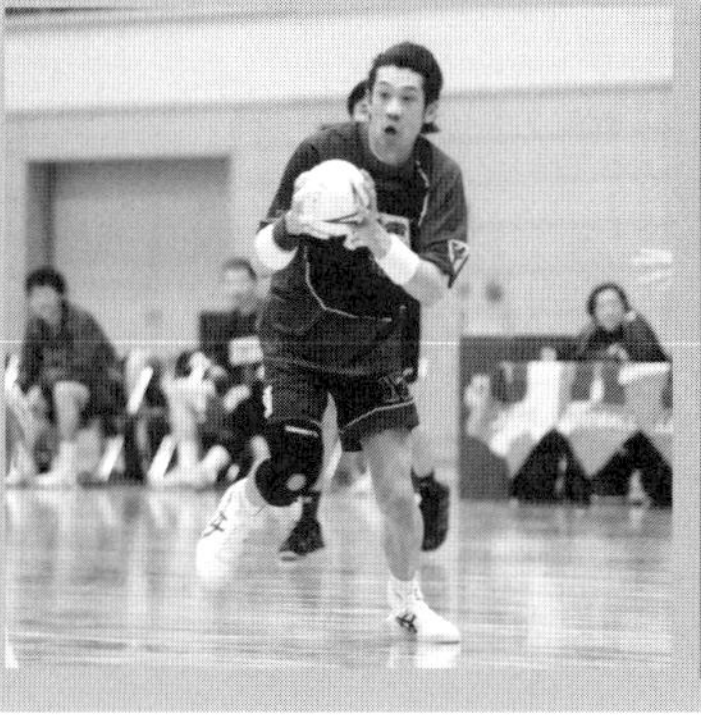

ポストパスの視野が広がったのはドイツに行ってからですね。2次速攻の2対2で、ほんの一瞬ですがポストが空く瞬間があります。ドイツでは「そこを逃さずにパスを出せ」と言われて、「こんなにもチャンスがあるんだ」と感じるようになりました。

　自分がいい位置を取って、ポストが2対2の位置取りさえしていれば、絶対にポストパスが落ちるんですよ。

　ポストがブロックをかけていなくても、実質「小さな2対1」になっているので、その瞬間を逃さないように狙っています。

※日本リーグは現リーグH。選手の所属は2014－15シーズン当時。

Technique 4

また下バウンドパス

大きく1歩踏み出した足の間からパスを出すバウンドパスを覚えると、相手の裏をつくことができます。

今回は2つの状況で説明します。まずはポストとの2対2の場面です。バックプレーヤーが仕掛けた方向と逆の動きをしたポストがいい位置取りをしています【写真32－3】。バックプレーヤーは、身体をゴールに向けたまま、足を踏み出してまたの下からバウンドパスをとおします【写真32－4】。

この時、自分の真下にバウンドするようにパスを出すのがポイント。力が強すぎると上にはねすぎてしまうので気をつけましょう。身体をポスト側に向けると相手DFも「シュートはない。ポストへのパスだ」と思いますので、つねにゴールを狙う姿勢を忘れずに。

このプレーで、バックプレーヤーが大事にしてほしいのは、仕掛ける前の動き。【写真33－1、2】のように一度行きたい方向とは逆の方向へDFを引きつけることが大切になります。また最初は、また下をとお

またの下にスペースを作るために大きく1歩を踏み出す
足の間にバウンドさせる
1
2
3
4
5
6

【写真32】2対2の状況での、また下バウンドパス

すのが難しいと思うので、しっかりと足を開いた状態で静止し、練習するのがいいでしょう【写真33ー3】。

この動きができれば、【写真34】のようにサイドへパスする時にも使えます。身体をゴールに向けることで、DFを引きつけられます。この時も、力を入れすぎてしまうと、バウンドが大きくなってしまうので注意しましょう。

36ページで紹介したバックハンドパスと織り交ぜながら使うと、DFは混乱するので、ぜひとも覚えてほしいテクニックです。

マスターするためのコツ

- パスをとおすスペースを作るため、大きく1歩を踏み出す
- 身体をゴールに向けて、目の前のDFを引きつける

【写真33】パスをとおしやすくするためのポイント

【写真34】サイドへ、また下バウンドパス

Technique 5

逆スピンパス

27ページで紹介したスピンパスの応用で逆回転になるのが逆スピンパスです。

使う場面はスピンパスと同じく、ポストにバウンドパスを入れる時や、自分をマークしてくるDFをかわしてバウンドパスをとおしたい時になります。

実際に試合で使う場面はそれほど多くありませんが、マスターしておくと、『ここ!!』という場面でパスの幅が広がってきます。

【写真35】が、パスをする選手の正面から見たもの、左ページの**【写真36】**はパスをする選手のうしろから見たものです。

とくに左ページの写真でボールが変化している軌道がよくわかるのではないでしょうか。

また、**【写真37ー1】**はスピンパス、**【写真37ー2】**が逆スピンパスのリリース後の手首の向きになります。それぞれ回転をかけたい方向にひねりの力を加えていることがわかると思います。

手首やヒジの力を抜いてリラック

【写真35】逆スピンパス（正面から）

スするといった逆スピンのマスターに近づくためのポイントもありますが、逆スピンのかけ方には絶対に「これが正解」というものがあるわけではありません。

ウォーミングアップで行なうキャッチボールの際にも逆スピンパスを積極的に取り入れて、自分なりの逆スピンのかけ方をマスターしていきましょう。

なお、これらスピンや逆スピンの技術はシュートの際のテクニックにもつながりますので、そのことも意識してトレーニングしましょう。

マスターするためのコツ

- 内回りに強い回転をかけるように心がける
- 回転の強さを想定してバウンドさせる位置を調整する
- ヒジ、手首の力を抜いてリラックスする

【写真36】逆スピンパス（背中側から）

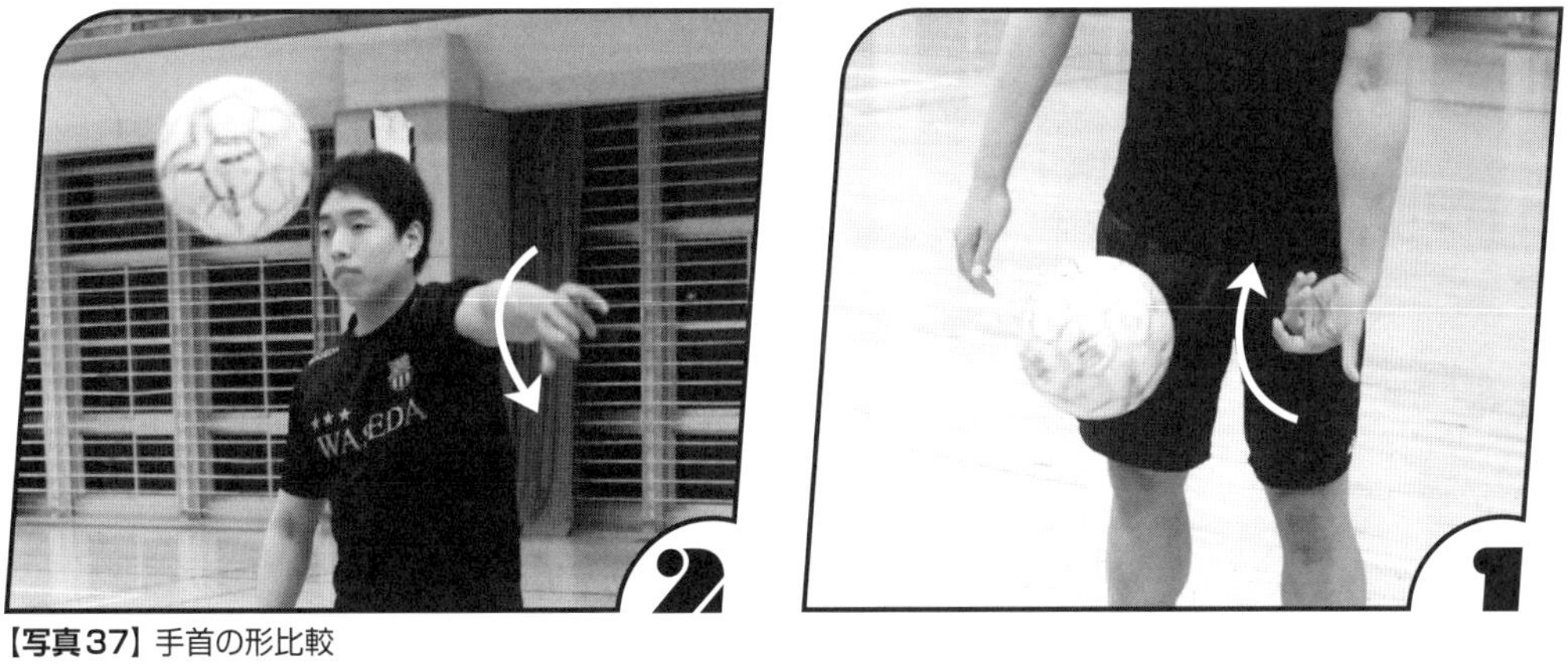

【写真37】手首の形比較

Technique

6 GKのパス・シュート

アップテンポになった現代のハンドボールでは、GKのパス出しがとても重要です。シュートを止めて速攻の起点となるとともに、7人攻撃が多くなったことで、エンプティーゴールを狙うチャンスも増えてきました。フリーとなっている味方や相手ゴールをいち早く見つけての的確なパス、シュートが求められます。

GKからのパス出し、シュートでポイントになるのが、顔を上げたままボールを拾うことです。ボールを拾うことだけに集中していると、プレーの判断が遅くなります。ボールを拾いながらコートの状況を把握すれば、拾った瞬間にパスを出せます。ボールを凝視するのではなく、ボールを周辺視野でとらえながら、コート全体を見渡す練習を普段から心がけてください。「〜しながら」という感覚は、ハンドボールではとても大事になってきます。

コートを見る時は、まずは遠くから。そのあと徐々に近くを見るようにします。近くの味方が空いている場合は、プッシュパスを出します。

【写真38】GKからのプッシュパス

プッシュパスでも練習すれば20m以上は投げられるので、味方が飛び出した瞬間にプッシュパスを前方に出せれば、それだけでワンマン速攻のチャンスが作れます。

遠くの味方へのパスやシュートは、オーバーハンドで投げます。ライナー性のパスでダイレクトにとおすのか、山なりのパスで味方を走らせるのかは、DFの位置を見て判断します。

こういった使い分けができるのは、ボールを拾いながらコート全体を観察しているからです。

マスターするためのコツ

- ボールを拾いながら、コート全体を観察する
- コートを見る時は、まずは遠くから。そこから徐々に近くを見る
- プッシュパスでも20m以上投げられる

【写真39】オーバーハンドで出すパス・シュート

日本リーグ選手に聞く⑥
ライナーパスを武器にする
～寺田三友紀（北國銀行）～

私は特徴がないGKだったので、ライナーパスを武器にしようと高校時代に練習しました。練習ではゴールから6m離れたところに立って、赤白に塗られたクロスバーの1ヵ所にボールを当て続けました。それができるようになってから、徐々に距離を伸ばしていきました。投げ方は…、私のフォームは独特なので、参考にならないかもしれません。

体重移動が苦手だったから、右ヒザをヒザカックンされたみたいに折り曲げて投げていますけど、みなさんには基本どおりの投げ方をおすすめします。

※日本リーグは現リーグH。選手の所属は2014－15シーズン当時。現姓は須東。現在は北國ハニービー石川GKコーチ

Technique

7 ランニングパス

自分も走りながら、走っている味方にパスをするランニングパス（ランパス）。

走っている相手にパスをする、走りながらパスをキャッチするということ自体、ハンドボールを始めたばかりの初心者にはとても難しいことですが、この走りながらのパス・キャッチをマスターしないと、ハンドボールになりません。地道に努力を重ねて、マスターしましょう。

パス・キャッチがまだ不充分なうちは、近い距離、等間隔でのパスからスタートしますが、実際の試合では等間隔でランパスをして速攻、というケースはまずありませんから、慣れるに従って、間隔に変化をつけていきます。

味方との距離が近い時、遠い時、それぞれでパスの種類を選択していきましょう。

距離が近い時、遠い時それぞれのポイントは、左ページで紹介します。

ランパスでもう1つ大事なことは、パス・キャッチの正確さだけでなく、前を見ることです。

ボールをもらう前は、どこにチャンスがあるのか。

ボールをもらった時は、自分がそのままシュートに持ち込めるのか、味方にパスをするのか。

ボールを出す前には、相手がどのような状態なのか。

余裕がないとパスをする相手だけを見てしまいがちなので、しっかりと前を観察しましょう。

パスミスをしても構いません。ドリブルをしてもいいので、しっかりと前を見ることを心がけましょう。

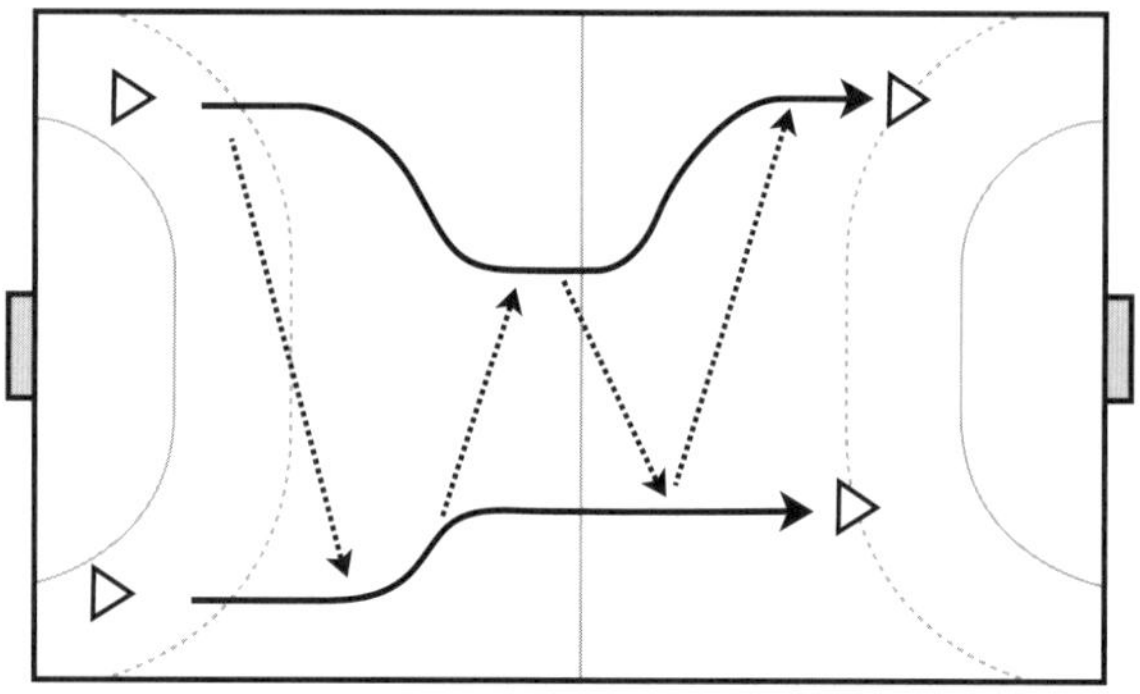

【図4】いろいろな距離のランパス

味方との距離

近い ←→ 遠い

近い	遠い
●プッシュパスやラテラルパスを使う	●オーバーハンドパスを使う
●全力にこだわらず、素早く、正確に、を心がける	●走っている味方の前のスペースに全力で投げる
●味方だけでなくしっかりと前を見る	●コート全体を見て状況判断する

距離が近い場合

この項目のキーワードの1つに『スピード』をあげましたが、状況に応じて、判断、選択することが欠かせません。味方との距離が近い場合には、全力でスピードボールでのパスをする必要はありません。

近い距離に素早く出すために効果的なパスとしてプッシュパスやラテラルパスを使いましょう。

味方との距離が離れているケースでのパスほど難しくはありませんが、パスは味方のプレーヤーが走ることを想定して前へ出すことが大切です。

また、パスをする味方だけを見るのではなく、ボールをもらう前、もらった時、ボールを出す前に、しっかりと前を観察する（ゴールを見る）ことも忘れずに。

つねに身体は前を向いている

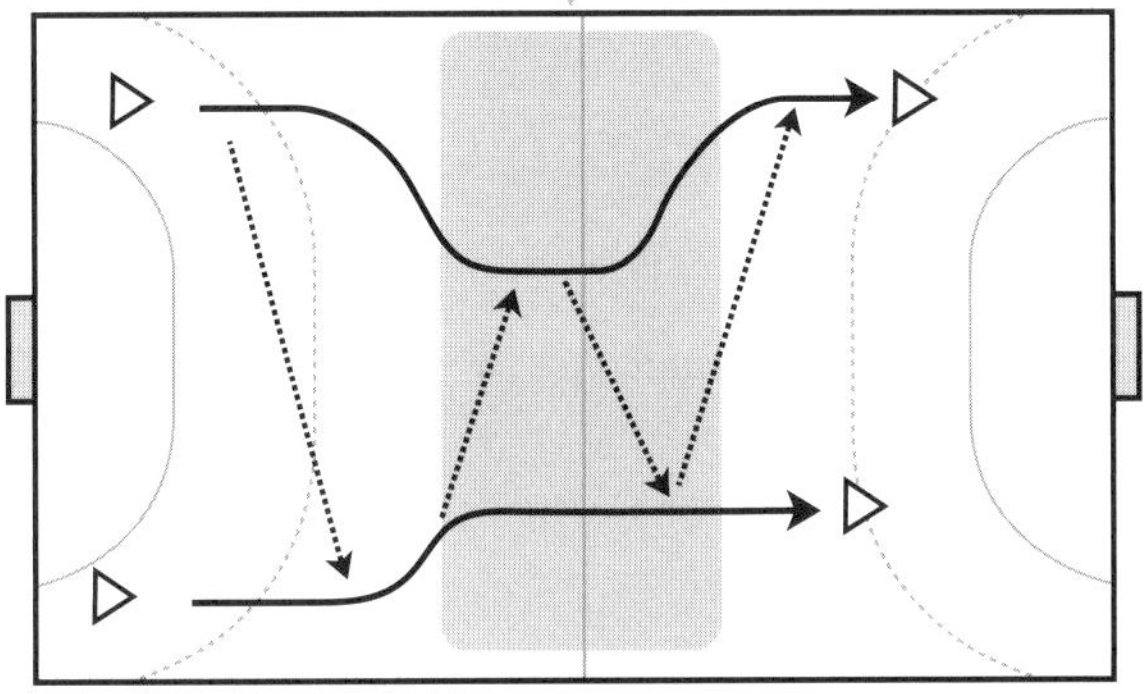

距離が遠い場合

距離が遠い場合のパスは、『スピード』『スペース』が大切になってきます。

いくら正確でも、山なりでゆっくりと投げていては、相手DFに戻って対応する時間を与えてしまいます。オーバーハンドでのシュートのような力強いライナーパスが必要になります。

距離が遠くなればなるほど、走っている味方の前のスペースにパスを出すことは難しくなりますが、22ページでも紹介した動きながらのパスの練習メニューともミックスしながらマスターしていきましょう。

ボールをもらう前、もらった時、ボールを出す前と、前を観察することの大切さは、距離が近い場合のパスと同じです。

相手の走る位置などを考えオーバーハンドパスで投げる
もらう側もパスを出してほしいとアピールする

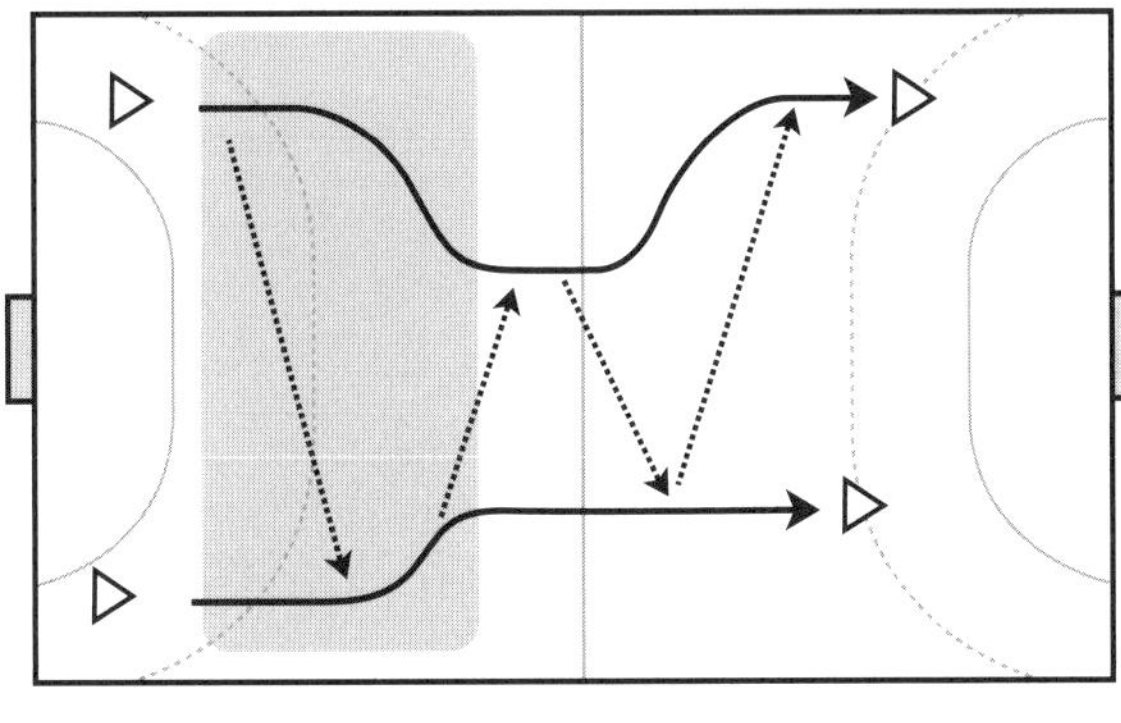

Technique 8

パスのトレーニング

この項目のキーワードの1つ、『スペース』を理解し、うまく利用するためのメニューを紹介していきましょう。

『スペース』を見つけて味方にパスをする。

味方からパスをもらうために『スペース』に動く。

実際の試合の中では、瞬時に判断してそうした動きをする必要があります。

言葉だけを聞くと難しく感じるかもしれませんが、『スペース』を理解し、利用する力を養うメニューは、遊びの中でできたり、練習前のアップに盛り込んでできるものがたくさんあります。

ゲーム感覚で、楽しみながら取り組んでいきましょう。

『スペース』を意識してメニューを繰り返すうちに、ハンドボールの上達に大切と言われている『オフ・ザ・ボール』の動き（ボールをもらう前やボールがないところでの動き、103ページからを参照）も自然に身につきます。

【写真40】 協調性のトレーニング

【写真41】 パスゲーム

スペースを探して動く

1人が動いたことで空いたスペースに動く協調性のトレーニングメニューを紹介します。

左ページの**【写真42】**と**【図4】**は、3人1組でのメニューです。パサーからのパスを受けた人Ⓐが、残る2人が立っている場所のどちらかに移動します。Ⓐの動きを見て、残る2人は空いたスペースに移動します。難しい動きではないので、残る2人はⒶの動きを瞬時に判断して、スピーディーに動きましょう。

4人1組になるとパサーからパスを受けた人**【写真43のⒶ】**の動きも3とおりになり、残る3人の動くパターンも増えます。

動きそのものは難しくありませんが、状況判断は難しくなります。Ⓐの動きだけでなく、いっしょに動く他の人の動きも把握する必要があります。最初はゆっくりの動きで**【写真40】**、慣れるにしたがって、スピードアップしていきましょう。

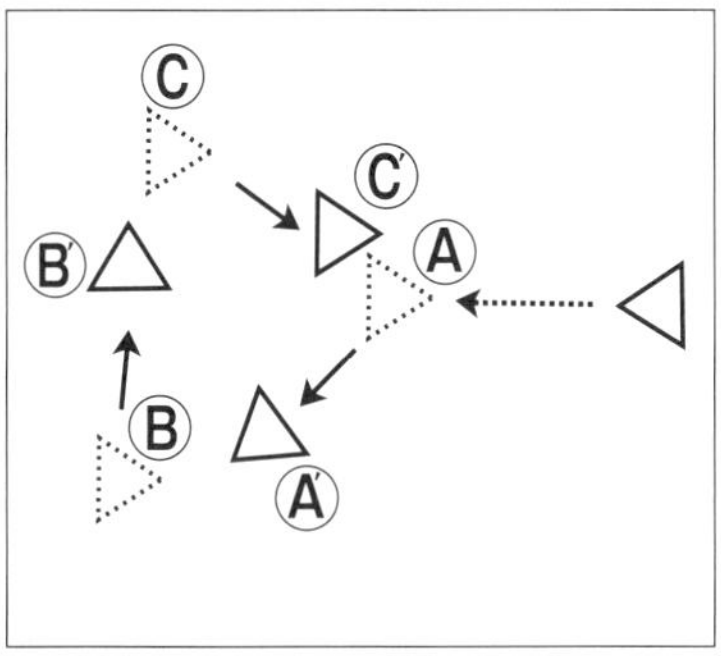

【図5】

【写真42】3人で行なう協調性のトレーニング

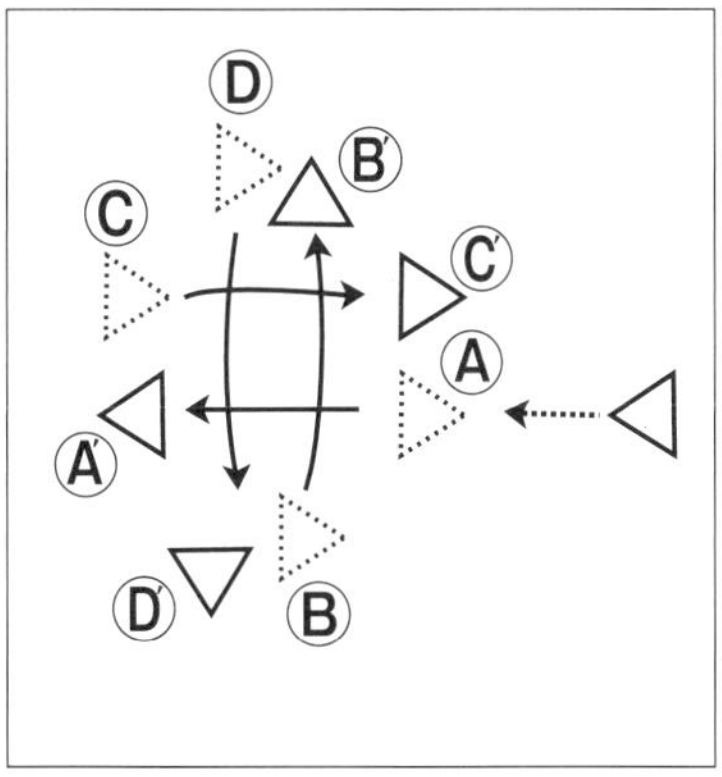

【図6】

【写真43】4人で行なう協調性のトレーニング

楽しみながらレベルアップ

次は5人対5人で、マン・ツー・マンでマークしてくるDFをかわし、10回連続してパスをつなぐ、というパスゲームです【写真41、44】。

1人ひとりが『スペース』を探し、『スペース』に動かないと、パスをつなぐことはできません。

より『スペース』を探す、『スペース』に動くことを意識づけるために、ドリブル、リターンパスはなし、3歩まで、といったルールを決めるのも効果的です。また、バウンドパスだけ、ノールックパス（パスをする相手を見ないパス）だけなどパスの種類を制約してもいいでしょう。

このパスゲームを応用として、バスケットボールコートのサークルなどを利用し、内側には敵・味方1人ずつしか入れないようにして、5回目以降のパスはポストにパスをする、といったルールを作れば、ポストへのパス・キャッチを想定して練習することもできます【写真45】。

こうしたパスゲームの中でも、【写真46、47】のように、ポストはパスをもらうための位置取りやキャッチ、パサーは効果的なポストパスの感覚をつかむことができます。もちろん、DFの練習にもなります。

楽しみながら試合でも使える技術をマスターしていきましょう。

【写真44】10回パスをつなぐパスゲーム

【写真45】パスゲームでのポスト

【写真46】ポストの位置取り

【写真47】次のパスに備えたポストの位置取り

Technique 9

正確なパスを出すために

ボールの握り方や回転のかけ方などは、日本国内はもちろん、世界でもいろいろな考え方があり、絶対にこれが正解、とは言えません。

いずれにしても、パスではしっかりした回転をかけることが大事です。しっかりした回転をかけられる握り方、投げ方をいろいろとチャレンジしながら、自分なりにつかんでいってください。

また、ただパスを投げるだけ、キャッチするだけではなく、キャッチしたあとすぐにシュートやパスに移れるように心がけましょう。

シュートにつなげるために顔の横へのパスが有効とお伝えしましたが、全部が全部、顔の横へ投げる必要はありません。

パスを受ける仲間が相手DFにフェイントをかけたいと思い、そのためのパスは低い位置で、あるいは顔の横よりも高い位置でもらった方が、フェイントをかけやすい、という人それぞれの好みもあります。

瞬時にパスを判断、選択する力も磨きましょう。

正確なパスをしっかりとマスターしよう

大城章の目③

“パス”をマスターするために

11ページでもお話ししましたが、プッシュパスやライナーパスを何mぐらい投げられるのかといった、自分の最大限の力を知ることが大切です。

練習で無難なプレーを繰り返し、70%、80%の力しか出さないと、それが限界になってしまい、当然、試合でも100%の力を出せなくなってしまいます。

そのためにも、練習でミスを恐れず、自分の限界にチャレンジし続けることが大切です。

また、1つのプレーができなかった時はもちろん、できた時に、なぜそのプレーができたかを自分なりに考え、答えを見つける習慣をつけてほしいと思います。

なぜできたかが自分でわからないと、もう一度、同じことはできません。

ただ漠然と身体を動かしたり、機械のように反復練習を繰り返すのではなく、考える、という姿勢も大切にしてほしいと思います。

TIME OUT

ルールに強くなろう！

ドリブルしたあとに「0歩目」はありえない！

2014年4月制定のルールブックから、変更された用語が多いので注意が必要です。

チャージングという用語はなくなり、「オフェンシブファール（攻撃側の違反）」という用語になりました。ダブルドリブルは「イリーガルドリブル」と改められています（120ページ参照）。

オーバーステップは、ルールブック上では、レフェリーのジェスチャー解説の中で掲載されているだけで、そのほかの条項に用語としては出てきません（ジェスチャーはオーバータイムと同じで、レフェリーは胸の前方で左右の二の腕をグルグルと回す）。

オーバーステップという用語は国内で慣用されてきた和製英語です。「Overstep」という英語を訳すと「踏み越える」という言葉となり意味が微妙に違います。

国内で言うオーバーステップの反則が、海外の講習会などで丁寧に表現される時には「too many steps」（多すぎるステップ）などという言葉が使われます。

さて、ハンドボール競技では、「走りながらボールをキャッチしたあとの着地足は0歩と数える」という解釈があり、次の足から3歩までボールを保持することが許されるとされています。走りながらボールをキャッチする時は両脚が床を離れ空中にいると考えられているからです。

しかしながら、この着地足を0歩と数えるのは、パスをもらった時だけです。空中で初めてボールを保持したあとの着地足という解釈です。

ドリブルしたあとのボールを空中で保持したとしても着地足は0歩とは数えず、1歩目と数えます。ドリブルをする前にすでにボールを保持してしまっているからです（53ページ参照）。

国内では、かつてこの解釈があいまいでした。

2003年から正しい理解を啓蒙してきましたが、いまだ不十分で、理解がいきわたっていないケースも見うけられます。

ドリブルしたあと、空中で再度ボールを手にしてフェイントに入ったり、シュートモーションからドリブルして再度プレーする際も、ドリブルし、ボールをキャッチしたあとの着地足は1歩目です。つまり、ドリブルしたあとは0歩と数えることはありません。

左のイラストは走りながらドリブルをした例ですが、ドリブルしたあとのボールを保持した足（イラスト⑥の左足）は0歩目ではなく1歩目と数えます。

普段のトレーニングでも試しに歩数を数えながら、違反していないかを確認しましょう。（※このルール解釈は2015年1月現在）

イラスト：丸口洋平

第2章

基礎から学ぶ『ステップワーク』

藤川翔大（トヨタ自動車東日本レガロッソ宮城）

いいプレーはいいステップから

ボールをもらってから、またはボールをもらう前にいいステップワークができれば、いいプレーにつなげられる。ここから紹介するステップワークの基礎を身につけ、そして「3歩」をいかに使うかを考えてプレーの質を向上させよう。

協力：東久留米市立西中男子・女子ハンドボール部

相手をかわすために必要な
基礎技術であるステップワーク。
女子U－16代表の監督を務めた
尾石智洋さん（元・東久留米西中監督）に、
ステップの基礎を解説してもらう。
足の運び方をしっかりと学び、
試合で活かせるステップを身につけよう。

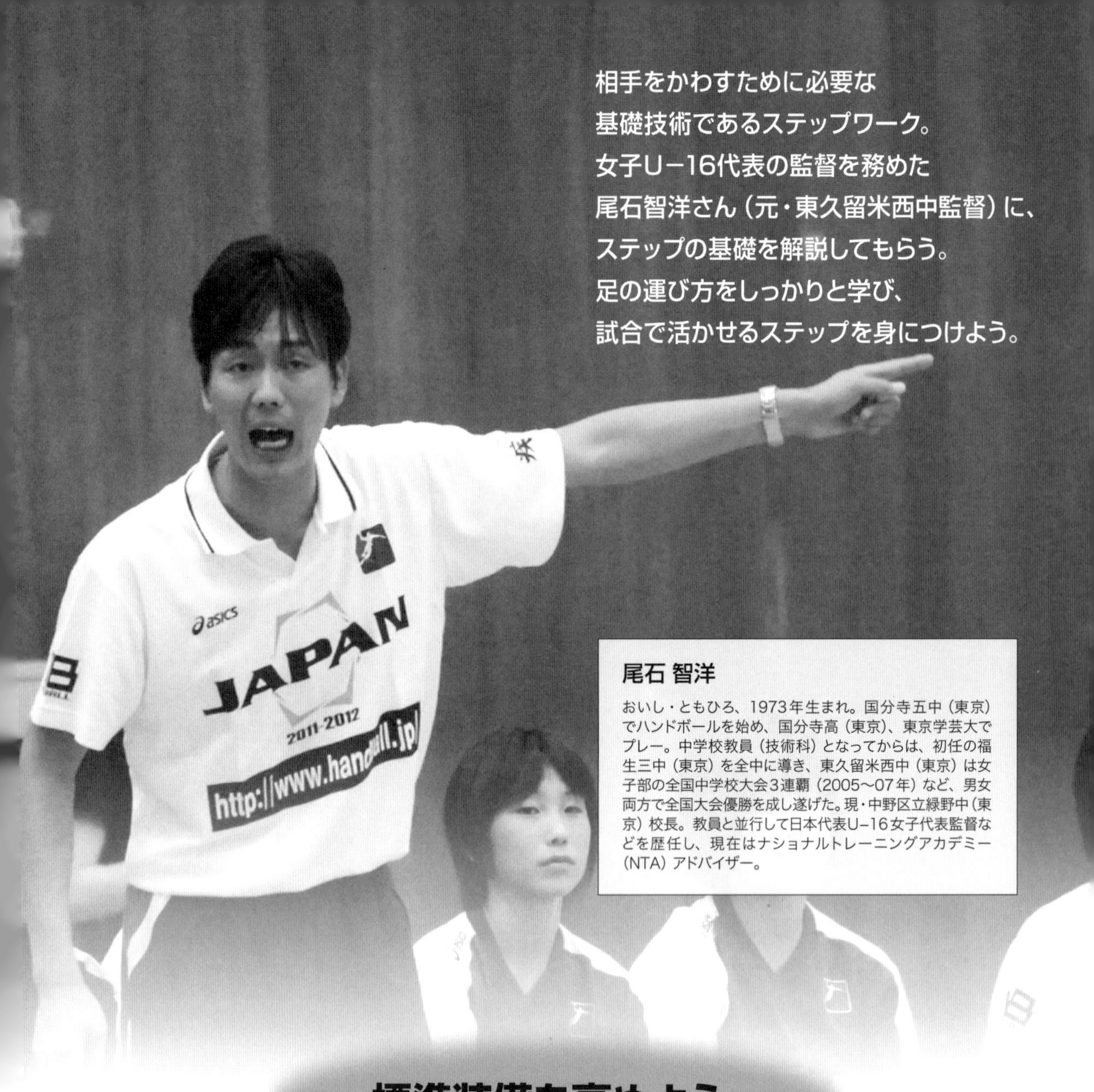

尾石 智洋

おいし・ともひろ、1973年生まれ。国分寺五中（東京）でハンドボールを始め、国分寺高（東京）、東京学芸大でプレー。中学校教員（技術科）となってからは、初任の福生三中（東京）を全中に導き、東久留米西中（東京）は女子部の全国中学校大会3連覇（2005～07年）など、男女両方で全国大会優勝を成し遂げた。現・中野区立緑野中（東京）校長。教員と並行して日本代表U－16女子代表監督などを歴任し、現在はナショナルトレーニングアカデミー（NTA）アドバイザー。

標準装備を高めよう

みなさんはステップワークと聞くと、なにをイメージしますか？ 辛くて単調な練習を思い浮かべる人も多いかもしれません。

でも、ステップワークの本当の意味を理解すると、考え方が変わります。ステップワークとは「やらされるもの」ではなく、自分で考えて駆け引きするための道具なのです。

私はよく「標準装備」という言葉を使うのですが、強い国ほど、選手個々の標準装備が充実しています。駆け引きの選択肢が高い次元で揃っているとも言えますね。

標準装備の中で最も重要なスキルの1つが、ステップワークです。高いレベルのステップワークを身につけていれば、駆け引きや判断のレベルが上がります。個々の判断力が高ければ、戦術の共通理解も深まり、短時間でコンビも合わせやすくなります。イメージが共有できるから、アドリブもどんどん生まれてきます。ステップワークをいつ、どの場面で使うのかを理解して、標準装備を高めていきましょう。

Point 1

3歩をどう使うか

ステップワークの話の前に、プレーの大前提となる歩数の説明をしておきます。

ハンドボールは最大で3歩しか歩けません。その3歩をどう使うかがポイントです。3歩の使い方を理解しておけば、プレーの判断力が上がります。まずパスをもらった時点で、何気なくドリブルをついてしまわないよう注意してください。

例えば速攻でボールをもらって、追ってくる相手DFを振り切りたいとします。そういう場面なら、いきなりドリブルをつくよりも、3歩走ってからドリブルした方が加速がつきます。

セットOFでボールを持った時も同様です。意味のないドリブルをついてしまうと【図1】、あとは3歩歩くか、パスまたはシュートしか選択肢がなくなります。

ドリブルから始まるプレーがすべて悪いとは言いません。それでも選択肢を多く残すために、ドリブルから入る習慣をつけない方がいいでしょう。極端な言い方をすれば、ボールを持ってから3歩歩いて、ドリブルをはさんでさらに3歩歩けるので、合計6歩まで利用できるのです【図2】。この6歩分を有効活用できれば、プレーの選択肢が広がり、目の前のDFを抜きやすくなります。

ボールを持った瞬間にどう動くかは、ステップワークの練習で身につける部分です。無意識に動けるレベルまで落とし込んでおけば、ボールを持ってからのミスも少なくなります。

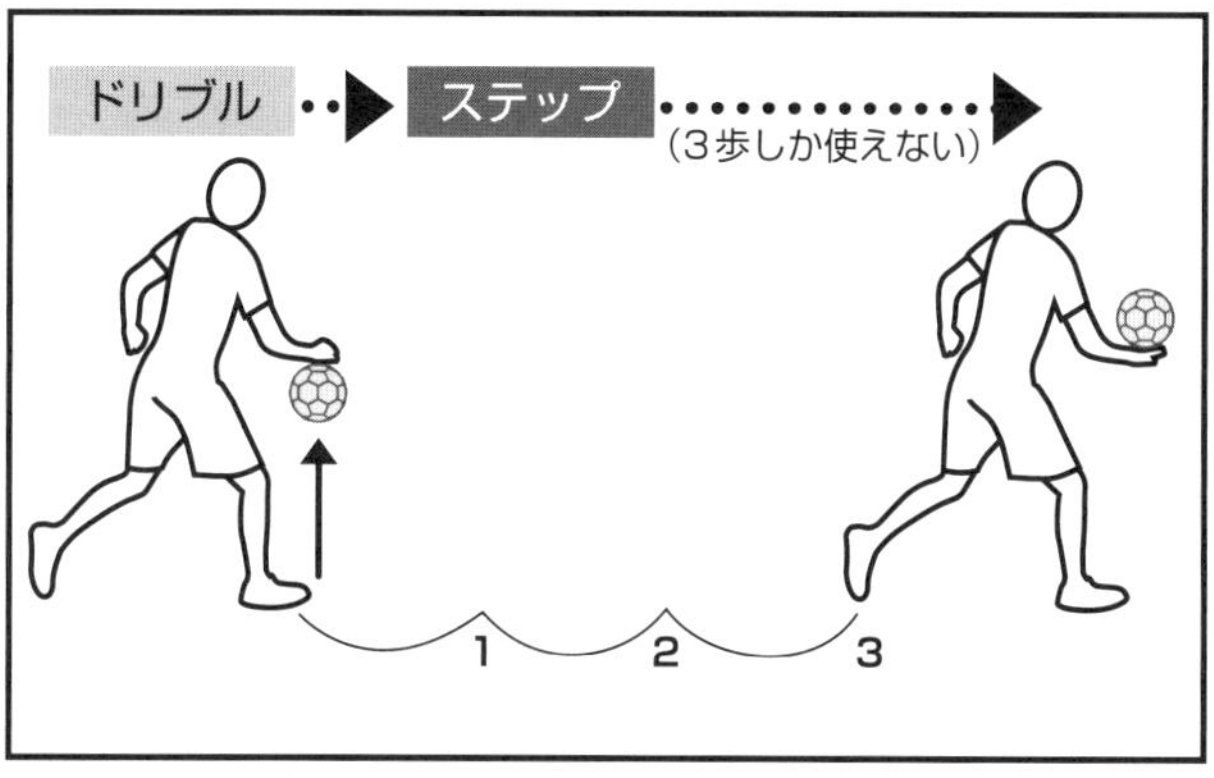

【図1】ドリブルから始まるプレー

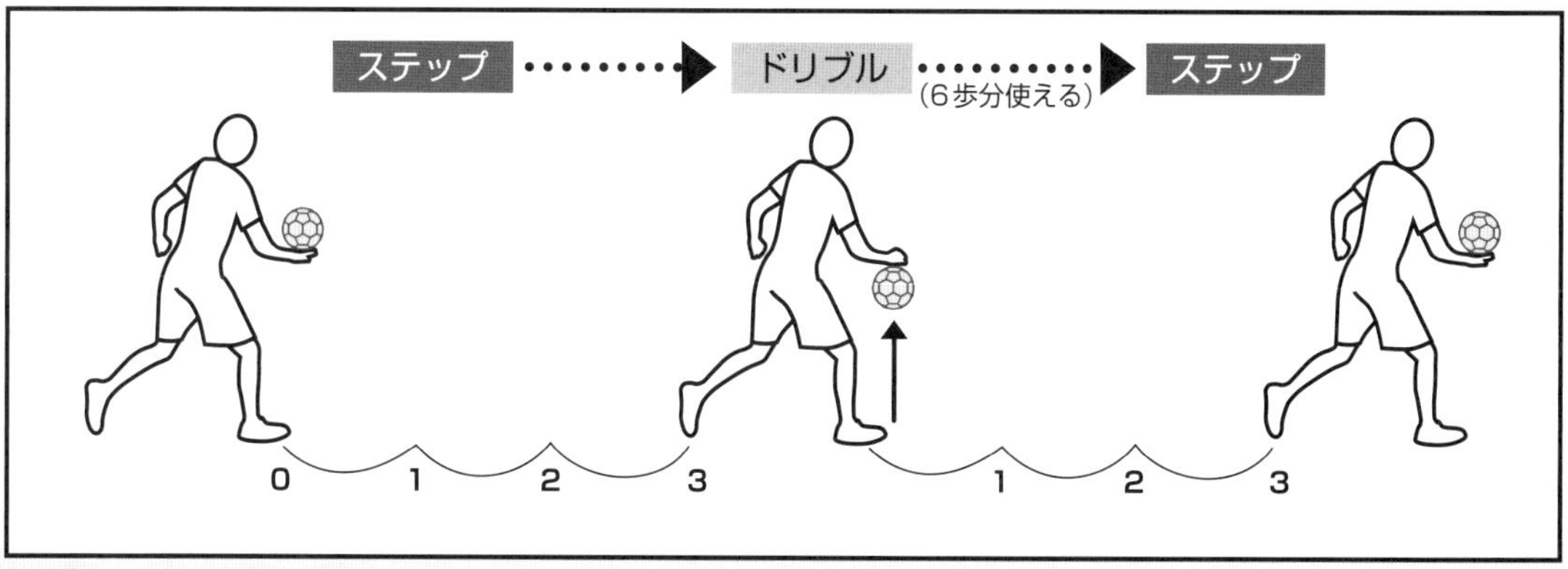

【図2】ステップから始まるプレー

Point 2

判断と選択

ハンドボールでは多くの選択肢を持っている方が有利になります。ただし判断さえ間違えなければ、基本的には2つの選択肢だけで充分勝負できます。

例えば**【写真1－1】**は2対2をパラレルで攻めている状況です。ボールを持った選手が、2人のDFの間を攻めようとしています。

【写真1－2】のように、DFが寄って来なかった場合は、そのまま間を割っていきます。

【写真1－3】のように、DFが寄ってきたら、となりにいる味方にパスをさばきます。

DFが寄れば、パスをさばき、DFが寄らなければ、自分で行く。これがハンドボールの原理原則です。この判断が正確にできるようになるために、ステップワークが必要になってきます。

「頭で判断するから、ステップワークは関係ない」と思う人もいるでしょう。しかし、ステップワークと判断は密接に関係しています。

例えば、ボールを持った選手がアウトに切れ込んでいきます。ここで「インに行くのは得意だけど、アウトに行くのは苦手だな」という意識があると、DFが寄ってこないのにパスを選んでしまいます。そういう間違った選択をすると、得点チャンスを逃すだけでなく、味方とのコンビネーションにも悪影響を及ぼします。

ハンドボールは左右両方への動きが求められる競技です。左右均等に動けるステップワークがあれば、判断に迷いがなくなります。

【写真1】

Point 3

つま先とかかとでのステップ

素早く動きたい時にはつま先を使ったステップが有効ですが【写真2】、そのまま早くシュートに行きたいと思うあまりに、シュートもつま先でジャンプしてしまいがち。シュートはかかとからのジャンプを心がけましょう。

なぜなら、つま先で踏み切ろうとする選手は、あまり高く跳べないからです。真上に高く跳びたければ、かかとから踏み込むのが基本です【写真3】。

走ってきて急に止まりたい場合は、つま先だけでは正確に止まれません。かかとも使って足裏全体で床をグリップすることで、急ブレーキがかけられます。

U－16の日韓交流で、韓国のスタッフから「つま先だけで止まるのは、氷の上でハイヒールをはいて止まるようなものだ」と言われたことがありますが、その言葉どおり日本人はつま先だけで動く傾向があります。しっかり止まり、速さ一辺倒の単調な動きにならないためにも、つま先とかかとを上手に使い分けましょう。

【写真2】

つま先でのステップの特徴

・素早く動きたい時に有効
・高く跳ぶのが難しい

【写真3】

かかとでのステップの特徴

・ジャンプする時に高く跳べる
・俊敏性が損なわれる

Step 1

両足ストップ（0歩）＆クロスストップ（0→1歩）

次の動作、プレーにつなげるために、
動きの中でしっかりと止まることも大切です。

メリット&ポイント

- 相手DFの対応、間合いに応じて次のプレーを判断、選択できる
- 3歩という限られた歩数を最大限に活用できる

ハンドボールのOFでは、DFとDFの間に位置を取り、DFとDFの間やDFをはさんだ位置から打つディスタンスシュートや、DFとDFの間に走り込んでのカットインシュートを狙っていく姿勢が不可欠です。

とはいえ、実戦ではDFも対応してきます。OFの思いどおりの進路が空いているわけではありません。

攻め込もうとする進路に、先にDFに位置を取られてしまった場合、そのまま突っ込んでDFに接触してしまうと、チャージングの反則にもなってしまいます。

そうしたOFの前を狙う動きに対応してきたDFをかわしてシュートに持ち込んだり、DFを抜き去るフェイントにつながるのが、**【写真4・5】**の両足ストップと**【写真6】**のクロスストップです。

空中でボールをもらったならば、両足ストップをした時点ではまだ0歩で、あと3歩を使うことができます。

クロスストップをした時点でも1歩しか使っていませんから、残り2歩を使うことができます。

動きの中で、瞬間的に止まる動作になりますが、プレーの流れまで止めてしまうのではありません。ストップする動作は、時間にすればわずかですが、相手DFの動きや、相手DFとの間合いに応じて、次に右に行くのか、左に行くのか、DFをかわしてシュートを狙うのか、パスを狙うのか、と、次のプレーを判断、選択する大事な時間です。

スピードを出しても止まれるようにつま先だけ、かかとだけではなく、足の裏全体を使って、しっかりと止まりましょう。

足の幅は、狭すぎると不安定なので、肩幅より少し広いぐらいが理想です。

幅が広すぎる場合、次にクロスステップに行くことはできますが、スライドステップには行きづらいので、注意してください。

重心は前にかかり過ぎてもうしろにかかり過ぎてもいけません。

前かがみになったり、うしろに反ってしまわないようにバランスを取りましょう。

正しい姿勢で、ヒザや足首に必要以上に負担をかけないように心がけることも忘れずに。

止まるためだけに余分に1歩、2歩と踏み出してしまうと、使える残りの歩数が限られ、プレーの幅も狭まってしまいます。

次のプレーをより多くの選択肢の中から、的確に判断するためにも、この両足ストップをマスターしましょう。

【写真4】両足ストップ

【写真5】横からみた両足ストップ

【写真6】クロスストップ

Step2

実戦での両足・クロスストップ

両足・クロスストップが、実戦でどのような場面で使われているかを紹介していきます。

ここでは、両足ストップやクロスストップが実戦で使われる場面を紹介していきます。

【写真7】は両足ストップから右に大きく1歩を踏み出し、マークしてくるDFを横にかわして（1歩目）、そのまま左足を運んで2歩目でシュートにいったプレーです。マークしてくるDFをかわし、となりのDFがフォローに来る前にシュート、あるいはDFとDFの間にカットインして、ゴールを積極的に狙っていきます。

【写真7】はそのままシュートにつながった動きですが、2人のDFが引きつけられていることがわかります。となりのDFのフォローが素早く、シュートやカットインを狙うスペースが閉ざされてしまった、というタイミングならば、パスに移ります。

シュート、カットインにつながらなくても、2人のDFを引きつけてからパスができれば、味方がノーマークになるチャンスがふくらみます。

【写真8】はクロスストップを使い、右に大きく移動してシュートに持ち込んだプレーです。

0歩ではなく1歩を使って止まりますが、止まった時の姿勢は両足ストップと同じ。

右に移動し、DFがどう対応してくるのかをうかがいながら、残りの歩数（1〜2歩）をどう使うかを判断します。

【写真8】もシュートにつながったプレーですが、フォローのDFに対応され、シュートが難しいようならばパス、あるいは、残っている歩数を活用して、フォローに来たDFもかわす、というプレーも考えられます。このプレーでもDFを引きつけられることがイメージできると思います。

瞬時に判断しながら、最善のステップを選択できるように、トレーニングを重ねていきましょう。

両足ストップやクロスストップしたあとのスライドステップやクロスステップは、次のページから紹介していきます。

前を狙うためのステップワーク

強いチームとそうではないチームの差は、前を狙っているかどうかの違いにあります。

ポジションチェンジをする時でも、つねにゴールと正対しながら動いているチームには怖さがあります。

そうでないチームは、ゴールの方向を見ないで、ただ移動しているだけになりがちです。

これでは相手DFも怖くありません。DFとDFの間も広がらないままです。

そこを指導者が気づいて「前を狙え」と言うのもいいのですが、「前を狙いながら動くには、こういうステップワークがあるぞ」と伝えられれば、それだけで劇的に変わると思います。

【写真7】両足ストップからスライドステップを使ってのシュート

【写真8】クロスストップからスライドステップを使ってのシュート

Step3

スライドステップ

**両足ストップから横に踏み出すスライドステップ。
DFをかわしてシュート、パスをするのに欠かせないステップです。**

両足ストップやクロスストップから横に踏み出すスライドステップを説明していきましょう。

マークして来るDFから横に逃げてかわすために有効なのがスライドステップです。

左ページの【写真9】は、自分から見て右側にスライドするステップです。

まず、56、57ページでご紹介した両足ストップでしっかりと止まります【写真9－1】。

次に左足を軸足にして右足を踏み出し【写真9－2】、できるだけ広い歩幅で右側にステップしていきます【写真9－3、4】。

そして、今度は着地した右足を軸足にして、左足を右足に引き寄せるようにしていき、その次のステップに入っていきます【写真9－5、6】。

【写真10】は、【写真9】とは逆に、自分から見て左側にスライドするステップです。

右側にステップする時とは左右対称の動きになります。

どうしてもシュートに行きやすい利き手側（右利きならば右側）にスライドするステップを使うケースが多くなりますが、当然、相手DFもそれは想定済み。

【写真10】のように利き手とは逆側にスライドするステップができないと、相手DFは守りやすくなるばかりです。

左右、どちらへのスライドステップもマスターしましょう。

55ページでもお話ししていますが、ここで紹介しているスライドステップのように、横に、よりスピーディーに動きたい場合は、左の写真でもクローズアップしているとおり、つま先を使ってのステップになります。

両足ストップと同じく、ヒザや足首に負担がかかりますが、やはりDFをかわすためには欠かせない動きです。

筋力強化にも並行して取り組み、より歩幅を大きく、そして、よりスピーディーにステップできるように心がけてください。

メリット&ポイント

- 相手DFをかわしてのシュートや相手DFを引きつけてのパスにつながる
- 相手DFをかわすために、できるだけ大きな歩幅で踏み出そう

【写真9】右側へのスライドステップ

【写真10】左側へのスライドステップ

Step4

クロスステップ

両足ストップやクロスストップから足をクロスさせて踏み出すクロスステップ。
これもDFをかわしてシュートしたり、DFを引きつけてパスをするのに欠かせません。

スライドステップの次は、クロスステップを紹介します。

左ページの【写真11】は、右利きの選手が、自分から見て利き手側に切り込むステップです。

両足ストップ【写真11－1】はスライドステップと同じです。

そこから、クロスステップは右足を軸足にして始動します【写真11－2、3】。

そして、左足を右足と交差させてなめ右前へと運びます【写真11－4、5】。

左足が着地する時【写真11－6】は、左足と右足がクロスしていることがわかると思います。

【写真12】は利き手とは逆側に切り込むステップです。

スライドステップと同じように、利き手側に動くのと左右対称になります。

やはり利き手側にステップする方が使うケースが多くなります。確かに、利き手側への方が動きやすいですが、利き手とは逆側へのステップもマスターしないと、インに切り込むと見せかけ、DFをかわしてからアウトへのカットインをしてシュート、といったプレーにつながりません。

また、66、67ページでご紹介する逆足（右利きならば右足）でジャンプするシュートへとつなげるためにも、欠かせないステップです。

左右、どちらへもクロスステップで移動できれば、相手DFも守りづらくなります。

相手DFとの攻防で優位に立てるよう、左右両方へのクロスステップをマスターしましょう。

メリット&ポイント

- 相手DFをかわしてのシュートや相手DFを引きつけてのパスにつながる
- 相手DFをかわしながら前を狙って攻める姿勢を忘れずに

1歩が大きく見えるのは

東久留米西中の試合をご覧になった方から、よく「1歩が大きいね」と言ってもらえます。

「股関節のストレッチなど、特別なトレーニングをしているんですか？」とも聞かれます。

しかし特別なストレッチなどはやっていません。1歩が大きく見えるのは、迷いなく1歩を踏み出せているからだと思います。

どっちの足から踏み出そうかと躊躇《ちゅうちょ》していたら、歩幅も小さくなります。練習から大股の動きも意識していますが、それ以上に迷わず踏み出すことが、大きな1歩につながっていると思います。

※指導チームは2014年当時

【写真11】右側へのクロスステップ

【写真12】左側へのクロスステップ

Step5

V字の入り方からのストップ・ステップ

動きの中でしっかりと止まり、相手DFを揺さぶってOFのキッカケとしたり、DFの動きに応じて、右へ、あるいは左へと攻め込み、シュートに持ち込むためのステップです。

次は私がとくに重要と考えているV字の入り方からのストップ、ステップを紹介していきます。

DFと真正面で向かい合うのではなく、右足、あるいは左足を少しななめ前に出してのストップでまずDFを揺さぶり、そこからフェイントをかけ、DFの動きに応じて次の進路を選択します。

左右へのななめの動きが『V』(ステップをする選手から見て)を描いているので、『V字の入り方』という表現を使っています。

【写真13】の連続写真は、フェイントをかけ【写真13-1】、相手DFが右側に重心をかけた【写真13-2】ことを見計らい、クロスステップを使ってなめ右前にステップしてシュート【写真13-3～6】、というプレーです。

【写真13】は右足のステップを使っていませんが、右足をスライドステップさせてさらに横に流れてから、シュートへと移るステップもOKです。

【写真14】の連続写真は、【写真13】と同じポジションからかけたフェイントに相手DFが反応しなかったり、(DFから見て)左側に体重をかけた場合、左足でななめ左前にステップしてDFとの間合いを取り、そこから右足を送って、右足ジャンプでのシュート、というプレーです。この逆足ジャンプからのシュートへと持ち込むステップも大切なので、次の66、67ページでクローズアップします。

DFをかわし、最短距離でシュートへと持ち込むために、こうしたストップ、ステップが大切です。

【写真13】、【写真14】ともにストップ、フェイントでDFを揺さぶり、ステップをしてカットイン、というプレーを紹介しましたが、フェイントからカットインをするためだけのストップ、ステップではありません。

ヨーロッパのゲームを見ていると、このストップ、ステップを9mラインの外で行なうことで、有効なミドルシュートを打っている選手が多くいます。

いろいろな場面で有効なストップ、ステップなので、ぜひ、自分のものにしてください。

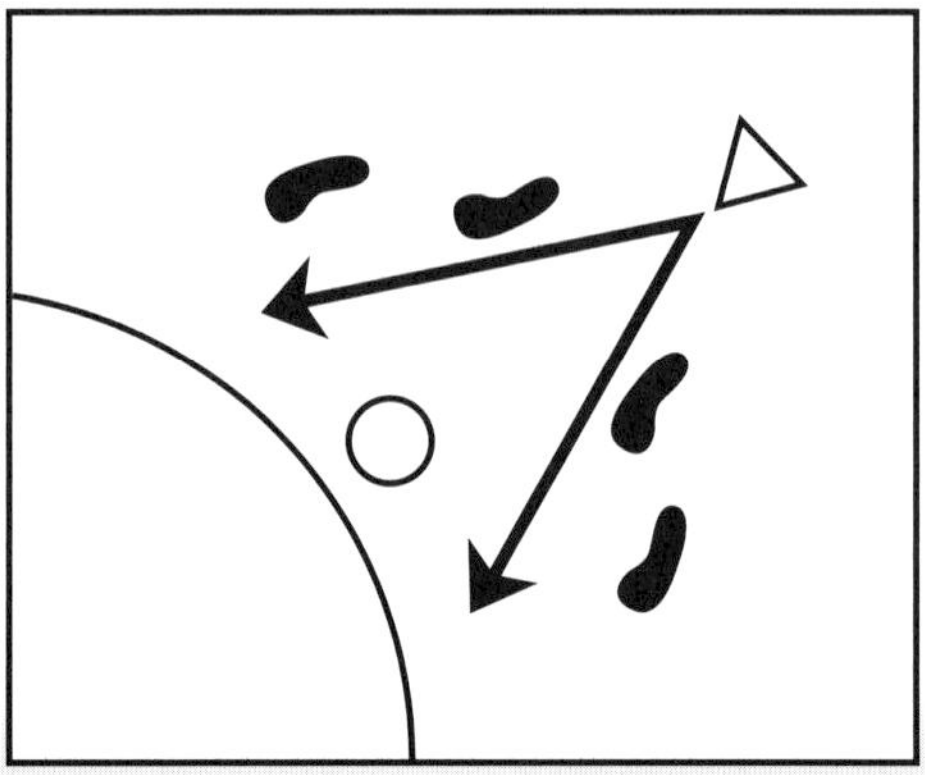

メリット&ポイント

- 相手DFの動きに応じて、進路を選択し、シュートへと持ち込むことができる
- 瞬時にDFの対応を見極め、左、または右にステップを切る

【写真13】右側にステップしてのシュート

【写真14】左側にステップしてのシュート

Step6

逆足ジャンプまでのステップ

マスターできればグンとプレーの幅が広がる逆足ジャンプでのシュート。
その逆足ジャンプにつながるステップをマスターしましょう。

これまでに紹介したスライドステップやクロスステップの、利き手とは逆側に動くステップを活用し、シュートへと持ち込むステップを紹介していきます。

【写真15】は、右利きのプレーヤーが利き手とは逆側へのクロスステップを利用し、DFのマークをかいくぐるようにシュートへと持ち込むプレーをイメージしたものです。

両足ストップからクロスステップで左なめ前に出した右足（逆足）でジャンプ。

メリット&ポイント

- マスターできるとプレーの幅が大きく広がる
- より高く、そして、より角度を取ってジャンプできるよう、歩幅やスピードにも気を配ろう

もう1歩、ステップを使い、通常、ジャンプシュートの踏み切り足になる左足でジャンプすることもできますが、そのプラス1歩を使うことで体勢が苦しくなったり、飛び込む角度が狭くなってしまうものです。

また、実戦ではかわしたDFのとなりにもDFがいるので、プラス1歩を使う間にとなりのDFにフォローに来る時間を与えてしまうことにもなります。

相手DFも必死にマークしてくるのでチャンスは一瞬。それを逃がさないためにも、逆足でジャンプするシュートをマスターしたいものです。

【写真16】は、フェイントで相手DFを揺さぶってから、クロスステップを利用してDFのマークをかわし、右足ジャンプでシュートへと持ち込んだプレーです。

自分の身体を支え、なおかつ、写真のように高く、有利な角度を取ってジャンプするということは、筋力が足りないなど、発展途上のプレーヤーには難しいものですが、この逆足ジャンプをマスターできると、グンとプレーの幅が広がります。

これまで紹介したステップと同じく、筋力強化にも励みながら、場面場面に応じて、左右、どちらの足からでも踏み切って、シュートできるようにトレーニングを重ねましょう。

また、これまでお話ししてきているように、【写真15】、【写真16】ともに、シュートのために踏み切るステップは、かかとから着いて、より高く跳ぼうとしている点も、見逃さずに注目してください。

右足のかかとがしっかりとゴールを向いている
DFと競り合っても的確なステップを刻もう

【写真15】逆足ジャンプへの想定ステップ

【写真16】逆足ジャンプからのシュートへと持ち込んだプレー

Step7

バックステップ

味方にパスをしたら終わりではなく、パスのあとはリポジショニングが大切。そのためにうしろに下がるバックステップが欠かせません。

ハンドボールでは、さまざまなステップを使って相手DFをかわし、シュートを狙っていくことが大切ですが、相手DFに対応され、シュートが難しいという場合は、次のシュートチャンスにつなげるためのパスを送ります。

パスのあとにはリポジショニングを行ないます。リポジショニングとは、リターンパスをもらう、あるいは、次の動きに備えて、再びポジショニングすることです。そのためにはバックステップを行なうことが必要になります。

【写真17】は、スタートしたポジション付近に最短距離で『I』字で戻るバックステップ。

パスをしようと踏み込んだ足を先に戻してくると、スムーズにバックできます。『I』字で素早く戻れば、次の展開への準備、判断する時間も確保できます。

【写真18】は、ふくらみをもたせながら戻り、スタート地点の動きから見ると『U』字を描いているようなバックステップです。

『U』字で戻ると、DFからずれ、リターンパスをもらってからのチャンスもふくらみます。

【写真19】は『I』字を描いて戻るバックステップの発展型。

パスするために踏み出した左足とは逆の右足を大きく開いて戻ることによって、素早くリターンパスを受けてシュートに行ける体勢になります。

韓国では、とくにシュート力のある選手が、このステップに取り組んでいました。

メリット&ポイント

- パスのあとのリポジショニングのために不可欠
- 相手DFの状態や次の展開も判断しながら戻り方も変えていく

大きい子にもステップワークを

中学時代に全国大会で活躍したり、NTS（ナショナルトレーニングシステム）でリストアップされ、将来を嘱望された大型選手が、20才を過ぎたあたりで伸び悩んでしまうケースをよく見かけます。

そういう選手の多くはステップワークの基礎が身についていないように感じます。

中学レベルであれば、恵まれた体格を活かし、ただ勢いよく走り込んでロングシュートを打つだけでも得点を重ねていくことができたのでしょうが、カテゴリー、レベルが上がり、周囲の選手の体格も大きくなってくると「カットインのない選手＝選択肢の少ない選手、判断力の乏しい選手」という扱いになってしまう恐れがあります。

大きい選手の中からもオールラウンドに動ける選手が出てくることが理想です。

そうした選手を多く育てていくことが、オリンピックへの扉を開く一つの道になると思います。

【写真17】うしろから見た『Ｉ』字のバックステップ

【写真18】『Ｕ』字を描いて戻るバックステップ

【写真19】右足を大きく開いて戻るバックステップ

Step8

ステップのサーキットトレーニング

ここでは、筋力強化とステップへの意識を高めるための、
サーキットトレーニングメニューを紹介していきます。

1 3歩ダッシュ

3歩のダッシュを繰り返す
（スタートでしっかり構え笛に反応してダッシュ）

2 5歩ダッシュ

5歩のダッシュを繰り返す
（スタートでしっかり構え笛に反応してダッシュ）

3 ダッシュで止まる

ダッシュし、笛の合図でストップを繰り返す
（**【写真20】**、V字ストップになっているように）

4 ななめ方向へのダッシュ

ななめ方向にダッシュし、2歩目でストップ。
再び逆のななめ方向にダッシュ、ストップを繰り返し、ジグザグに進んでいく**【写真21】**

5 両足ストップ

56ページで紹介した両足ストップ。
少しずつ前進しながら繰り返す

6 両足ストップからスライドステップ

58ページで紹介した両足で止まってからのスライドステップ。右へのスライドの次は左と交互に繰り返し、少しずつ前進していく

7 両足ストップからのクロスステップ

62ページで紹介した両足で止まってからのクロスステップ。これも右にクロスの次は左と交互に繰り返し、少しずつ前進していく

8 クロスストップ

56ページで紹介したクロスストップ**【写真22】**。
左右相互に繰り返し、少しずつ前進していく

9 クロスストップ→スライドステップ

8のクロスストップで止まってからのスライドステップ。左右交互に繰り返し、少しずつ前進していく

10 クロスストップ→クロスステップ

8のクロスストップで止まってからクロスステップ。これも左右交互に繰り返し、少しずつ前進していく**【写真23】**

11 V字でのステップ

ななめ前にステップ。2歩で方向転換し、V字を描くように前進していく**【写真24】**

12 ワイパー

自動車のワイパーのように左右で細かいステップを刻みながら前進していく**【写真25】**

13 両足ストップの繰り返し

両足ストップから両足で踏み切り、右へステップして両足で着地。次は両足ストップから前に、次に左へ両足ステップを繰り返し、少しずつ前進していく

14 両足ストップから片足ステップ

両足ストップから右足で踏み切り、右へステップして両足で着地。続いて前へ両足ストップから左足で踏み切り、左へステップ。次に前へ両足ステップして、少しずつ前進していく

1から14までの1つずつのメニューをコート1往復（40m×2）で行なっていますが、慣れないうちは少しずつからでかまいません。体力、筋力も考慮して、トレーニングしましょう。

また、メニューもここで紹介したものだけがすべてではありません。みなさんなりのアレンジを加えてみてください。

【写真21】ななめ方向へのダッシュ

【写真20】ダッシュしてストップ

【写真22】クロスストップ

【写真23】クロスストップからのクロスステップ

【写真25】ワイパー

【写真24】V字のステップ

Step9

簡単にできるトレーニング

**特別な器具が必要ない、だれでも簡単にできる
トレーニングを紹介していきます。**

ステップワークの修得につながるトレーニングは、ハンドボールコートでしなければいけない、というわけではありません。

特別な器具が必要、というわけでもありません。

みなさんがよく知っている遊びも格好のトレーニングになりますし、学校ならば備えられているものを活用してトレーニングすることもできます。

普段の遊びもトレーニングに

まず最初にご紹介したいのが『だるまさんが転んだ』【写真26】です。

鬼が『だるまさんが転んだ』と口ずさむうちに、ほかの人が鬼に近づいていく遊びです。

鬼が『だるまさんが転んだ』と言い終えて振り返った時、移動中の人や静止できずに動いてしまった人は、鬼に捕まってしまいますが、この静止する動作が、走って止まることが求められるハンドボールにもつながります。

角椅子を使ってジャンプ

続いて私が技術科の教員ということもありますが、木工室にある角椅子を使ったメニューです。

角椅子を3、4脚、等間隔に横に寝かせて並べ、そこをジャンプしていきます。

両足でジャンプ【写真27】していくのはそれほど難しくありませんが、これを片足でのジャンプ【写真28】にしたり、前に跳んだあと、うしろに跳ぶ（戻る）といったメニューを加えると、難易度がアップします。

椅子を跳ぶ時、【写真29】のように足を外側へ広げないよう注意してください。【写真27ー3】と比べるとよくわかりますね。足をしっかりと胸に引き上げています。

【写真26】だるまさんが転んだ

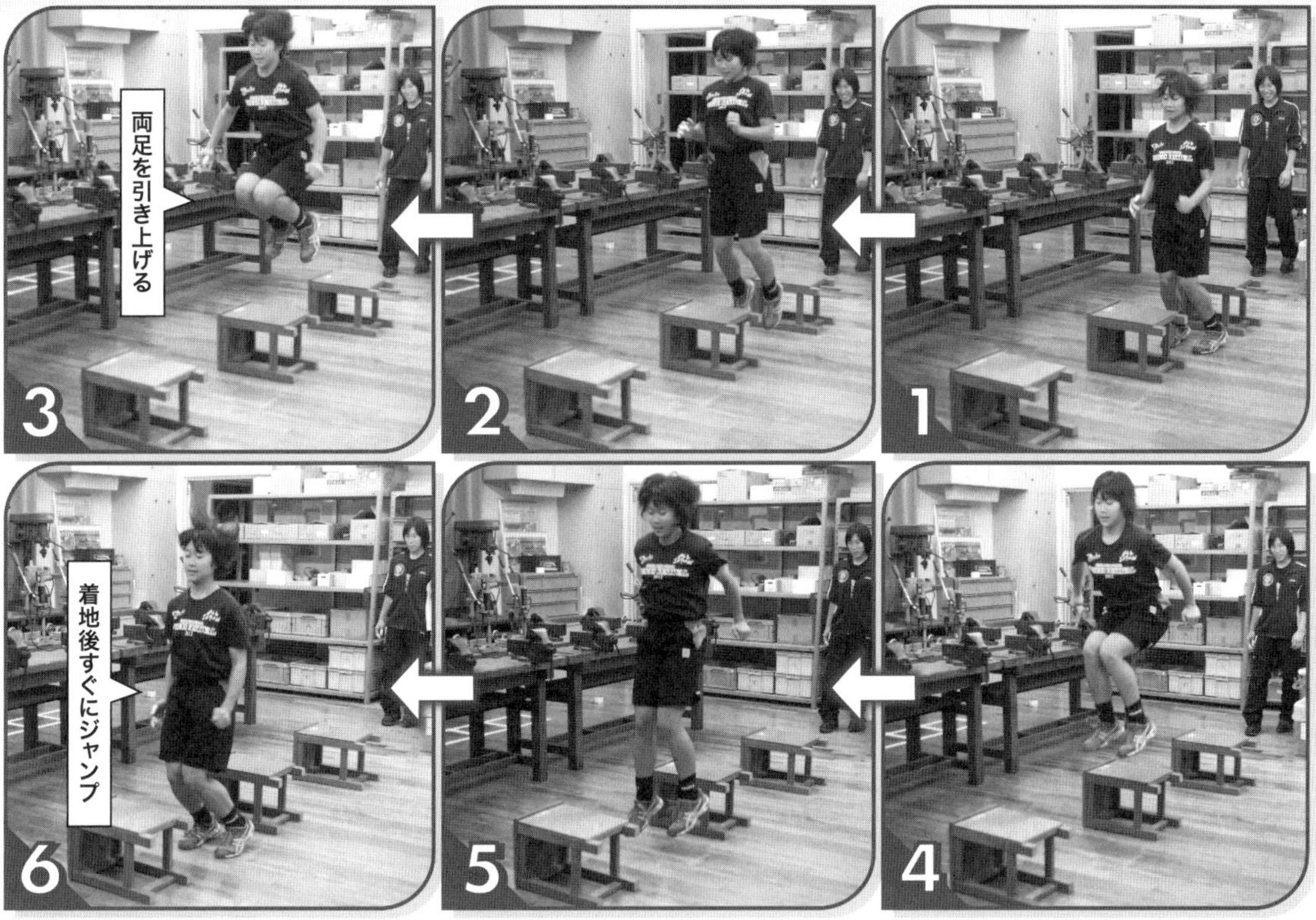

【写真27】両足ジャンプ

【写真28】片足ジャンプ

【写真29】足が外側へ出るジャンプ

また、男子は角椅子を横に寝かすだけでなく、立てて行なうことにも挑戦してみましょう。

椅子を立てて、ジャンプするごとに椅子に乗り降りしたり【写真30】、一気に飛び越えたり【写真31】と自分のレベルに応じてさまざまなトレーニングをしてみましょう。

角椅子を使ったトレーニングは、狭いスペースでもできますが、椅子を飛び越えられずに転倒し、ケガにつながることもあります。最初は無理をせず、注意しながらゆっくりと行ない、スムーズに跳べるようになってから、スピードを上げていきましょう。

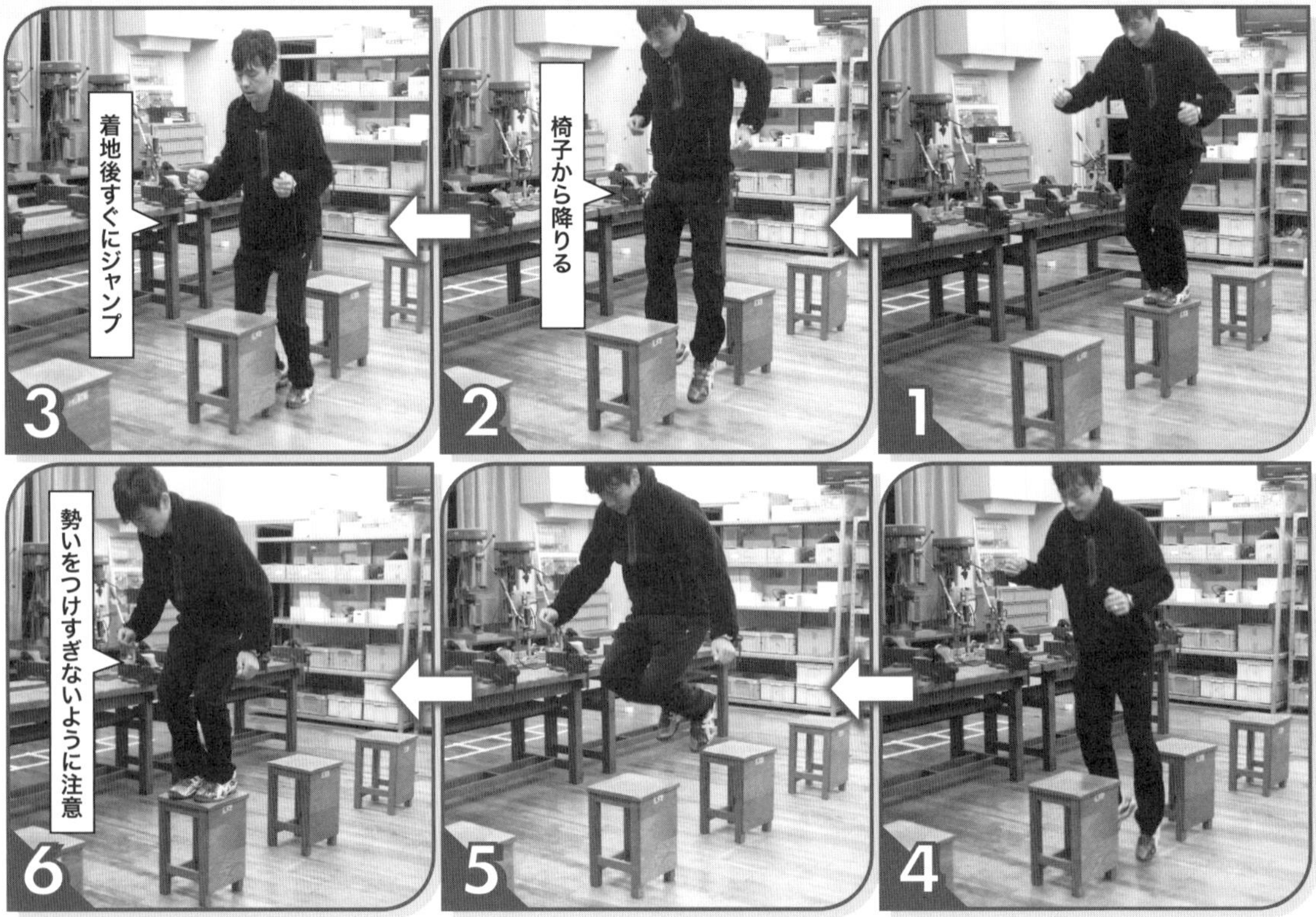

【写真30】角椅子を立てたトレーニング1

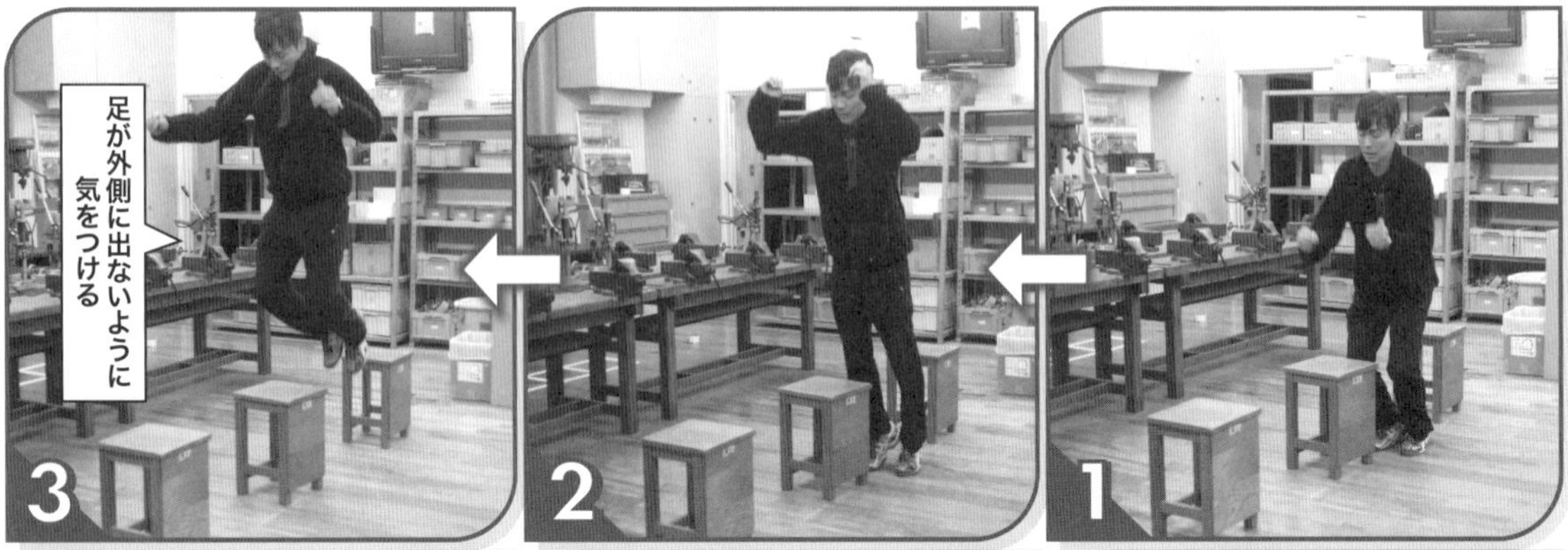

【写真31】角椅子を立てたトレーニング2

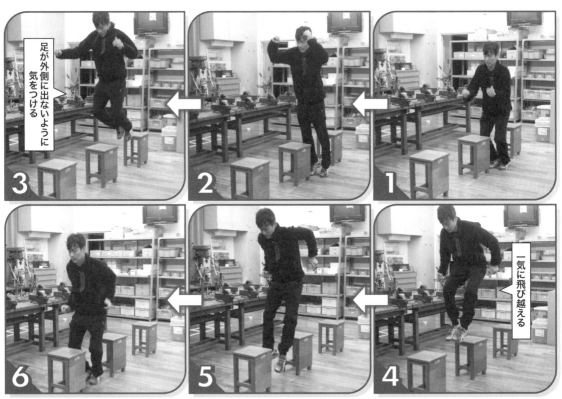

雨の日には階段を利用して

雨でグラウンドを使えない日などは、校舎内の階段を利用します。

つま先だけで1段ずつ駆け上がるパターンや1段飛ばし、両足を揃えて、片足だけなどバリエーションはいろいろあります。もちろん、登るだけでなく、降りる方も練習してください。

重要なのはつま先の使い方。このトレーニングに限らず、つま先でテンポよくステップすることが大切です。

【写真33】は両足で駆け上がる時の写真です。1段登った時、かかとをつけず、すぐにジャンプしていることがわかります。タンッ、タンッとリズミカルに駆け上がるのがポイントです。

転倒に注意しながら、徐々にスピードを上げたり、登り降りの回数を増やしましょう。

【写真32】階段を使ったトレーニング

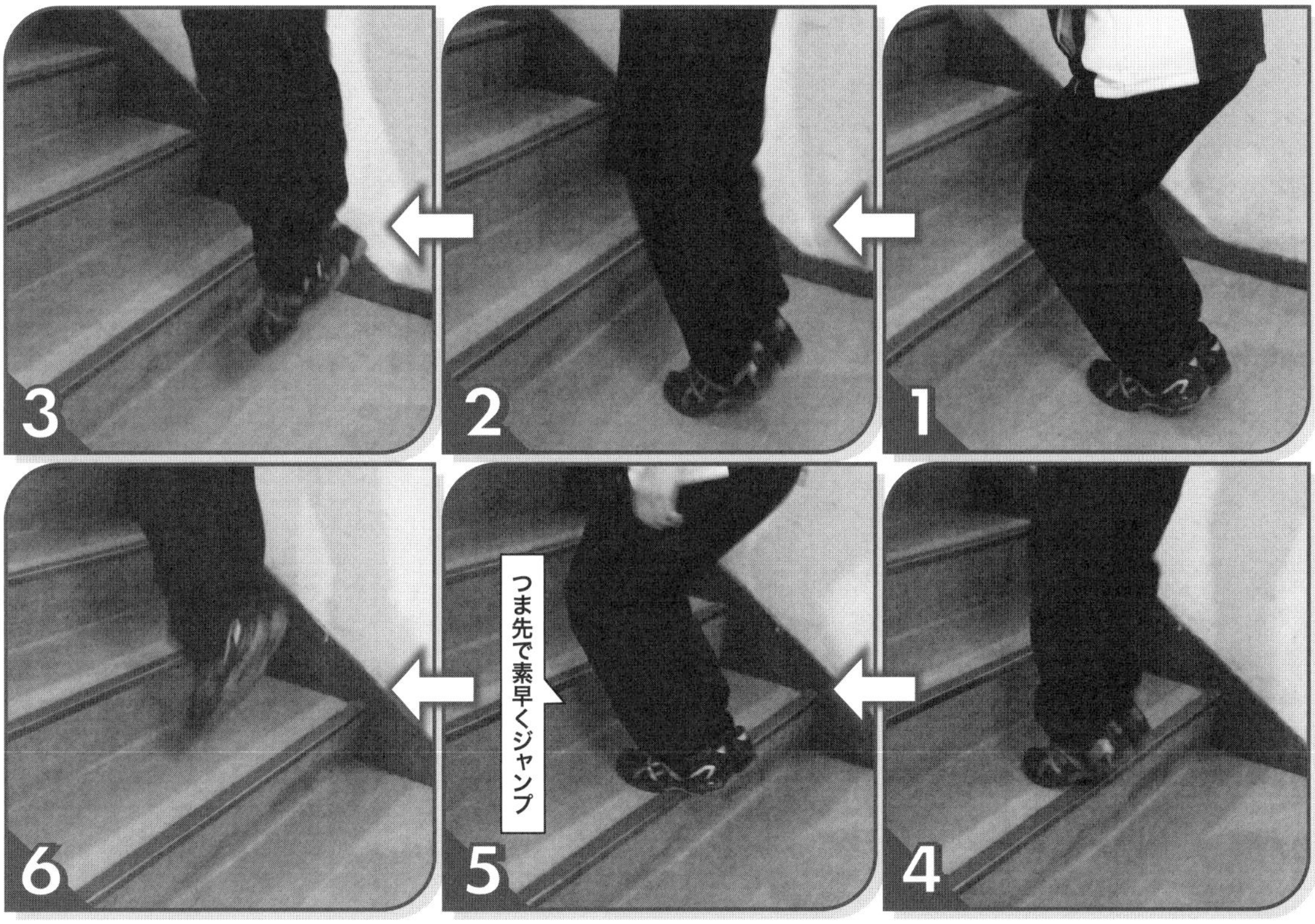

【写真33】つま先の使い方

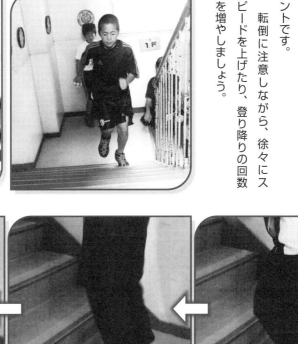

ラダーは速くて細かいステップを

ここからはラダーを使ったトレーニングを紹介します。ラダーがないチームもあると思いますが、そこは工夫しだい。【写真34】のように、床にテープを貼ってもできます。簡単ですから、ぜひ試してみてください。

ラダーを使ったステップは数多くあります。ここでは3つ紹介します。【写真35】では片足（内側）と両足（外側）を交互に繰り返しながら前へ。【写真36】は片足ずつ中と外をステップします。両足で行なう【写真37】は「コ」の字のように進みます。

【写真34】テープで作るラダー

1
2
1つ前のマスに片足だけ入れる
3
【写真35】ラダートレーニング1

1
右足をマスの中へ
2
左足も入れると同時に右足は1マス前の外側へ
3
左足を1マス前の外側にステップ
【写真36】ラダートレーニング2

1
両足を揃え前にジャンプ
2
素早く右へ飛び、そのあとはうしろへ
3
同じように「コ」の字で飛ぶ
【写真37】ラダートレーニング3

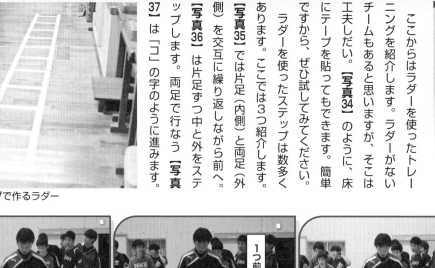

このほかにもいろいろなステップをしてみてください。どのステップも細かく、速くを心がけましょう。

また、何人かが集まり、輪になることでも同じような練習ができます【写真38、39】。全員が足を広げたら、となりの人、足の間にスペースができます。そこを両足や片足で前へ跳び、1周します。最初の人が終わったら、次はとなりの人と最終的に全員で行ないます。

この時も、着地する時間を短くすることを忘れずに【写真40】。かかとをつけず、つま先で素早く跳びましょう。

【写真38】輪になるステップトレーニング

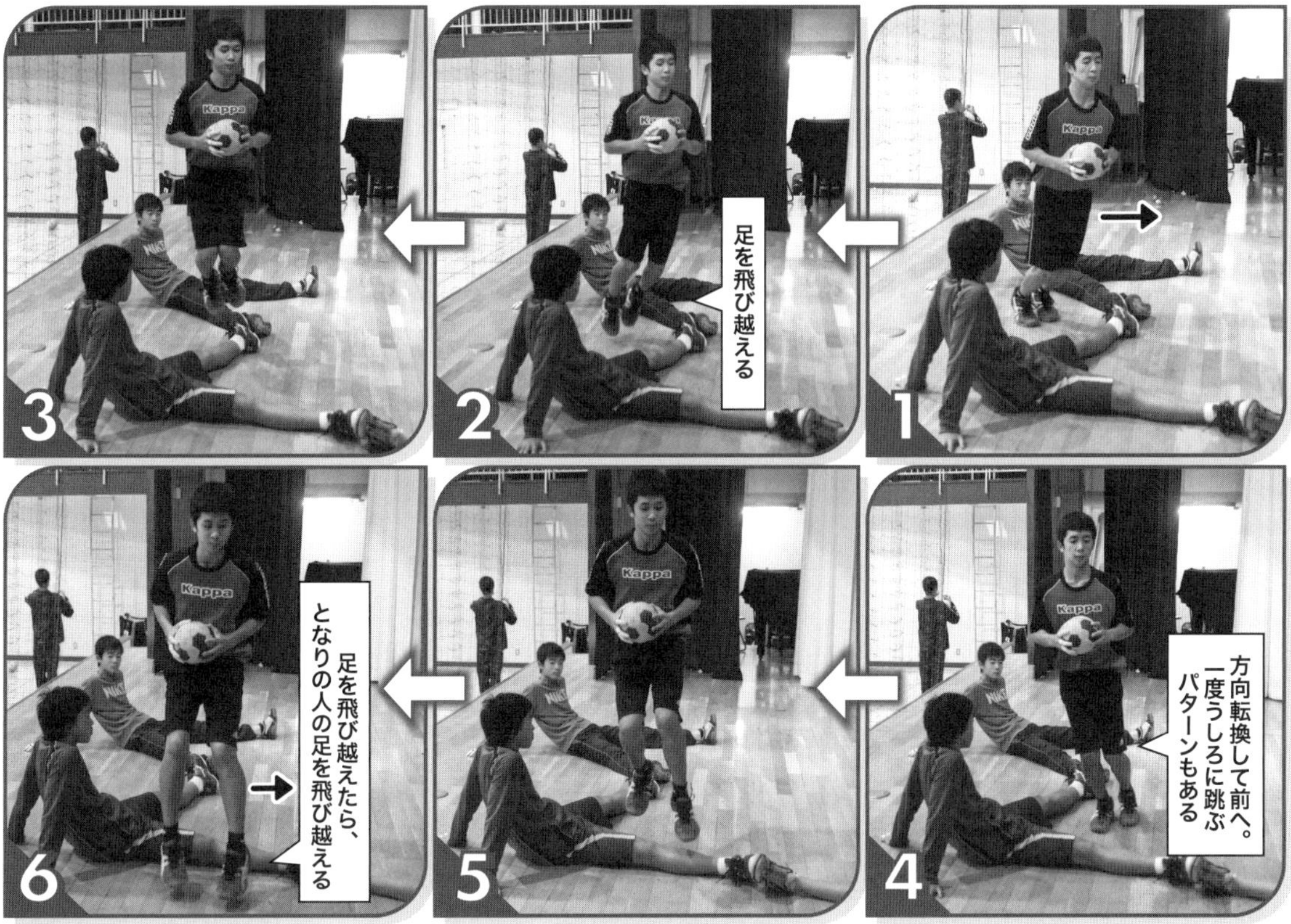

【写真39】両足ジャンプ

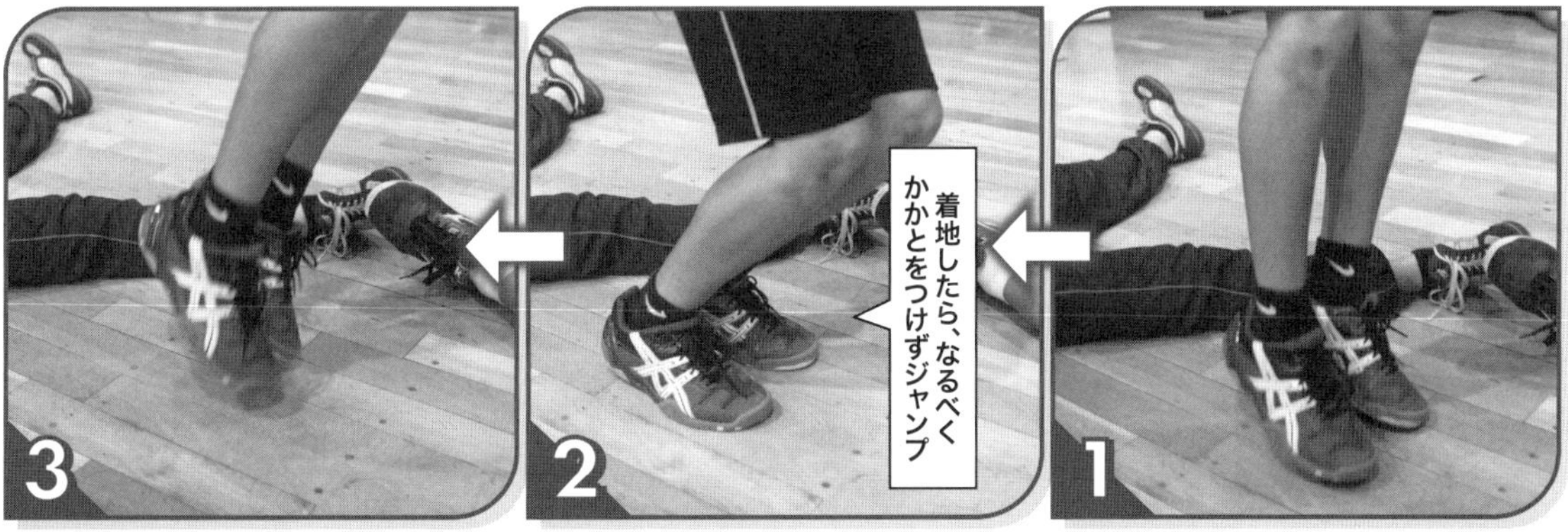

【写真40】着地のポイント

Step 10

駆け引きのためのステップワーク

**ただトレーニングするのでなく、普段からよく考えて
ステップワークの練習に取り組みましょう。**

人それぞれ、得意なステップワークは違います。その選手に合ったステップワークを見つけ出すために、私は普段から全部のパターンを指導しています。ひと通り覚えた中から、それぞれがしっくりくる型を選んでくれればよいのです。

　その選手に合う型が見つかったら、同時に動きのコツもアドバイスするようにしています。

　股関節を広げて大きく踏み出したり、つま先から踏み出したり、かかとからジャンプしたりといった微調整をすることで、動きを洗練させていくのです。

　ステップにはこのほかにもまだまだ何通りもあります。しかし、すべてを完璧にする必要はありません。徐々にバリエーションを増やしていき、試合で活かせるようにしましょう。前後左右にいつでも動け、いつでも止まれるような感覚が身につけば、駆け引きがよりおもしろくなるはずです。

　こうした足の運び方は小さな選手の方が得意で、大きな選手はステップがうまくできない、動きが鈍いと思われがちですが、そんなことはありません。大型選手もきちっと基本のステップワークを修得すれば、小さな選手と同じようにステップできるはずです。

　U-16日本代表で指導している時に、指導した大型選手がどんどんうまくなる姿を見て、駆け引きやステップワークは小さな選手と同じようにできるんだな、と改めて思いました。

　小さな選手に比べると、しっかりと判断、ステップができるようになるまでに時間はかかるかもしれませんが、大きく成長する可能性は充分あるはずです。

　ステップワークのためのステップワークでは意味がありません。ステップワークは相手との駆け引きのためにあるのです。このことを忘れずに、みなさんもいままで以上に練習に励んでください。

　こうした基礎技術の向上が、みなさんのレベルアップにつながるはずです。

伊禮雅太
（ジークスター東京）

第3章

得点を決め勝利を引き寄せる

『フェイント』

小山哲也（ジークスター東京）

プラスワンの状況を作れ

マークしてくるDFを抜き去って高確率のカットインシュートに持ち込んだり、DFを引きつけてチャンスを広げることにつながるフェイント。ここからはフェイントをマスターするためのコツやさまざまなバリエーション、練習法を紹介する。

協力：大同特殊鋼ハンドボール部

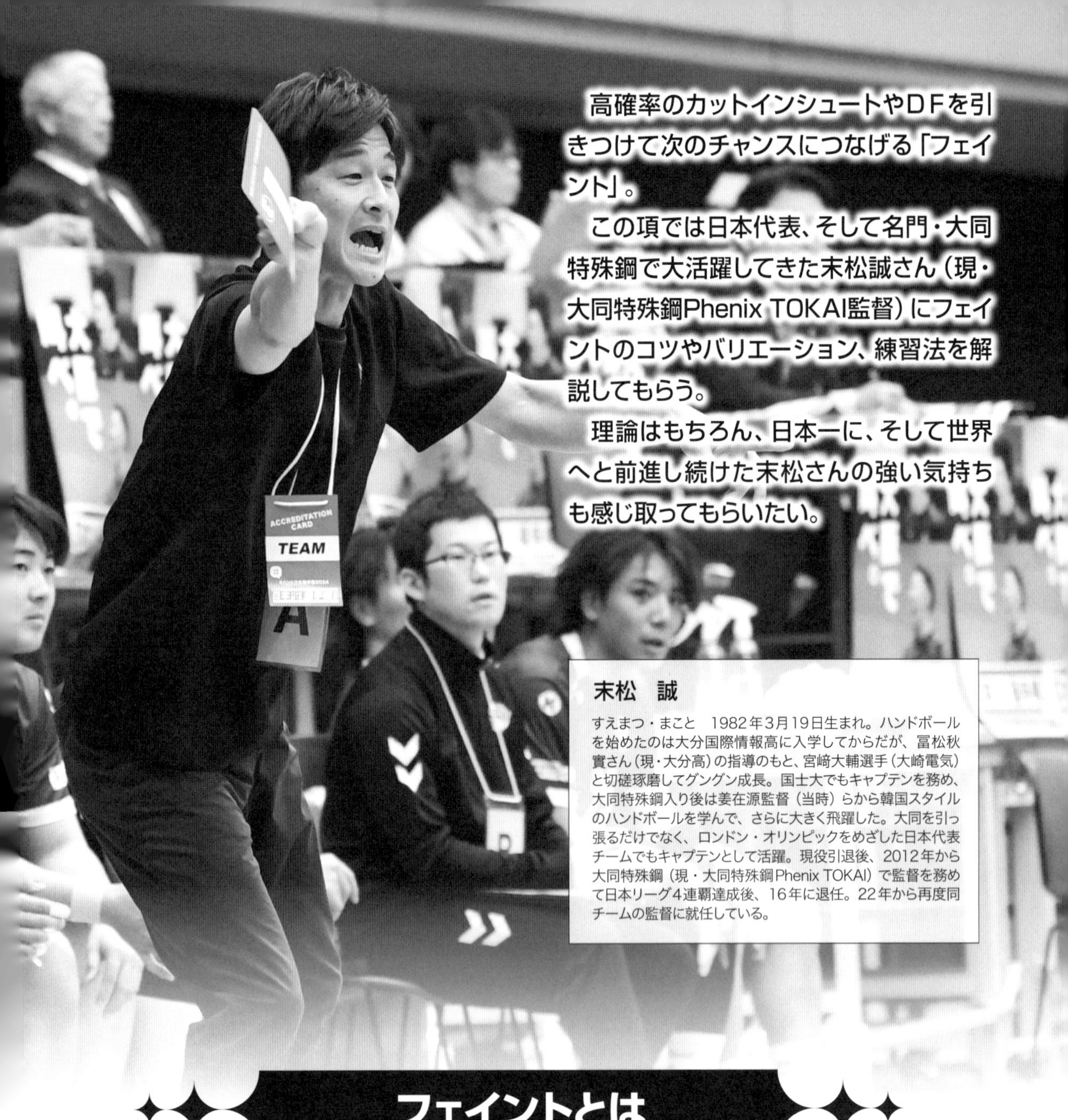

高確率のカットインシュートやDFを引きつけて次のチャンスにつなげる「フェイント」。

この項では日本代表、そして名門・大同特殊鋼で大活躍してきた末松誠さん（現・大同特殊鋼Phenix TOKAI監督）にフェイントのコツやバリエーション、練習法を解説してもらう。

理論はもちろん、日本一に、そして世界へと前進し続けた末松さんの強い気持ちも感じ取ってもらいたい。

末松　誠

すえまつ・まこと　1982年3月19日生まれ。ハンドボールを始めたのは大分国際情報高に入学してからだが、冨松秋實さん（現・大分高）の指導のもと、宮﨑大輔選手（大崎電気）と切磋琢磨してグングン成長。国士大でもキャプテンを務め、大同特殊鋼入り後は姜在源監督（当時）らから韓国スタイルのハンドボールを学んで、さらに大きく飛躍した。大同を引っ張るだけでなく、ロンドン・オリンピックをめざした日本代表チームでもキャプテンとして活躍。現役引退後、2012年から大同特殊鋼（現・大同特殊鋼Phenix TOKAI）で監督を務めて日本リーグ4連覇達成後、16年に退任。22年から再度同チームの監督に就任している。

フェイントとは

ハンドボールで一番得点確率が高いのは、速攻からのノーマークシュートや、セットOFならば相手DFを抜いてのカットインシュートです。

高確率で決められるカットインシュートへとつなげるために必要となるのが、1対1で相手DFを抜き去り、プラスワンの状況を作る技術。それがフェイントです。

フェイントは相手DFを抜き去って得点を決めるためだけの技術ではありません。

フェイントで相手DFを抜くことができなくても、相手DFを少しでも引きつけることができれば、味方にパスを送り、パスを受けた味方はより広いスペースを攻めることができます。

また、相手DFをかわしてシュート体勢へと持ち込むことで、かわされた相手DFが横やうしろから押してくれれば、カットインシュートと同じように得点確率の高い7mTを得ることができます。

さらに、相手DFには警告、退場

も課され、得点プラスパワープレーのチャンスを手にできます。

自分の得点にはならなくても、チームの勝利につながっていく。

そうしたチームの勝利に欠かせない重要な技術となるフェイントのコツやバリエーション、練習法を紹介していきます。

相手DFを抜き去ったり、かわすために、スピードや瞬発力など身体能力が高いにこしたことはありませんが、これから紹介していくポイントを大切にしてトレーニングを積み、コツをつかむことができれば、足りない身体能力をカバーすることができます。

また、1人ひとりの特性、能力を活かして、自分なりのフェイントを見つけ出すこともできます。

ぜひ、チャレンジの気持ちを大切にして、意欲的に取り組んでいってください。

そして、ここで紹介していく理論や技術的な裏づけとともに、大切にしてほしいのが「自分が1点をとってやる!!」「点を決めて、チームを勝たせる!!」という強い気持ちです。

こうした強い気持ちがなければ、相手DFを抜き去ったり、引きつけることはできません。

強い気持ちがあれば、練習に取り組む姿勢や自分なりに工夫する姿勢も自然と変わってくるはずです。

理論とともに強い気持ちをベースに置いて、トレーニングに励んでいきましょう。

Point 1

ゼロストップ

ここからはフェイントのマスターに大切なポイントを順番に紹介していきます。

最初のポイントとして強調したいのがゼロストップです（56ページで両足ストップとして紹介）。

つまり、脚の動き、止まり方は、ステップワークの項で学んだ「両足ストップ」と同じです。

講習会などで中高生を指導することがしばしばありますが、フェイントができない、苦手という人の多くは、まずこのゼロストップができていません。

味方からのパスを空中でキャッチし、両足で着地すればステップはまだ0歩で、そこから3歩使ってプレーすることができます。その意味からゼロストップと呼ばれます。

日本代表や日本リーグで活躍するトッププレーヤーのゼロストップは一瞬で、写真のように長い時間、静止していることはありませんが、トッププレーヤーはしっかりとゼロストップして、3歩を有効に使っています。

走り込み、足の部位で言うと両足親指のつけ根を利用してストップします。

かかとをつけて止まってしまうと次の動作が遅くなるので、かかとをつけずに止まることも大切です。

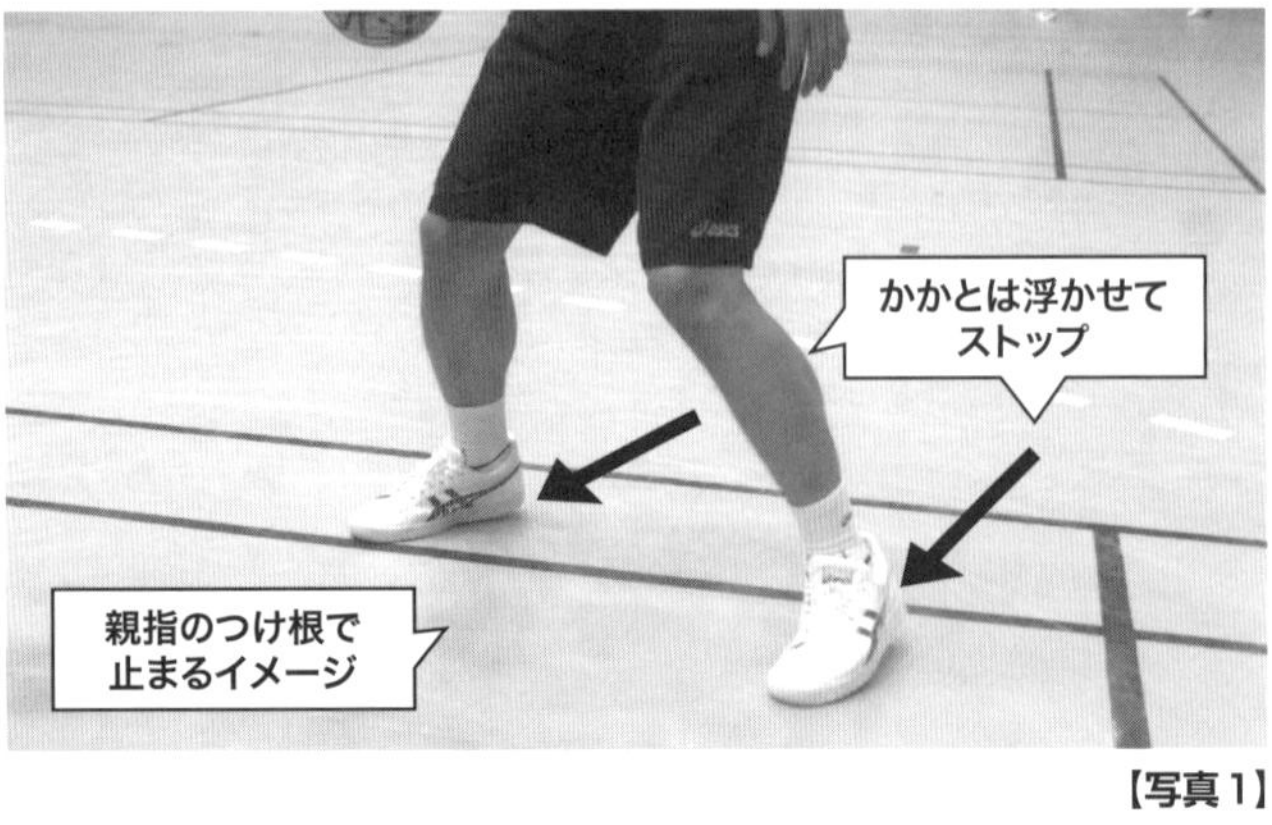
かかとは浮かせて
ストップ
親指のつけ根で
止まるイメージ
【写真1】

1
2
3
【写真2】

Point2

半身ずれる

1
2
右足と右足
【写真4-1】

1
2
左足と左足
【写真4-2】

ゼロストップに続き、フェイントをマスターするためにポイントとなるのが、走り込んで相手DFから半身ずれることです。

フェイントをかけようとする選手から見て左に半身ずれようとすれば、自分の右足と相手DFの右足、右に半身ずれようとすれば、自分の左足と相手DFの左足が向き合うような位置に入っていきます。

右ページでお話ししたゼロストップ、かかとを浮かせて止まることも忘れずに心がけてください。

半身ずれれば、相手DFも対応せざるをえなくなります。

相手DFの対応が遅れれば、そのままシュートを打ち抜いたり、スピードを活かして抜き去ることもできますし、相手DFが対応しようと体重を移動した瞬間に、切り返して抜くこともできます。

あえて相手DFの正面に入っていくケースもありますが、OF側が先手をとることができ、相手DFを動かし、揺さぶることができるように半身ずれて入っていくことをつねに意識しましょう。

実戦では相手DFも対応してきます。半身ずれることができず、入りが甘かったり、相手DFの正面に入ってしまったケースのプレーについては、あとのページで紹介します。

左足と左足
右足と右足
【写真3】

Point3

大股

続いて大切なポイントが、大股でステップすることです。

前のページでお話しした半身ずれて入っていったところから、さらに大股でステップすれば、相手DFをかわしやすくなります。

また、DFは大きく揺さぶられるため、あと追いになりがち。7mTや警告、退場を誘うことにもつながります。

実戦ではマークしてきたDFのとなりにもDFがいます。

マークしてきたDFを大股でかわそうとすることで、となりのDFに近づくことにもなりますが、2人のDFの間を割ったり、となりのDFも引きつけて次のチャンスメイクをしていきます。

足の運びやヒザの折り方などは、写真を参照してください。

【写真5】、**【写真6】**ともに3のシーンのように大きく踏み出してプレーが終わるのではなく、次のステップ、シュートへとつながります。

踏ん張れない、次のステップに行けないとならないようにしたり、ヒザや足首に負荷がかかり過ぎないように注意しつつ、できるだけ大きく踏み出せるように心がけましょう。

大股で大きく踏み出した次の流れについては、左ページでお話ししていきます。

【写真5】

【写真6】

Point 4

肩を入れる

大股のステップなどで相手DFを抜いたあと、しっかりと踏ん張り、体幹の力を使いながら肩を入れてシュートへと持ち込みます。

DFの裏、背中に入っていくようなイメージです。

【写真7、8－2】や右ページの**【写真5、6－3】**のように、大股で動いて着地をすると自然と肩が入っていきます。

DFをかわして肩が入り、踏ん張ってシュートに持ち込もうとすると、かわされたDFがマークできるのは背中しかありません。

【写真8－4】は、後手に回った相手DFがうしろから押していますから、7mT、そして罰則の対象となるシーンです。

フェイントをかけた選手の肩が入ると、DFはとても守りづらいことがわかると思います。

とはいえ、7mT、相手が退場となるのは、あくまで結果。レフェリーの笛を求めるのではなく、相手DFに押されてもはね返し、踏み切り足とは逆の足の振り抜く力も利用して、シュートに持ち込む姿勢が不可欠です。

そのためには腹筋や背筋などを鍛える体幹トレーニングが大切。負担がかかるヒザや足首をケア、強化することも忘れないでください。

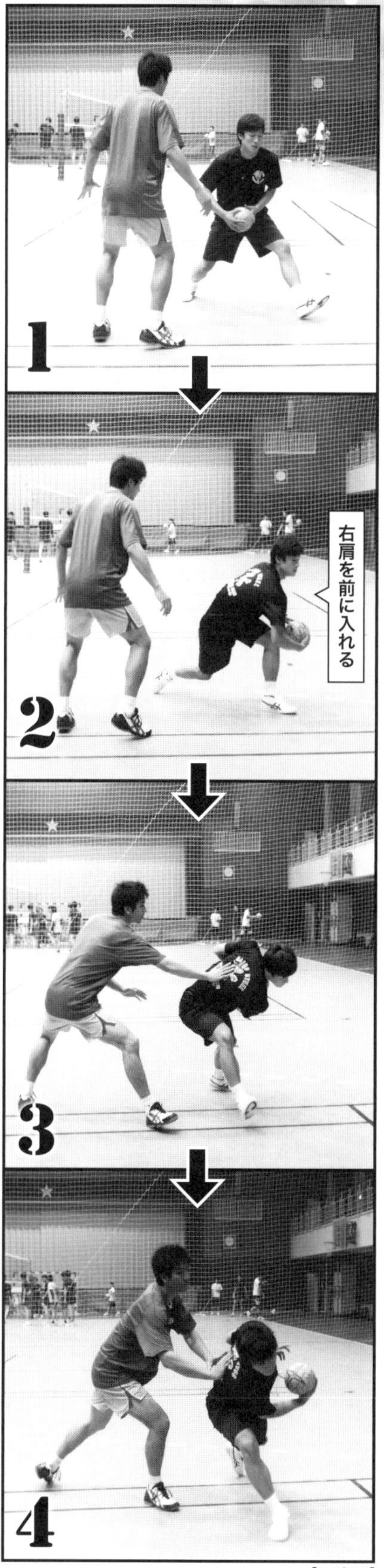

【写真8】

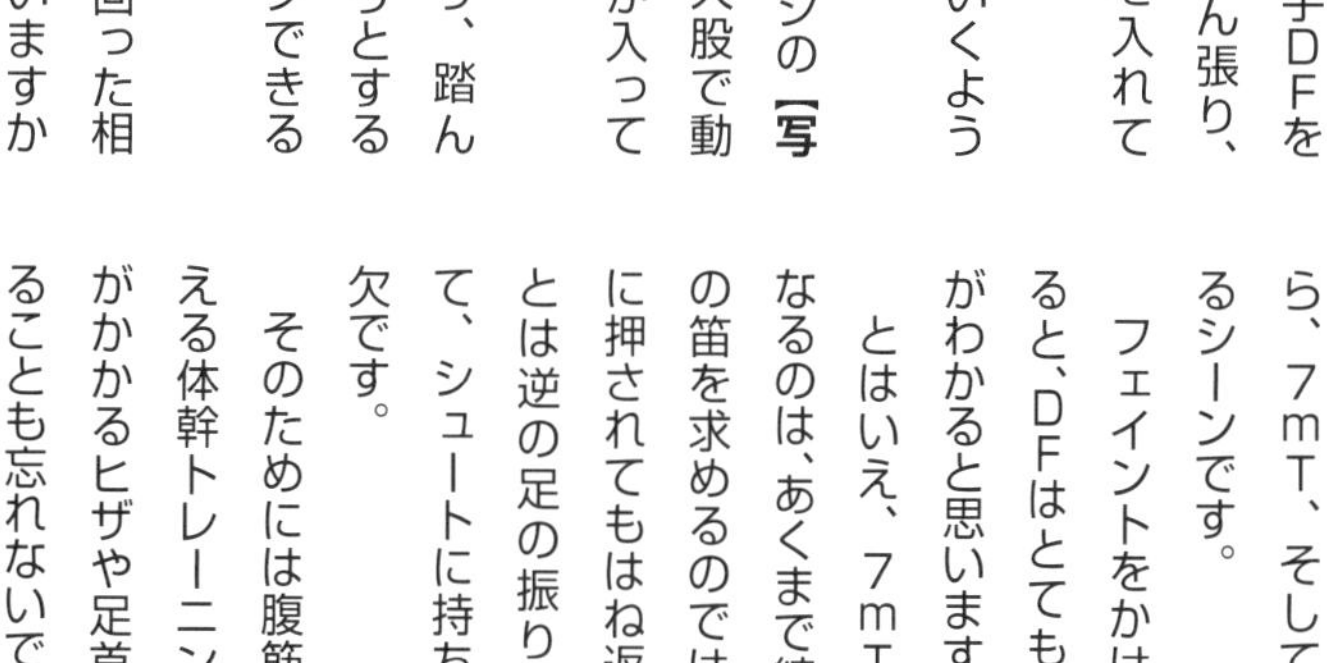

【写真7】

Point5

間合い

【写真9】

フェイントをかけてシュート、次のチャンスを狙う場合、相手DFとの間合いも重要な要素です。

走り込んでパスを受け、ゼロストップをした位置が【写真9－1】のように相手DFに触られるかどうか、という距離が、フェイントにつながる理想的な間合いになります。

OFからすれば、フェイントをかけて相手DFを抜いたり、揺さぶったりしやすい間合い。相手DFにとっては、もっとも警戒の意識が高まる間合いになります。

【写真9－2】は近すぎて相手DFにつかまってしまいます。

【写真9－3】は遠すぎて相手DFはまだまだ余裕がある距離です。

相手DFが前に詰めてきたり、OFの動きを読んで対応してくる実戦では、そう簡単に理想的な間合いを確保できませんが、ベースとなる間合いはしっかりと頭に入れておきましょう。

また、【写真9－2】の間合いでは相手DFにつかまりやすく、次のプレーにつなげづらいですが、【写真9－3】の間合いでは、ドリブルから入っていき、相手DFに仕掛けていくことができます。

相手DFとの間合いに応じ、瞬時に最適なプレーを判断、選択していきましょう。

ドリブル使用は必要最小限に！

上の【写真9－3】のように、相手DFとの間合いが遠い時など、あえてドリブルから入っていくケースもありますが、パスを受けて、まずドリブルをつく、というプレーはなるべく避けましょう。

すでに習慣になってしまっている選手も見受けられますが、ドリブルから入る姿勢はなるべく早く修正してほしいものです。

ステップワークの項でも指摘されていますが、最初にドリブルをしてしまうと、残された歩数は3歩です。

ドリブルをしなければ、3歩プレーしたあと、ドリブルをしてもう3歩と、合計6歩プレーすることができます。許された歩数を有効に使わない手はありませんし、フェイントをかけるにあたっても、歩数をより多く使えたほうが有利です。

以降のページで紹介しているシーンでも、いくつかドリブルをしているものがありますが、いずれも途中で切り返したり、相手DFを抜き去り、フィニッシュのシュートに持ち込む時のものです。

Point6

キャッチ（予備動作）

フェイントでは、82、83ページで大きなポイントとして紹介したゼロストップ、半身ずれることの前段階となる動きも大切になります。

空中でパスをキャッチし、そのまま自然に着地してゼロストップへと入っていくのではなく、上体を左右に振りながらゼロストップに入っていきます。

キャッチしたボールを空中で揺らそうと意識すると、自然と上体も揺れてきます。

ボールとともにOFの上体が揺れることで、その動きを見た相手DFは、OFが左に行こうとしているのか、右に行こうとしているのか、わかりづらくなります。

実戦では写真のようにコマ送りのスローモーションではなく、一瞬の動きになりますが、フェイントにはこの一瞬が大切。

ほんの一瞬でも「右か、左か」と相手DFが迷う時間を作ることができれば、反応が遅くなり、フェイントもかかりやすくなります。

こうしたキャッチからストップまでの動きもフェイントの成否につながります。

私は大同特殊鋼加入後にこの動きを教えてもらい、マスターできた2年目のシーズンに大きく飛躍することができました。

1
2
ボールを揺らすと
上体も揺れる

【写真10】

1
2
3
4

【写真11】

Technique 1

半身のずれを活かしたフェイント

最初のポイントにあげた半身をずらして入っていくことを活かしたフェイントです。半身ずれて入ることで相手ＤＦが対応しようとして重心をかけたところで、半身ずれたのとは逆方向にステップを切り、相手ＤＦをかわしていきます。大股で動く、肩を入れるという動作が入っている点にも注目してください。

Point

半身ずれて入ることを意識
肩を入れることも忘れずに

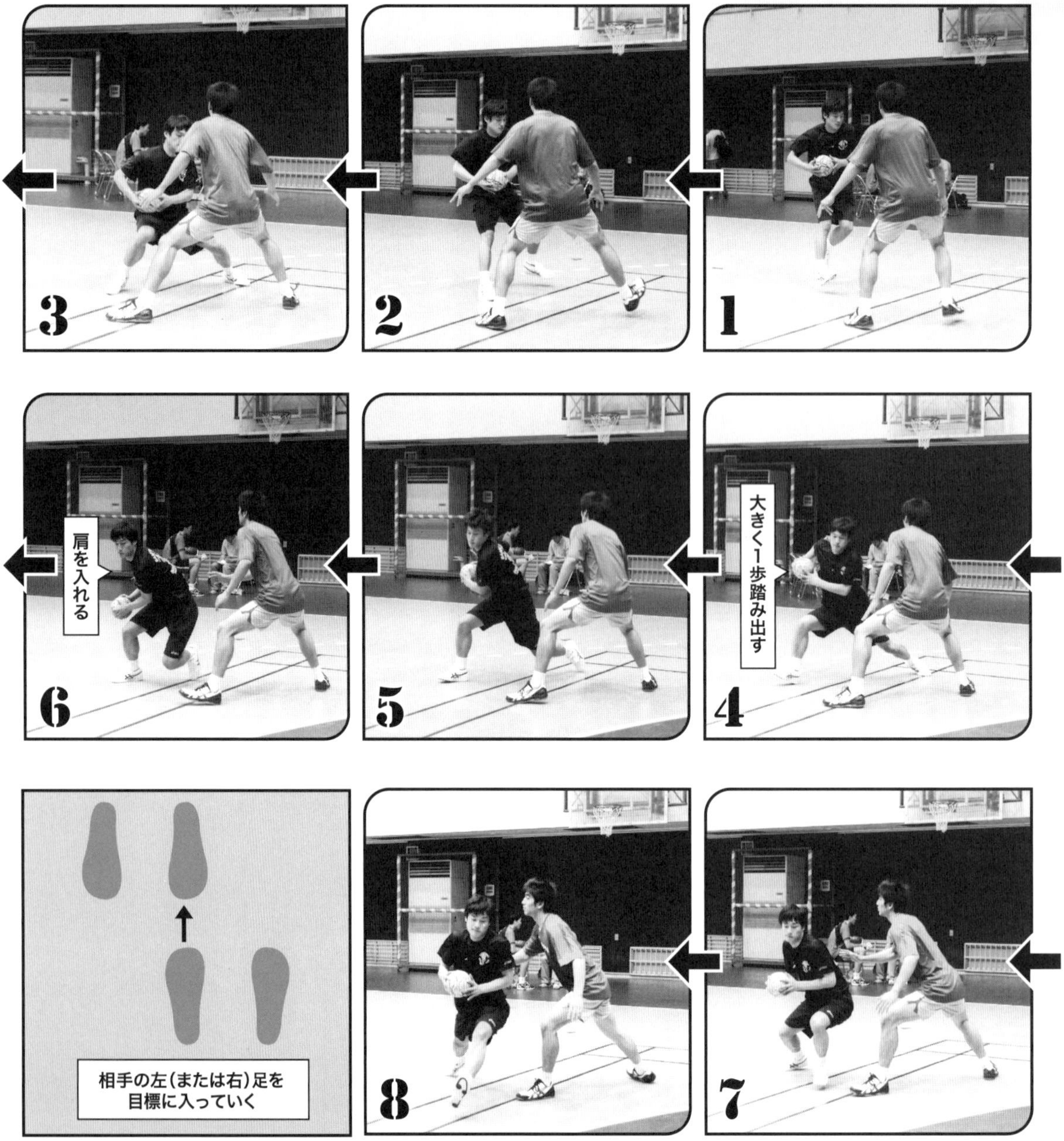

【写真12】

Technique2

大股で肩を入れてシュートへ

大股で動いて相手ＤＦをかわし、そのまま素早く肩を入れてシュートへとつなげていくフェイントです。歩幅の大きさや体重移動の感覚も、トレーニングを重ねる中でつかんでいってください。相手ＤＦをかわすだけでなく、押されても踏ん張り、シュートに持ち込むための、体幹や下半身の力強さも必要になります。

Point

相手ＤＦの背中に入るイメージで
実戦では隣のＤＦの位置に注意する

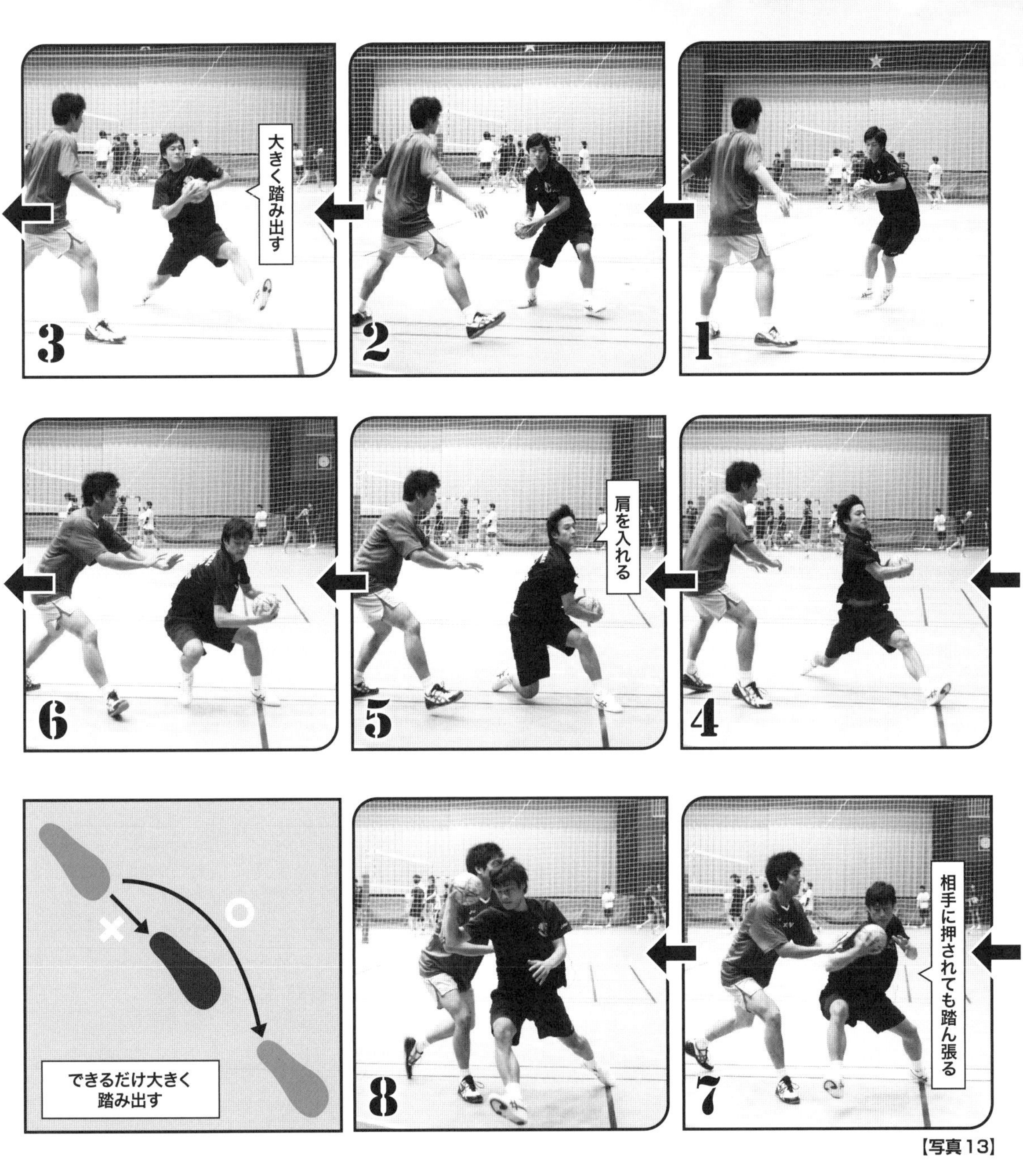
1
2
大きく踏み出す
3
4
肩を入れる
5
6
相手に押されても踏ん張る
7
8
できるだけ大きく踏み出す

【写真13】

Technique3

切り返しのフェイント

右へいくと見せかけて相手ＤＦを充分に引きつけてから左へ切り返してのフェイント。大股で歩幅が大きく、ドリブルも効果的に使っているので、相手ＤＦは追いつくことができません。右利きの選手は、右側（利き手側）に動いてシュートを狙いたいものですが、その傾向を逆手にとったフェイントです。

Point

大股で動き相手ＤＦを引きつける
相手ＤＦの動き、状態を見極める

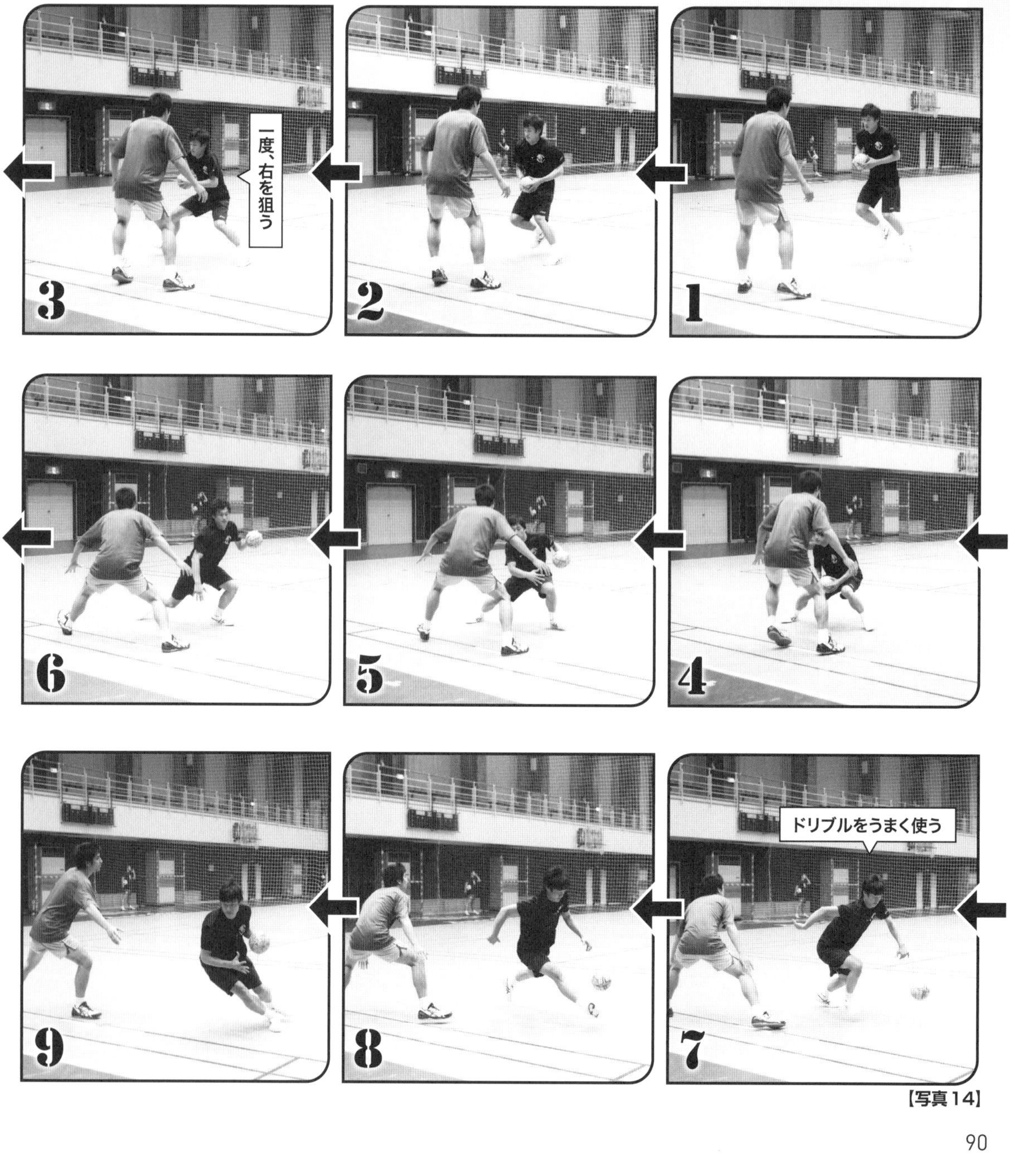

【写真14】

Technique4

ダブルフェイント

高速度で撮影した連続写真でもわかりづらいと思いますが、【写真15-3】のタイミングで1回肩を右に入れてフェイントをかけ、4、5のタイミングで再び肩を左に入れてフェイントをかけています。2回フェイントをかけるのでダブルフェイントと呼んでいます。相手DFは2度揺さぶられ、対応が遅くなります。

Point

瞬間的に2度、フェイントをかける
大股で足を運ぶことも大切

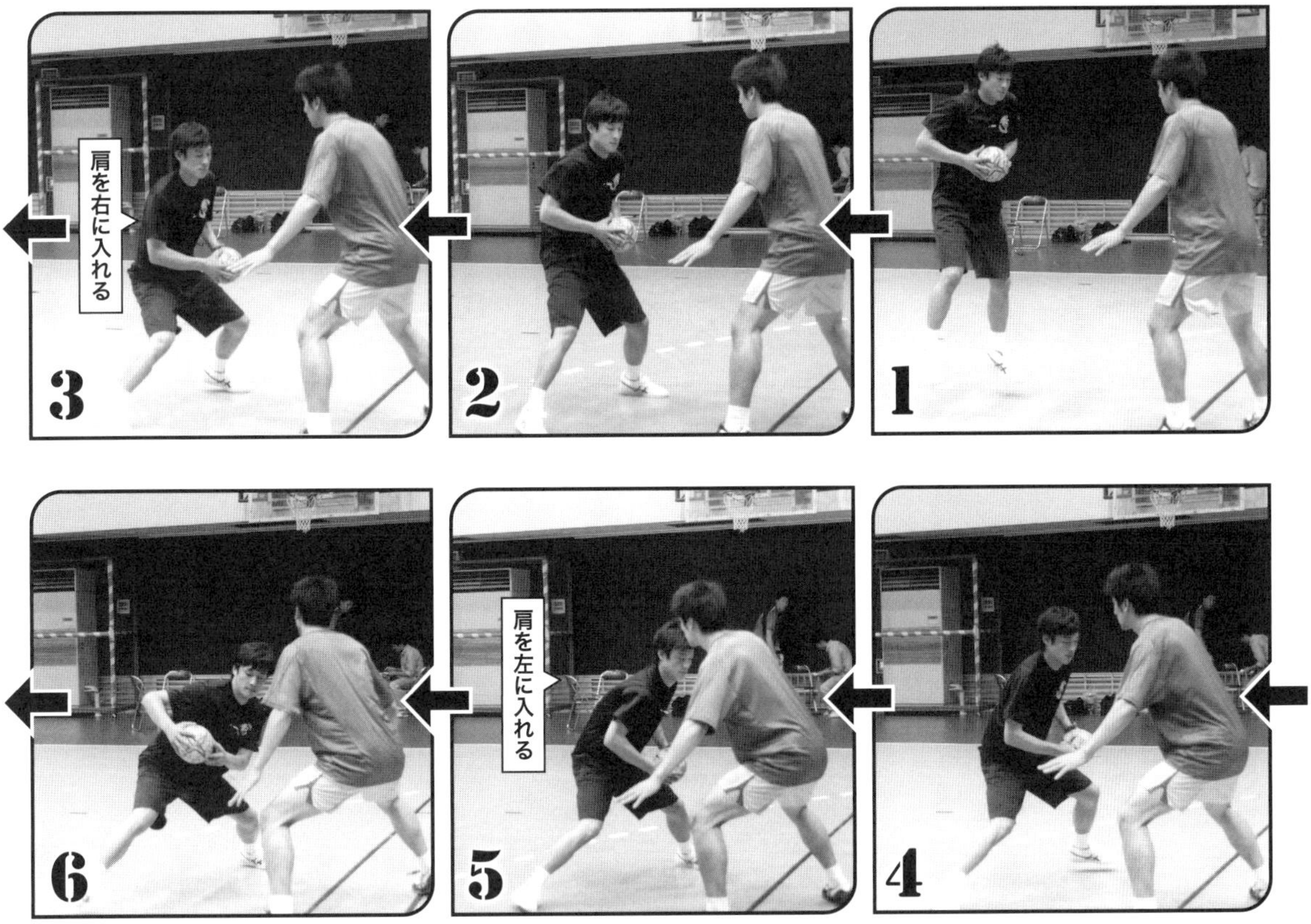

QRコードから
動画にアクセス!!

【写真15】

Technique5

空中フェイント

空中でフェイントをかけ、ボールを揺らすことで上体も揺れるので、相手ＤＦはボールと上体の動きに惑わされます。さらにＯＦの上体が揺れながら着地するため、相手ＤＦはＯＦがどちらに行こうとしているか絞りきれません。その一瞬のスキを見逃さずに、素早く抜き去ります。

Point

ボールを揺らすことで上体も揺らす
着地時の体勢にも気を配る

QRコードから動画にアクセス!!

【写真16】

Technique6

シュートフェイントその①

ステップシュートを打つと見せかけてからのフェイント。相手ＤＦはステップシュートに対応してＯＦの利き腕側を守りに行くので、充分に相手ＤＦを引きつけてから逆手側に切り返して行きます。このフェイントでも大股、肩を入れるというポイントが含まれていることにも注目してください。

Point

シュートを打つつもりで入る
大股での動きも意識する

ステップシュートを狙う
DFを引きつけたら切り返す
1
2
3
4
5
6

肩をしっかり入れる
7
8

86ページでドリブルの使用は最小限にとお話ししましたが、この連続写真のプレーのように、相手をかわしてからの場面など、臨機応変に使ってください。

ドリブルを避けようとするあまりに、せっかく相手ＤＦを抜いてもオーバーステップをしてしまっては、意味がありません。

【写真17】

Technique 7

シュートフェイントその②

大型選手がロングシュートやパスを狙うと見せかけて、ドリブルをつき、再びシュートを狙っていきます。フェイントをかけながら、大きく移動していることがわかります。大きく移動することで、相手ＤＦを引きつけたり、シュートを打ちやすい位置、距離から狙うことができます。

Point

シュートを狙って入っていく 大股で動き、相手ＤＦを引きつける

1
ジャンプシュートで狙う
2
3

4
着地する前にドリブル
5
大きく動く
6

7
8

大型の武田享選手（※）が得意としているフェイントです。

武田選手は瞬発系の動き、力を活かしたフェイントは得意ではありませんが、長身、ロングシュートを打ち抜けるという彼ならではの特性を活かし、このシュートフェイントを武器にしています。

【写真18】

※大同、豊田合成でプレー

Technique8

逆手側へのフェイント

右利きの人は右へ、左利きの人は左へと、シュートを打ちやすい側に動きがちですが、そうした傾向は相手ＤＦもよくわかっています。だからこそ、有効になり、マスターしたいのが逆手側へのフェイント。足の運びやシュートに持ち込む姿勢を、ここで改めて紹介します。逆手側へのフェイントをマスターできると、大きくプレーの幅が広がります。

1→4 左足で大股でステップし、着地した左足でしっかりと身体を支える。

A→D その左足を軸足に、相手ＤＦから押されてもはね返すぐらいの力で持ちこたえ、右足をゴール方向に運んで踏み切る。

【写真19】

Technique9

こんな時どうする？

ここまでフェイントのコツやバリエーションをお伝えしてきましたが、実戦では相手ＤＦがいて、半身ずらされないように、といった対応をしてきます。ここでは、相手に対応されたり、ＤＦの正面に入ってしまった時のプレー、考え方などを紹介していきます。

入りが甘い時

相手DFから半身ずれて入っていくのが理想ですが、ずれたものの入りが甘い（半身ずれきらない）場合があります。

そんな時も「しまった…」とDFを抜くことを諦めてしまう必要はありません。

下の写真のように、入りが甘くても、そこからより大股で踏み込み、相手DFが反応して来た瞬間、逆方向に切り返してのフェイントを仕掛けることができます。

半身ずれるというベースは大切ですが、そのことだけにとらわれないように注意しましょう。

1
2
大きく踏み込む
3
4
DFを引きつけたら
逆に切り返す
5
6

【写真20】

ファールをとられるな

試合の中では相手DFに対応され、相手DFの正面に入ってしまうケースも出てきます。

その場合、相手DFからホールディングを受けてフリースローを得るのは、避けたいプレーです。OFには連動性が大切。プレーを切られるファールはできるだけとられないようにしましょう。

相手DFの正面に入ってもホールディングされる前にパスを狙ったりクロスで味方にパス【写真21、22】、相手DFに接触されてもボールを持った手を上にあげ、接触していても「ボールは生きている」ことをレフェリーにアピールして、味方にコンタクトパスを送ります。

コンタクトパスも簡単ではありませんが、体幹なども強化しながらマスターを心がけましょう。

【写真21】

【写真22】

【写真23】ボールが生きているプレー

【写真24】ファールをとられるプレー

【写真25】コンタクトパス

対応して使い分け

試合の中では相手DFも対応してきますから、それに応じた準備、駆け引きが必要になります。

私が長年プレーし、現在は監督を務めている大同特殊鋼では「ワザの引き出し」という言葉を使いますが、さまざまな場面、相手の動きに応じて、多くの選択肢を持っているほうが有利なのは言うまでもありません。

実戦を例にとれば、DFが片側に引きつけられ、間が広い時は、84ページで紹介したような大股を活かしたフェイントが有効です。

相手DFが6mのライン際に下がって守っている時は、歩数を使うとその間にDFが寄ってくるので、ヒザを折って1歩で突破を試みるフェイントを仕掛けていきます【写真26】。

また、ステップシュートがよく決まっている時は、93ページで紹介したように、ステップシュートを打つぞ、と見せかけてのシュートフェイントへ。

さらには、相手DFに大股のフェイントが読まれているケースでは、大股でフェイントすると見せかけ、逆方向に切り返すというフェイントも効果的です【写真27】。

経験が浅かったり、発展途上段階では1つのフェイントも決まるかどうか、という状況かもしれませんが、こうして引き出しを増やしていくと、相手とも駆け引きできるようになり、ハンドボールがよりおもしろくなります。

貪欲に挑戦して、引き出しを増やしていきましょう。

【写真26】ヒザを折り1歩で突破を狙う

【写真27】大股の動きを読まれた時のフェイント

まずはシュート!!

相手DFから半身ずれて走り込むことを強調してきましたが、あえて相手DFの正面に入る時もあります。ステップシュートを狙う時です。

ステップシュートがある、なしでは、相手DFの対応も大きく違ってきます。シュートと見せかけてのフェイントなどもより有効になります。

フェイントだけ、パスだけではなく、まずはシュート!! の姿勢を忘れずにいてください。

裏ワザ紹介!!

相手DFの正面に入ってしまい、間合いも近く、つかまりそうな距離。そんな場合でも仕掛けられるフェイントがあります【写真28】。みぞおちを引きながら相手DFが伸ばした手を振り払います【写真28－5】。

みなさんもセオリーに凝り固まらず、工夫をしてみてください。

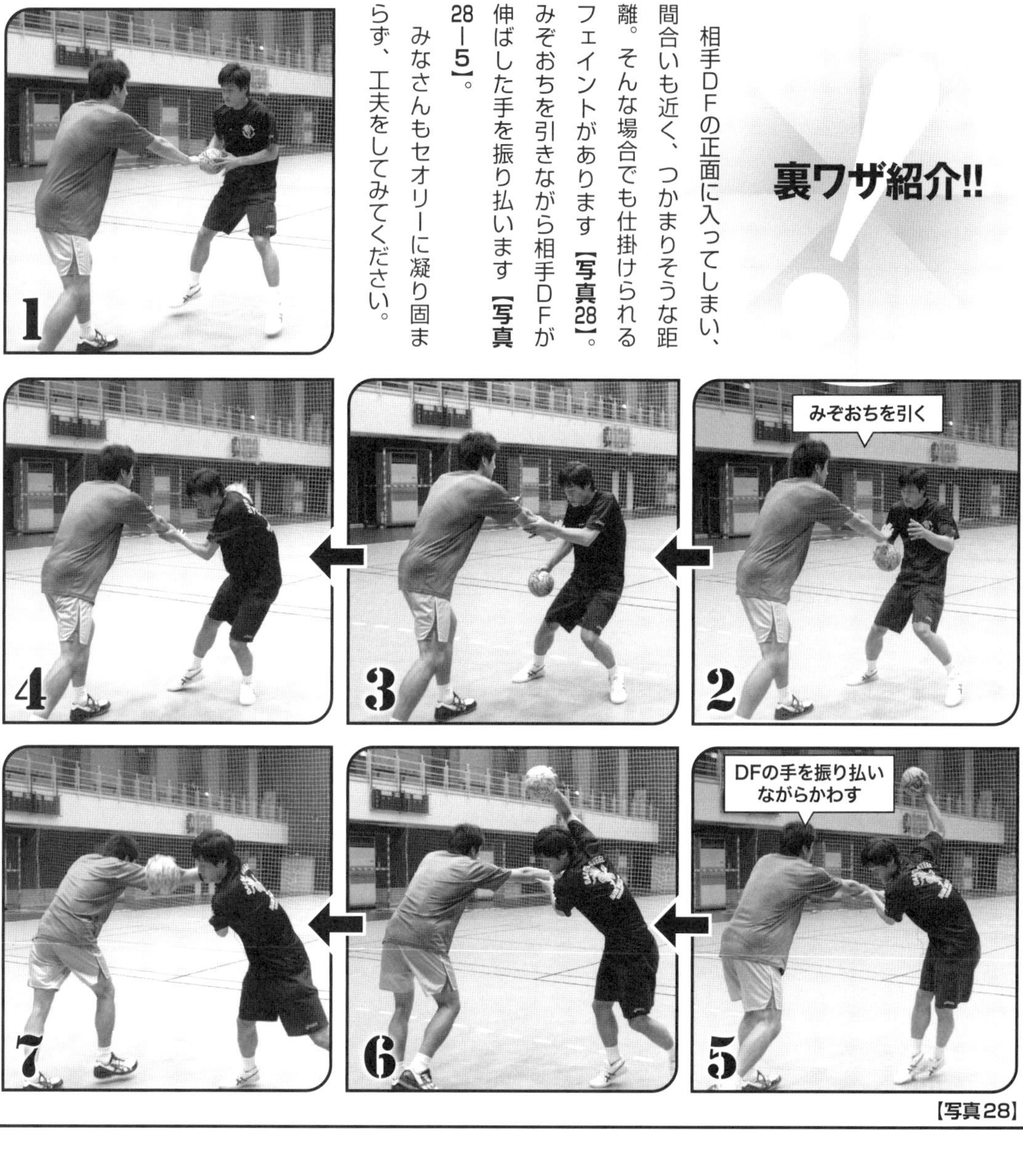

【写真28】

Technique10

フェイントのためのトレーニング

フェイントをマスターするために効果的なトレーニングを紹介していきます。ゼロストップや大股で動くといったこれまでにお伝えしたポイントを思い返しながら、日々の練習に活かしてください。

フェイントのポイントとして一番最初に紹介したポイントのゼロストップ（82ページ）。

フェイントの第一歩となるゼロストップをマスターするためのトレーニングが**【写真29、30】**です。

【写真29】はボールを股の間に挟んで、前に跳んで両足でストップする、という動作を繰り返すトレーニングです。

【写真30】は、実戦と同じようにボールを手にしてゼロストップを繰り返します。

とくに**【写真29】**のトレーニングは普段使っていない筋肉も使うため、長時間繰り返すと相当きついメニューですが、このメニューをこなしたあとは、はっきりと動きが変わってきます。

こうしたトレーニングで、ベースとなるゼロストップをマスターしていきましょう。

【写真31】のトレーニングは、大股で動くためのメニューです。

とにかく1歩を広く。写真ぐらいの歩幅で動けば、絶対にDFもずれます。

大股で広い距離を動いたあと、コーンをかわしてカットインしていくという動作も加わります。

大きく動き、コーンをかわそうとすることで、自然と肩も入っていることがわかると思います**【写真31ー7、8】**。

ポイント4（85ページ）でお伝えした「肩を入れる」、という感覚も合わせてつかむことができるトレーニングです。

左ページの写真は逆手側に動いたものですが、同じように利き手側に動いて、左右両方でチャレンジしてください。

私は高校時代、同級生の宮崎大輔選手（元・大崎電気）と1歩の大きさを競いながら、よくこのトレーニングをしたものです。

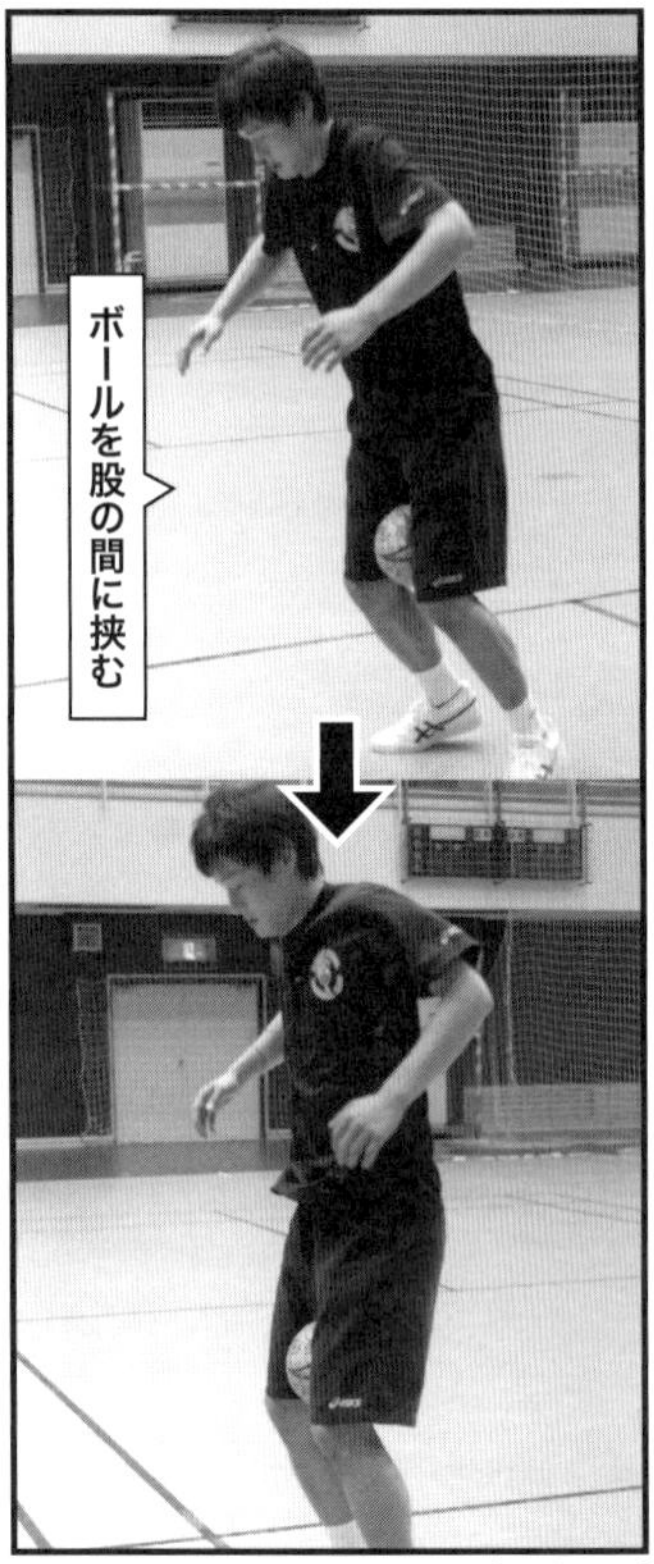

【写真29】

【写真30】

【写真31】

強い気持ちで挑戦を

瞬発系の動き、力を活かす私の特性に合い、私が長年かけて修得してきたフェイントを中心にお話ししてきました。

私の経験、理論がすべてではありませんし、冒頭でもお伝えしたとおり、1人ひとりの体格や身体能力に合ったフェイントが必ずあります。

フットワークや体幹トレーニングをバランスよく取り入れながら、そのオリジナルのフェイントをつかむ挑戦をぜひ始めてください。

「試合に出たい!!」「試合で活躍したい!!」「きつくてもやってやる!!」という強い思いがあれば、その挑戦を続けられるはずです。

うまくいかなかったり、なかなか上達しない時もあるでしょう。そんな時は、ダメなことを受け入れ、反省したり素直にアドバイスを聞き入れましょう。

ダメでも下を向くのではなく「次、がんばる!!」と気持ちを切り替えることも大切。

ポジティブに前進して、練習あるのみです。

TIME OUT

ルールに強くなろう！

イリーガルドリブルとダブルドリブルどう違う？

これまで国内で「ダブルドリブル」と称されていた反則は、「イリーガルドリブル（不正ドリブル）」という反則名で統一され、反則動作の理解も従来とは少し改められましたので注意が必要です。

「イリーガル（illegal）」とは「違法な、不法な、不正な」という意味で、本来想定される方法とは異なったプレーをした時などに用いられる言葉です。他競技でも、野球、ソフトボール、アメリカンフットボール、バスケットボールなどでも用語として登場します。野球でいう「ボーク」という不正な投球動作も「イリーガルピッチ」と呼ばれるものの1つで、いずれも「不法な」「違法な」「不正な」などと訳されます。

ハンドボール競技で、「ドリブル」が適正にプレーされる時は、手→床→手→床→手→床→手と、規則的なリズムでプレーヤーの手と床をボールが往復しています。

例えば、左のイラスト③では、ボールをファンブルして、一度、手の上方に上がってしまい、規則的なリズムが乱れていますので、これはイリーガルドリブルで反則となります。

また、ドリブルをしていて、一度保持したあとボールを落としてしまい、転がったボールに同じプレーヤーが触れ、拾い上げた時点でイリーガルドリブルの反則です。適正なドリブルが継続されていないからです。この時は、ほかの味方プレーヤーが拾い上げなければならないのです。このケースでは、拾い上げずにタップすることで味方プレーヤーにパスをするプレーも見られましたが、これもボールに触れた時点でイリーガルドリブルの反則です。

従来、国内のダブルドリブルの概念では、拾い上げたボールを再度ドリブルした時点で初めて反則とするケースが多くありました。このあたりがイリーガルドリブルの判定とは違いますので注意が必要です。

1963年まで行なわれていた11人制ハンドボールでは、ドリブルしたあとのボールを保持し、再びドリブルすることが何度でも許されていました。7人制に移行した時、このプレーは許されなくなり、国内では、この反則が和製英語の「ダブルドリブル」と称されたことから、「ドリブルしたあと、ボールを保持し再びドリブルすること」に重きがおかれ、「不正なドリブル」という主概念が疎かにされた面がありました。

2014年4月から、日本のルールブックでも「イリーガルドリブル」という名称で統一され、正しい概念でジャッジングすることになっています。（※このルール解釈は2015年1月現在）

イラスト：丸口洋平

第4章

ボールがない時の動きを理解しよう

『オフ・ザ・ボール』

安平光佑（日本男子代表）

ボールをもらう前に勝負を決める!

ボールを持たない時の動きのことを「オフ・ザ・ボール」の動きという。プレーしていると、ついついボールを持っている時のことばかりを考えてしまいがちだが、同じ位置からのカットイン1つをとっても、じつはこの「オフ・ザ・ボール」の動きで成果は大きく変わる。ボールをもらう前の動き方、考え方を紹介する。

協力：下松工高男子ハンドボール部

自分がボールを持っていない時の動き、「オフ・ザ・ボール」。華陵高で全国制覇を達成した吉兼敦生さん（華陵高女子部監督など）に動きのコツやポイントを解説してもらう。吉兼さんが長年の指導で培ったオフ・ザ・ボールの動き、考えを学び、普段の練習から意識して取り組もう。

吉兼 敦生

よしかね・あつお　1961年5月9日生まれ。山口・下松中でハンドボールを始め、全国中学校大会に出場。下松高を経て、筑波大に進学し、キャプテンを務めた最終学年にインカレ優勝を経験した。卒業後は養護学校に勤務したのち、下松工高へ。インターハイ、国体をそれぞれ2回優勝に導いた。98年から華陵高へ異動し女子指導者へ転身。同校を全国屈指の強豪校に育て上げ、2011年にはインターハイ、山口国体を制して2冠を達成した。現在は下松高教諭。

オフ・ザ・ボールの重要性

ハンドボールでは、1回のプレー中にボールを持てる時間は最大で3秒です。ドリブルをまじえれば多少は長くなりますが、それでも中心選手ですら1試合に10分もボールを持てません。残りの50分以上はボールを持たずにプレーしています。

このボールを持たない時間帯にどうプレーするかが勝敗を分けます。ボールがこないからと言って、ただなんとなく立っているのか、それとも明確な意図を持って動けているかで、ハンドボールの質が変わってきます。強いチームほど、ボールを持たない時の動き、いわゆる「オフ・ザ・ボールの動き」がしっかりしています。1人ひとりがボールを持たない時でも仕事をしているから、攻撃に連動性があるのです。

オフ・ザ・ボールの動きを利用した駆け引きの例を、ここで紹介しておきましょう。

左バックがずれた位置でボールをもらって、6：0DFの2枚目とサイドDFの間を狙う時【図1】に、サイドDFがクロスアタックにくる場合があります【図2】。

　サイドDFがクロスアタックでくるとわかったら、左バックの選手はオフ・ザ・ボールの動きでインに移動します【図3①】。するとサイドDFは「2枚目のDFが守るだろう」と考えて、クロスアタックを狙わなくなります。そこで左バックはインからアウトに切り返してパスをもらい、間を割っていくのです【図3②】。サイドDFがこなければ、そのままシュートを狙います。サイドDFがあわてて追いかけてくれれば、左サイドにラストパスを出します。

　このようにオフ・ザ・ボールの動きで先手を取れば、絶えずOF有利で試合を進めることができます。そのために必要なのが、相手の観察です。試合開始5～10分の間に、相手のDFのシステムをわかっておけば、オフ・ザ・ボールの動きで対応できます。

　チェックポイントは、自分をマークしているDFがマン・ツー・マンでついてくるのか、それともとなり同士でマークをチェンジしてくるのか。マン・ツー・マンでついてくるなら、自分がDFを連れて動くことでスペースを作れます。マークチェンジがあるのなら大きく視野外に動いて、受け渡しのミスを誘ってやります。

　DFシステムだけでなく、目の前のDFとの力関係も測っておきましょう。自分では抜きにくい相手だと思っていても、ほかの選手だったら簡単に抜けることもあります。1対1には相性もあるので、自分が抜けなかった場合は、ポジションをチェンジして力関係を探り直します。そうして見つかった相手の弱点を、積極的に攻めていけばいいのです。

　相手に対して受け身になるのではなく、オフ・ザ・ボールの動きで相手を操作することが大事です。

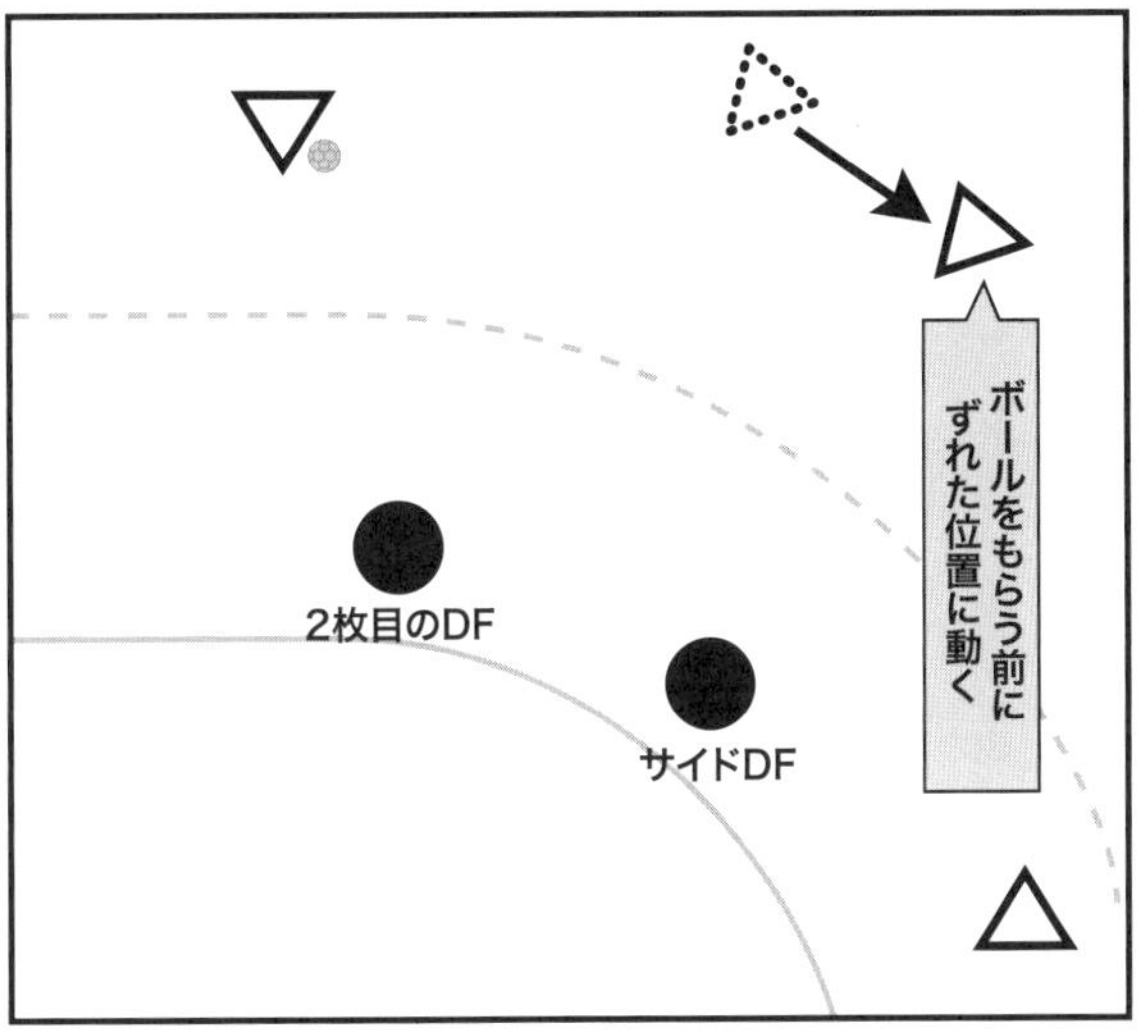
ボールをもらう前に
ずれた位置に動く
2枚目のDF
サイドDF

【図1】

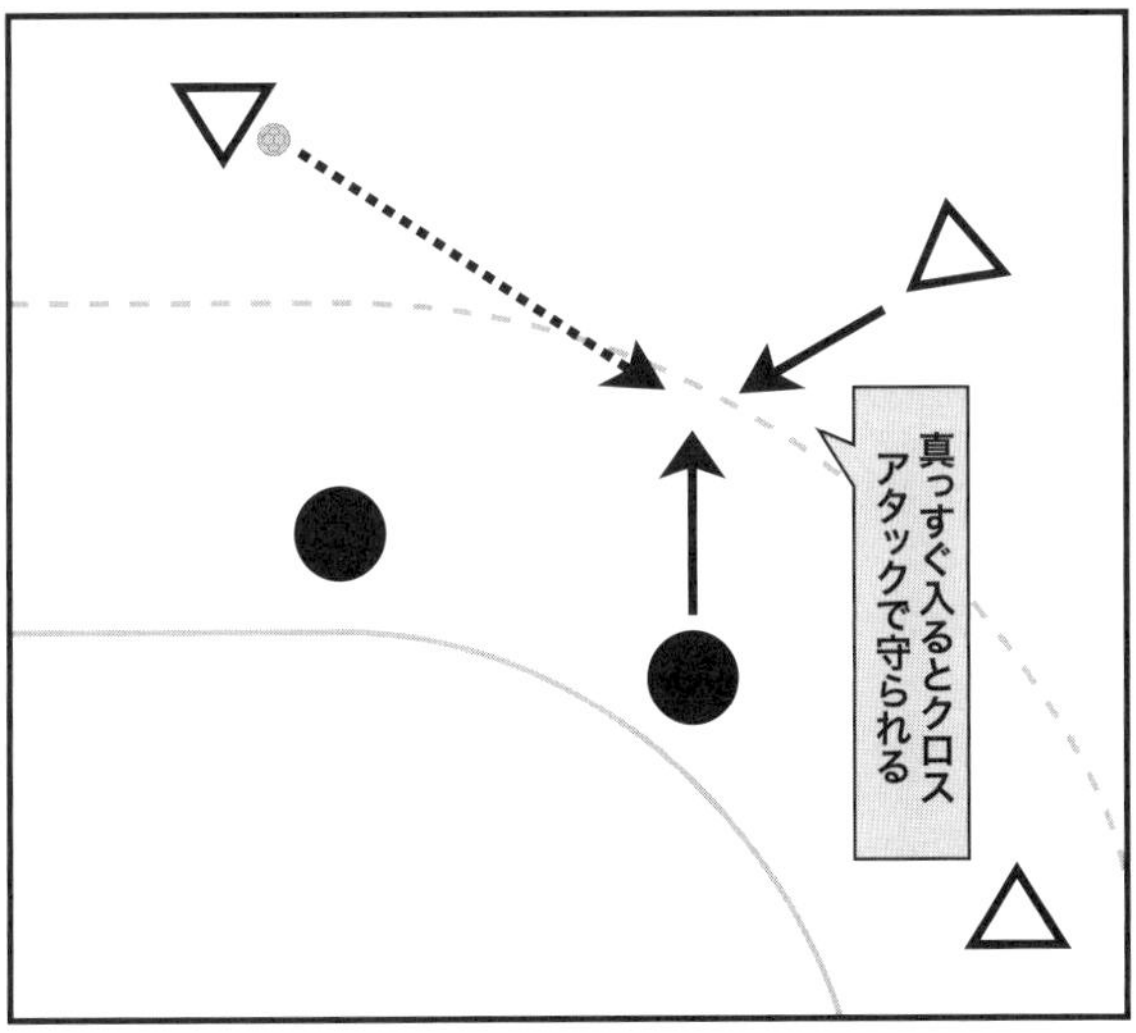
真っすぐ入るとクロス
アタックで守られる

【図2】

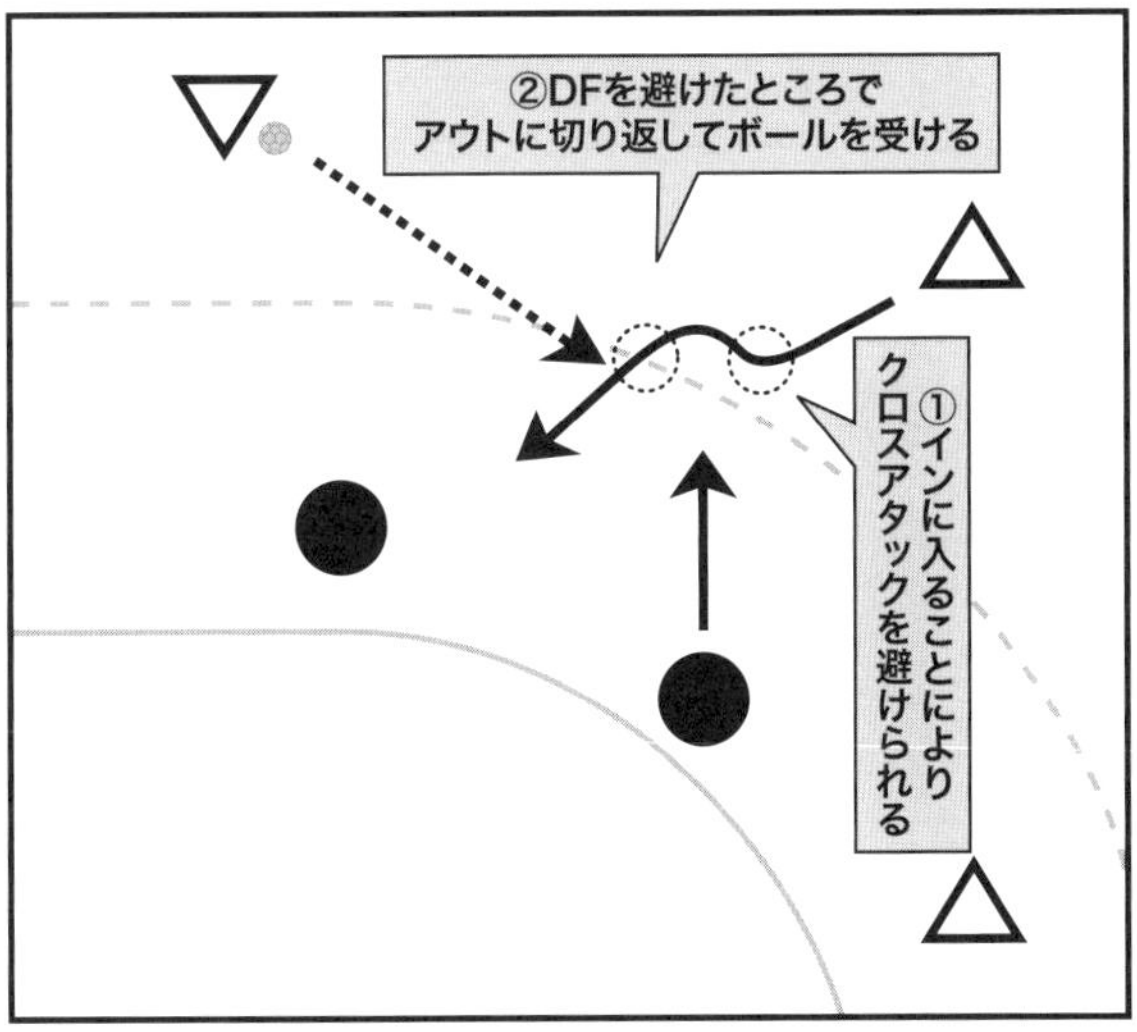
②DFを避けたところで
アウトに切り返してボールを受ける
①インに入ることにより
クロスアタックを避けられる

【図3】

▽＝オフェンス　●＝ディフェンス　┈┈▶＝パス　━▶＝人物の動き

小さな蛇行

オフ・ザ・ボールの動きの1つ、蛇行について。パスをもらう瞬間に左右にずれる動きです。

オフ・ザ・ボールの動きの1つに「蛇行《だこう》」と呼ばれるものがあります。右や左に動く様子が蛇の動きに似ているため、このような名前がつきました。ここでは1対1で使う「小さな蛇行」の考え方を説明します。

足が止まった状態でパスをもらうと、ボールを持ってから動き出すことになります。DFからすると、これほど守りやすい相手はいません。なぜなら、位置取りさえしておけば、攻撃の選択肢の大半を消せるからです。OFからすれば、目の前にDFがいると、シュートもパスもカットインも狙えません。「仕方ないからドリブルでもつこうか」ということになります。無駄なドリブルはセットOFのリズムを崩す元凶です。

こういった無駄なプレーをなくすために、ボールを持った時点で相手とずれた位置を取っておきたいのです。DFからすれば、自分がマークしている選手が視野外とまではいかなくても、自分の守れる間合いから外れたら、追いかけないといけません。逆にOFからすると、DFとずれた位置が取れれば、シュートやカットインも狙いやすくなりますし、DFが寄ってきたなら、パスで新たな展開を作れます。

では、DFとずれた位置を取るにはどうすればいいでしょうか？　ここで使いたいのが「小さな蛇行」です。DFに守られているふりをしながら、パスをもらう瞬間に左右どちらかにスッと移動します。そうすればパスをもらった時点で、DFとずれた位置が取れます。ただずれるだけでなく「ここのスペースを狙ってやろう」という意識があれば、その後のプレーをイメージしやすくなります。

ずれた位置から大きく1歩踏み出せば、DFを抜き去ることも可能です。完全に抜けなくても、DFが寄ったら、それで充分です。自分をマークするDFが寄れば、反対側は必ず広くなっています。DFを2人寄せることができれば、なおいいでしょう。となりのDFを巻き込むことで、ほかの場所で数的優位が作れます。

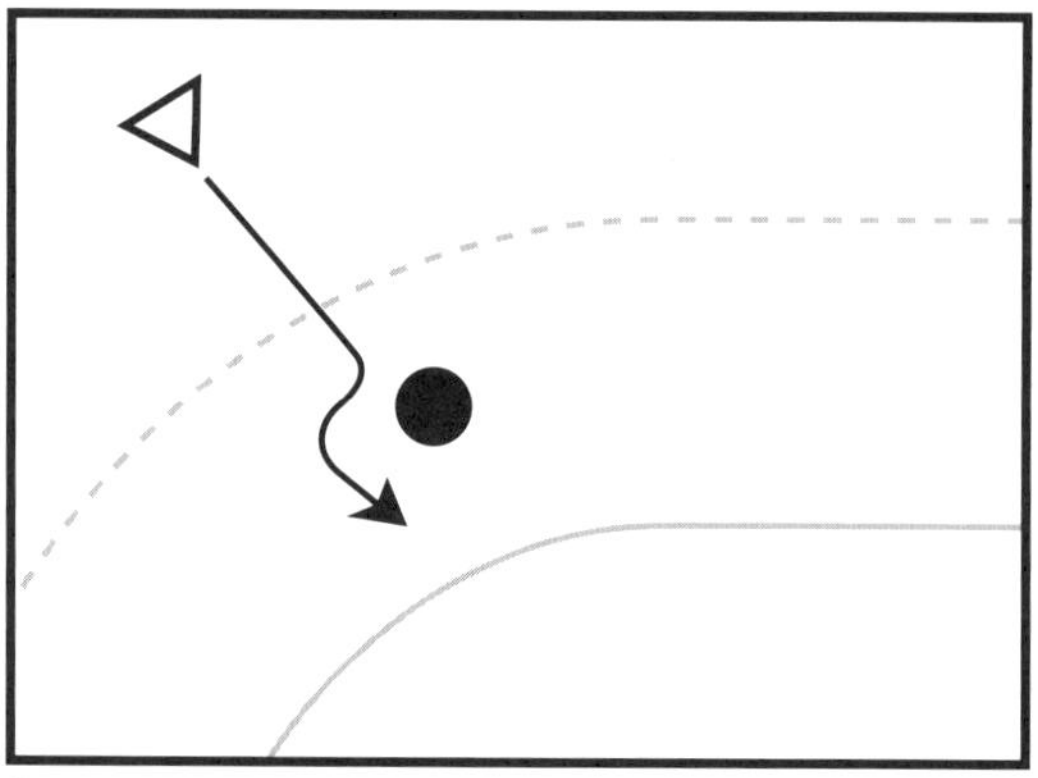

【図4】右に動く小さな蛇行

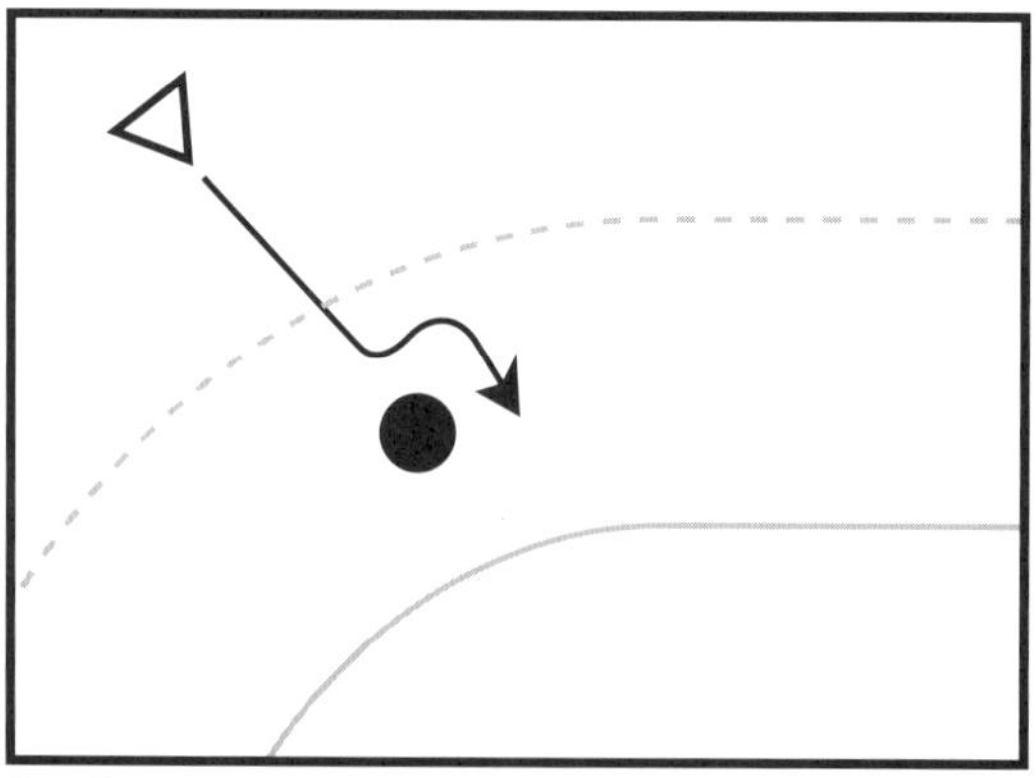

【図5】左に動く小さな蛇行

【写真1】右に動く小さな蛇行

【写真2】左に動く小さな蛇行

2 大きな蛇行

小さな蛇行と同じ動きですが、予備動作が入ります。大きなスペースを使ってDFを揺さぶります。

「小さな蛇行」を覚えたら、次は「大きな蛇行」にもチャレンジしてください。「大きな蛇行」では相手を食いつかせるための予備動作が入ります。

まず1対1で相手の意思を見抜くために、DFの足元を観察します。DFは相手を行かせたくない方向の足を前に出します。例えばDFが左足を出しているとしたら、DFから見て左側（OFからは右側）に行かせたくないからです。DFからすると「左には絶対行かせない。右には行かれても追いつける」という間合いで守りたいのです。

このDFのイメージを崩すために、「大きな蛇行」を使います。例えばDFの出している左足の方をインとすると、わざとインに行くふりをすれば、DFはインに行かせたくないから寄ってきます。そこでアウトに切り返してパスをもらいます。そうするとDFとずれた位置でボールをもらいやすくなります。DFがついてこなければ、そのままアウトを割り、DFが寄ったら、パスをさばいて数的優位を作ります。

反対にアウトからインに行くパターンもあります。DFの間合いから外れるくらいアウトに動けば、DFも寄らざるを得ません。そこからインに切り返してパスをもらうのです。最初にアウトに行って、DFを広げたあとにインに切り返すから、目の前のスペースが広くなります。

インからそのままインに行く方法もありますが、DFを寄せていないから目の前のスペースが狭くなります。となりのDFも余裕を持ってフォローできるので、怖さがありません。目の前に広いスペースがあって、目の前のDFとずれた位置を取っているから、となりのDFが寄ってくるという形を作りたいのです。

インからアウト、アウトからイン、どちらで攻めても構いません。DFが右足を出している場合も同様です。大事なのは、スペースを広げるために、行きたい方向と反対側に動いてから切り返すひと手間です。

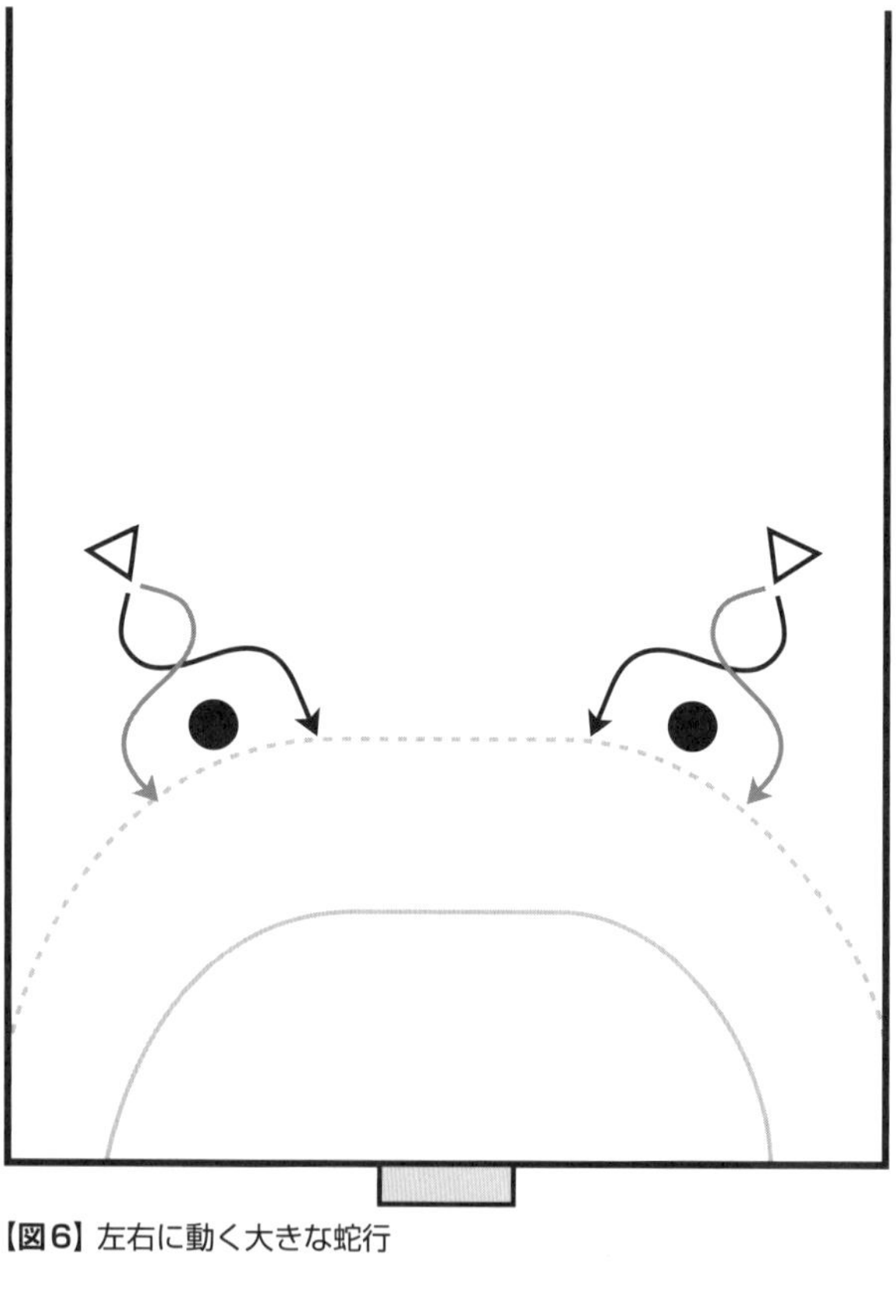

【図6】左右に動く大きな蛇行

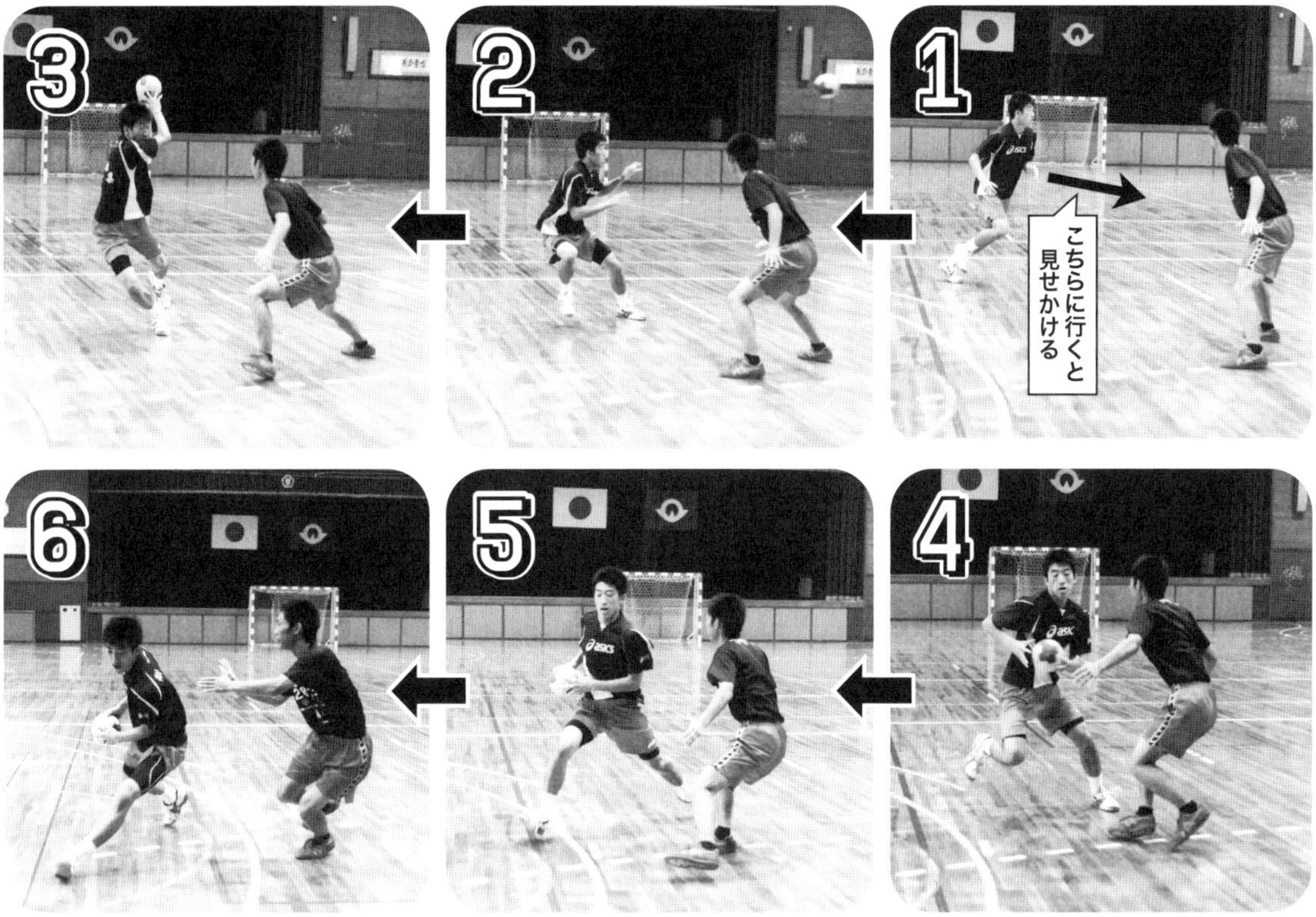

【写真3】右に動く大きな蛇行

【写真4】左に動く大きな蛇行

3 DFとの位置関係（縦）

ボールをもらう位置はとても重要です。
近すぎても遠すぎても相手を抜けません。
まずはいい距離感を覚えましょう。

蛇行をして、ボールをキャッチした時に相手DFとの位置関係（間合い）が重要になってきます。まずは縦の距離について解説していきます。

相手との距離は、おおまかに分けると遠すぎる、ちょうどいい、近すぎるの3つがあります。もちろん、ちょうどいい距離でボールをもらうのがいいでしょう。DFとの間合いがいいと、自分が自由に動けてDFを抜きやすいからです。遠すぎたり近すぎたりすると、DFが食いつかなかったり、簡単に接触されて止められてしまいます。

初心者の方は、いい間合いがなかなかわからないと思います。そういう時は、練習中の先輩やうまい人とのマッチアップした時にどの位置にいるかをよく観察してください。そこから間合い、距離感を感じとるといいでしょう。

また、練習中にマッチアップした選手が「今の間合いはよかったよ」など声をかけてもらうことで、自分のいい距離を理解するきっかけにもなります。

シーン1 相手の距離が遠すぎる時

相手との距離が遠すぎると、DFはOFの仕掛けに対して「追いつける」、「対応できる」という印象を持ちます。2mも離れている相手がボールを持っても、DFは怖くないですよね。

ですから、この距離ではいい攻めができません。となりのDFに対してもこちらに意識を集中させるのは難しいです。普段の練習からDF側の選手から「遠すぎる」など声をかけてもらい、距離を修正しましょう。

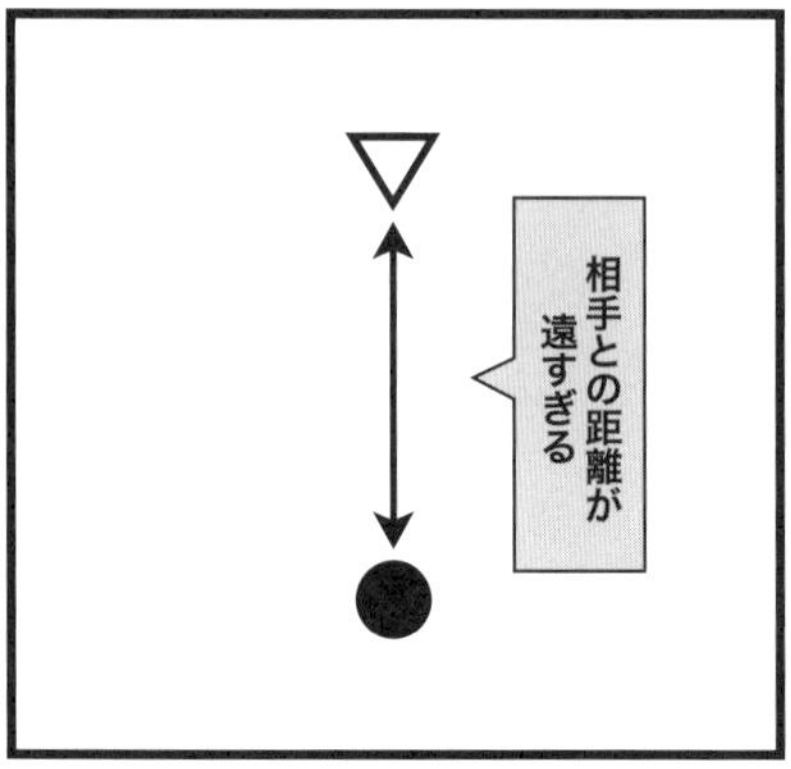

【写真5】DFとの距離が遠すぎる時

シーン2 相手との距離がちょうどいい時

一般的には「握手できるぐらいの距離」がいい間合いと言われています。距離感がわからないという人は、まずＤＦの人と握手をしてみて、どれぐらいの距離なのかを感じてみましょう。

握手できる距離と言っても、人によって微妙に違います。自分のいい間合いを探して、その距離を身体で覚えましょう。

いい距離でボールをもらえると、相手を抜きやすくなります。

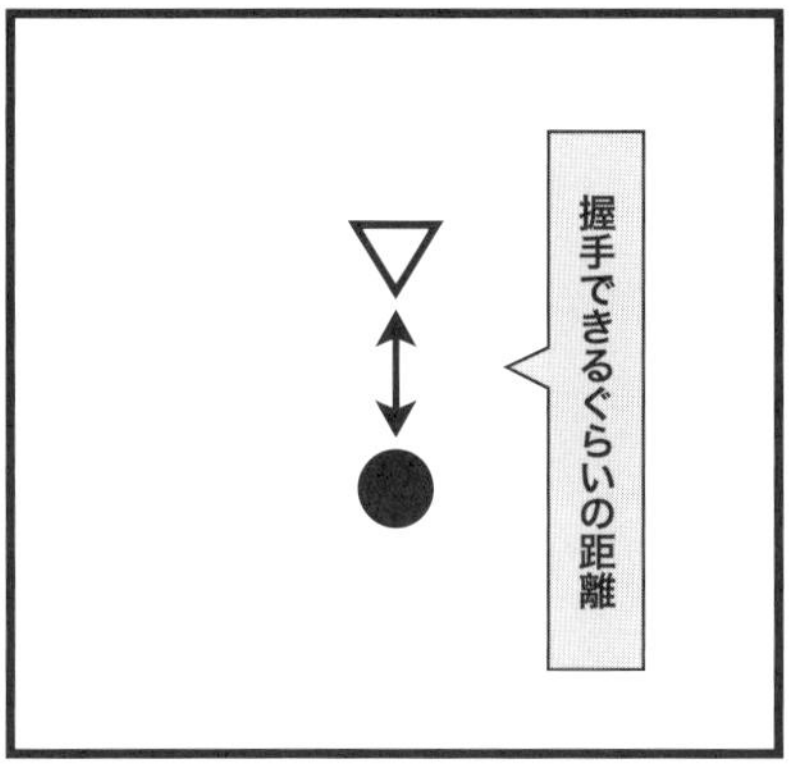
握手できるぐらいの距離

2
1

【写真6】ＤＦとの距離がちょうどいい時

シーン3 相手との距離が近すぎる時

ＤＦにすぐにコンタクトされるほどの近い距離で、ボールをもらうのは、すぐにホールディングなどの反則でフリースローにされてしまいます。

この距離だと、ＯＦは攻める時に窮屈になり、逆にＤＦは簡単にコンタクトができるので、守りやすい位置関係になります。

近いと感じたのなら無理に攻めず、ボールをもらう位置を修正しましょう。

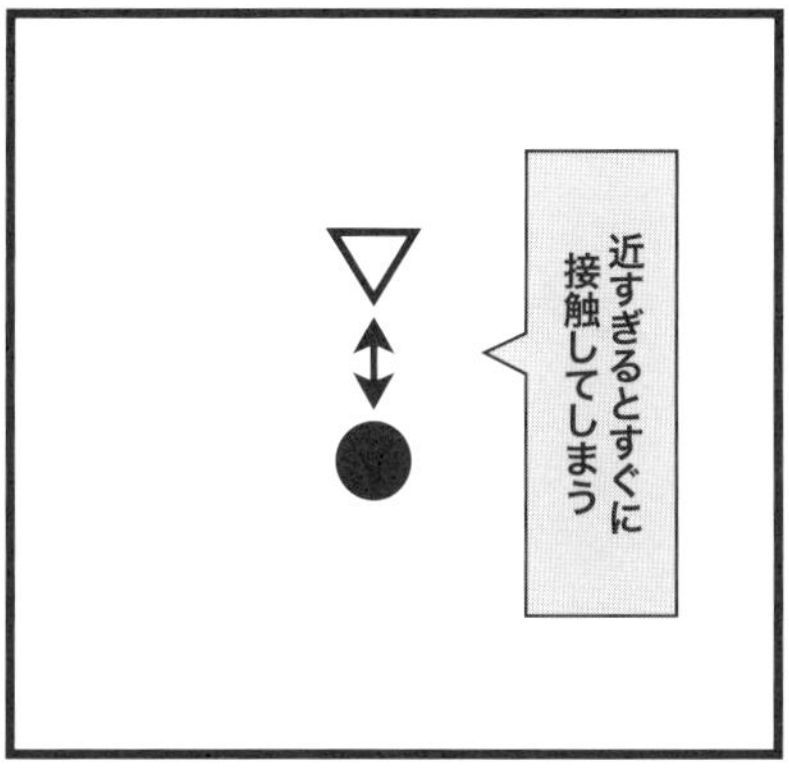
近すぎるとすぐに接触してしまう

2
接触されると抜けない
1

【写真7】ＤＦとの距離が近すぎる時

DFとの位置関係（横）

相手の距離感も大事ですが、横の位置も大切です。ずれた位置が取れれば優位に攻めることができます。

DFとの縦の位置関係を覚えたら、次は相手DFとの横の位置が関係してきます。

横の位置関係を【図7】に示しました。DFの選手が右側にずれていますが、左側にずれる場合もあります。この横の位置関係（ずれ）と縦の位置関係を組み合わせて、いい位置取りになります。

横に大きくずれた位置取りなら、DFの選手に抜かれるという嫌な印象を与え、1歩で、または寄ってきた時に切り返すことでDFを抜けます。

たとえ、ずば抜けた能力を持っていない選手でも、いい位置取りができればDFをあわてさせることができ、位置取りだけで1対1に勝つことができます。DF側の選手は自分のイメージしたところに人がいない感覚になります。

逆にいい位置でない時は、DFからすると、視野内でのプレーなのであわてることなく守れます。そうした場合は無理をせず、一度味方にパスをしてから、ポジショニングを修正し、攻める方がいいでしょう。

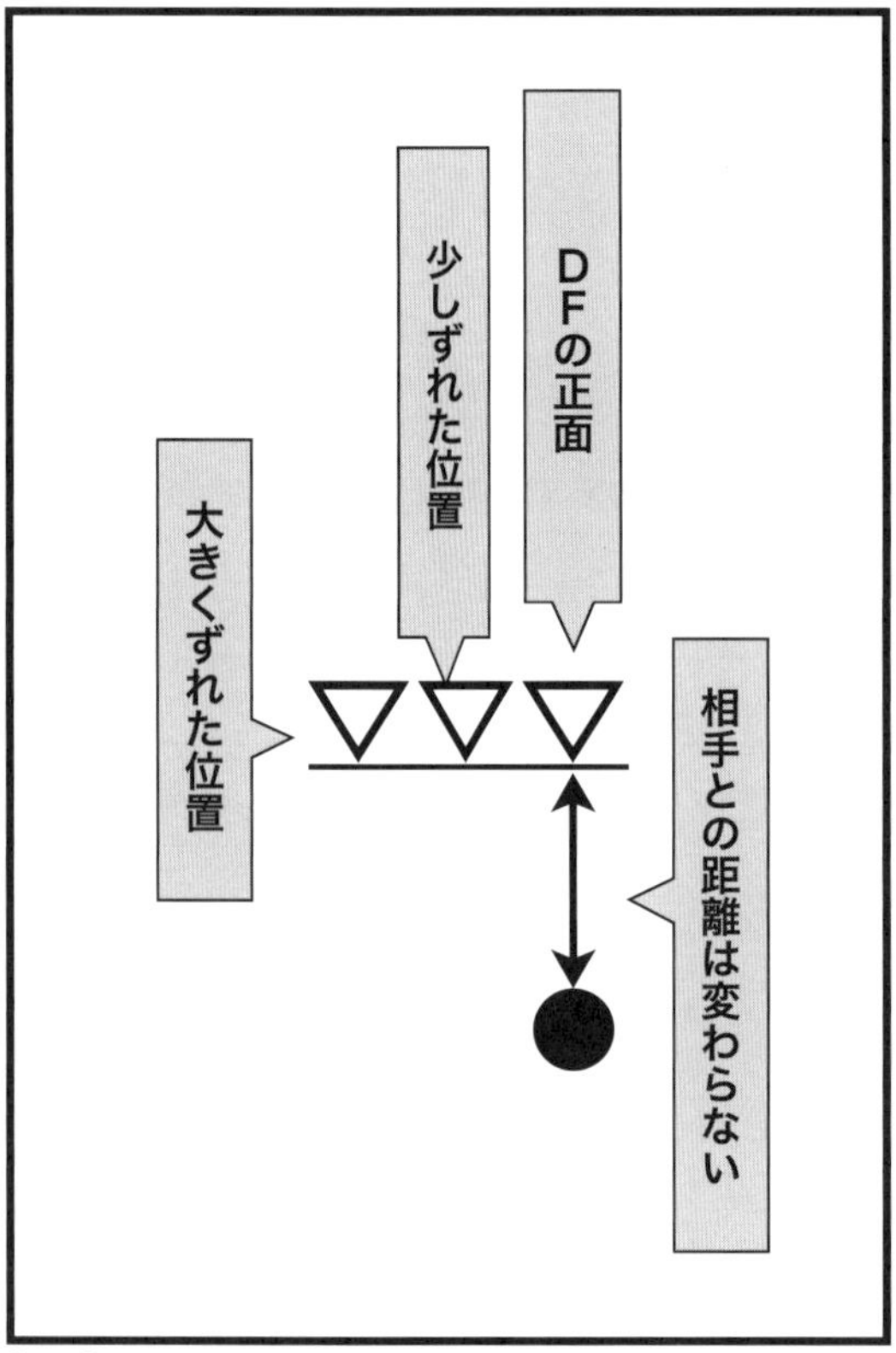

【図7】DFとの横の位置関係

シーン1 少し横にずれた時

左右どちらかに少しずれた位置でも、充分にひと仕事できます。半身ぐらいずれていれば大丈夫でしょう。

ずれた方向に1歩踏み出せばDFは動かないと守れません。相手が早く動いたなら逆に切り返すと簡単に抜けます。完全に相手を抜けなくても、その隣のDFを少しでもこちらに寄せることができたのならば、ずらせたことになります。この時も厳しいと感じたのなら、無理に攻める必要はありません。

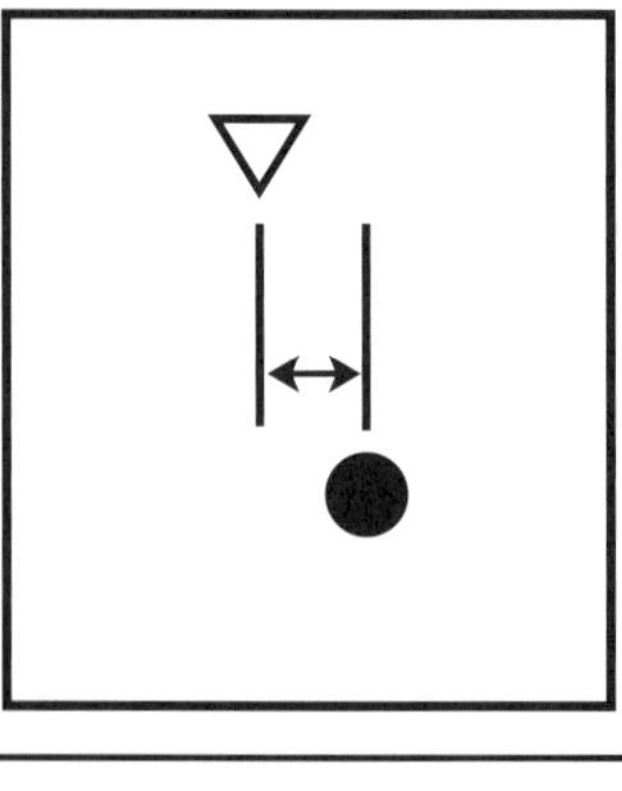

シーン2 正面に入った時

ＤＦからずれた位置に入ると、そのあとのステップを簡単にできますが、正面に入ってはいけないというわけではありません。

正面に入ると、ＤＦには左右どちらにも抜かれるという怖さがあります。ですがこれはＯＦの力がＤＦに比べ大きい時だけです。力の差があるので、止められず左右どちらにも行けるということになります。

中学生や高校生で高い能力を持った選手はＤＦの正面に入っても抜けてしまいますが、この時になぜ抜けたのか、もっと簡単に抜けるにはということを考えると、やはりずれた位置に入るのがいいでしょう。

もし同じぐらいの力、少しＤＦの方の力が大きいという選手とマッチアップした時は、抜けずに苦労すると思います。ＤＦが持っている守りのイメージを崩すためにも、ずれた位置でボールをもらいましょう。

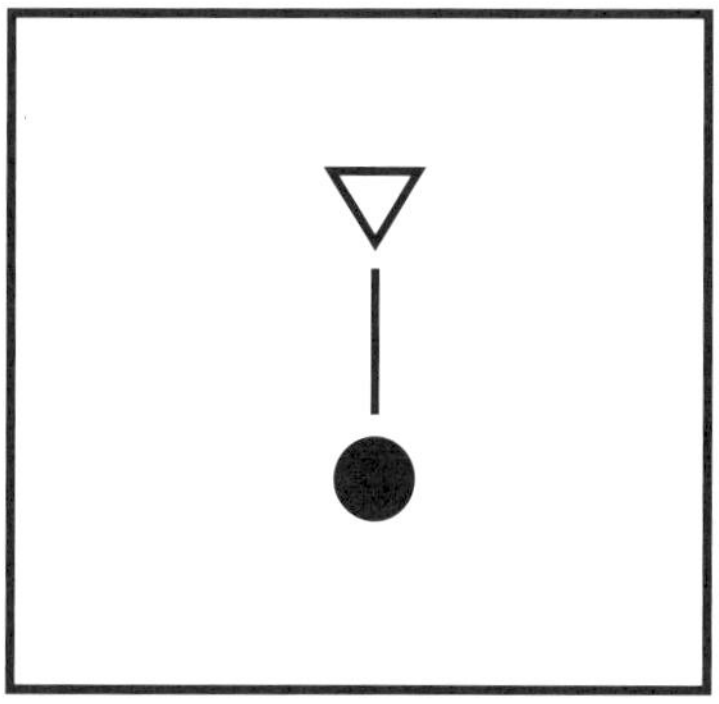

【写真8】ＤＦの正面に入った時

シーン3 大きくずれた時

半身よりもさらに大きくずれた位置が取れれば、ＤＦは守りにくくなります。【写真9】は大きくずれた場面です。ＤＦ側は守りたいイメージとは違う位置で相手が攻めてきているので、あわてるでしょう。そこを突けば簡単に抜けます。自分をマークしているＤＦだけでなく、そのとなりのＤＦにも嫌な位置と思わせるので、引きつければ、ずらすことができます。この場合、右に1歩踏み出せば、少しずれた状態よりも楽にＤＦを抜けるでしょう。

横の位置だけでなく、縦の間合いも気にしながら、自分のいい位置取りをしてください。横の位置がよくても、相手から離れすぎた位置でボールをもらっても、ＤＦはあわてることはありません。

こうした位置取りがきっちりできれば、高い能力がなくても、位置取りで相手に勝つことができます。

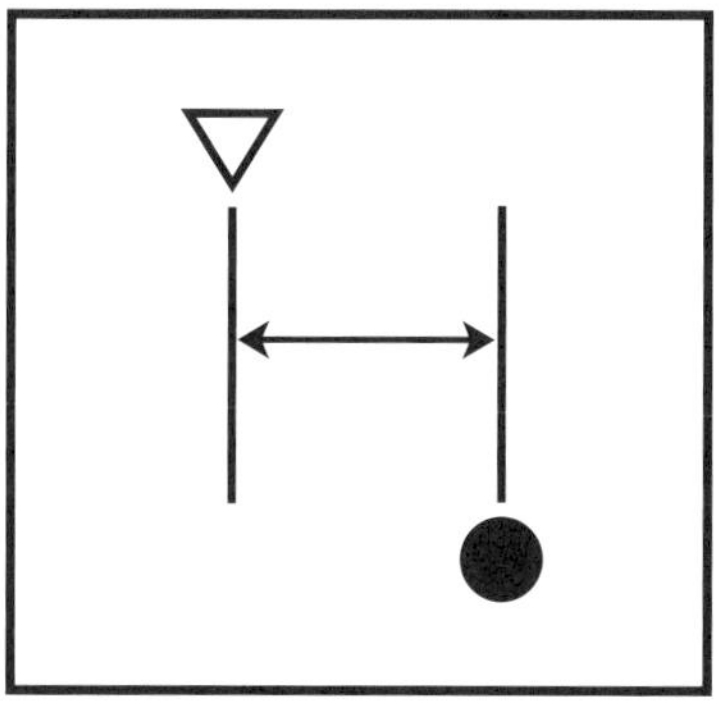

【写真9】大きくずれた位置に入った時

ボールをもらう時の身体の向き

味方からのパスをキャッチした時、身体の向きが悪いとDFに捨てられます。キャッチの仕方1つで相手に与える印象が変わってきます。

オフ・ザ・ボールの動きでは、動き方だけでなく、止まり方も重要です。とくに「大きな蛇行」をする時には、相手DFを食いつかせる必要があります。相手が思わず追いかけたくなるような止まり方、身体の向きなども意識してください。

【写真10】はあまりよくない止まり方です。DFはアウトに位置を取っていますが、このままアウトに抜けるような怖さが感じられません。身体全体がゴールではなく、内側に向いているため、インに切り返そうとしているのが明らかです。ここからアウトに行こうとしても、【写真10−2】のように右足を無理やり交差させることになります。こういう動きは実際には不可能なので、DFからすれば、動きに惑わされることなく、インに切り返すのを待てばいいだけです。わざわざアウトに寄る必要はありません。

今度は【写真11】を見てみましょう。ボールを持った選手がインに動いているイメージです。インかアウトかの違いはありますが、先ほどの【写真10】とは大きく異なります。注目してほしいのは身体の向きです。身体全体がゴールに対して平行なので、このままインに抜けていきそうな怖さがあります。足だけでなく、頭も含めて身体ごと向かってくる迫力があるから、DFもインに動かざるを得ません。

そこでDFがインに動いてきたら、残しておいた左足に体重を移動してアウトに切り返します。DFがついてこなければ、そのままインに切れ込みます。DFがどのように出てきても、どちらにも対応できるだけの余裕があります。

考え方のベースになるのは、つねに選択肢を残しておくことです。フェイントのためのフェイントではなく、「スキあらばそのまま行くぞ」という姿勢が重要です。せっかくいい位置取りをしても、そこから先の選択肢がなければ、DFを誘えませ

1
身体全体がインに向いている
2
前に行くには足をクロスさせるしかない

【写真10】よくない身体の向き

ん。いつでも行けて、逆にも切り返せる体勢であれば、DFを誘導できます。少なくとも2つの選択肢があれば、DFが主導権を握れます。

身体の向きなどは自分ではわかりにくいので、指導者やチームメイトにチェックしてもらうといいでしょう。ヒザや身体の向きなど目に見える部分だけにこだわらず、「この体勢からそのまま動けるかな？　切り返せるかな？」というように、自分の身体に問いかけながら練習することも大事です。

そのままでも抜けるし、逆に切り返すこともできる止まり方が身につけば、駆け引きで優位に立てます。またこの動きはオフ・ザ・ボールだけでなく、ボールを持っている時にも使えます。ボールのあるなしにかかわらず、DFを引きつける動きがわかってくれば、駆け引きがおもしろくなります。

【写真11】いい身体の向き

理由を考えてプレーする

当たり前の話ですが、なぜ今のプレーが決まったかを理解していないと、そのプレーを繰り返すことはできません。シュートにしても、入った、入らなかったという結果だけでなく、決まった理由をわかっている選手はコンスタントに結果を残せます。「DFの枝を利用できていたか」とか「ボールをもらう前の動きでずれた位置を取れていたか」など、プレーが決まる根拠を整理できているから、同じプレーを再現できるのです。

自分よりも力やサイズが劣る相手には、なんとなくのプレーでも成功するでしょう。人並み外れた瞬発力があるのであれば、DFの正面に入っても左右に抜けます。

華陵高の選手たちはプレーが決まる根拠をよく整理できていた

ただし相手がもっと大きかったり、もっとうまかったりした場合には、それだけでは通用しません。セオリーどおりにDFとずれた位置を取って、駆け引きをていねいに繰り返す必要があります。そこが日本人の課題と言えるでしょう。

なぜプレーが決まったか、頭の中で整理できていれば、偶然が必然になります。指導者も結果論だけで選手を責めるのではなく、プレーが決まる理由を整理して教える必要があると思います。

パスを出す位置

**パスをもらう側と出す側がイメージを共有していなければ、いい動き出しも実りません。
どの位置に出せばいいか理解してパスを出しましょう。**

これまではパスをもらう側の話ばかりでしたが、パスを出す側の話もしておきます。せっかく蛇行をしていい位置取りができても、いいパスがこなければ攻撃はつながりません。パスを出す側にも精度が求められますし、チーム内での約束事も必要になってきます。

一般的なパスのセオリーは「遠ざかる選手には強く、近づいてくる選手には優しく」です。遠ざかっている選手に弱いパスを出すと、パスが届きません。逆に近づいている選手に強いパスを出すと、ボールと衝突してしまいます。味方が捕りやすいパスを考えると、このセオリーがベストです。

ところが試合になると、となりの味方がインに行くかアウトに行くかはわかりません。味方同士で動きを感じ合うにしても限界があります。そこで私が華陵高で教えていた時には、強いパスで統一していました。味方がインにくるかアウトにくるかは関係なく、アウトに届くような強さでパスを出すのです。インに行く時は強いパスに近づくので、キャッチングが難しくなりますが、そこは練習でカバーしていきましょう。レベルが上がるほど、速くて正確なパスが求められますし、それをキャッチする技量も要求されます。

パスコースもチーム内での決め事を作りました。味方がインでパスをもらう位置と、アウトでパスをもらう位置、その両方を結んだ延長線上から、パサーがパスを出すようにしました【図8】。そうすれば味方が

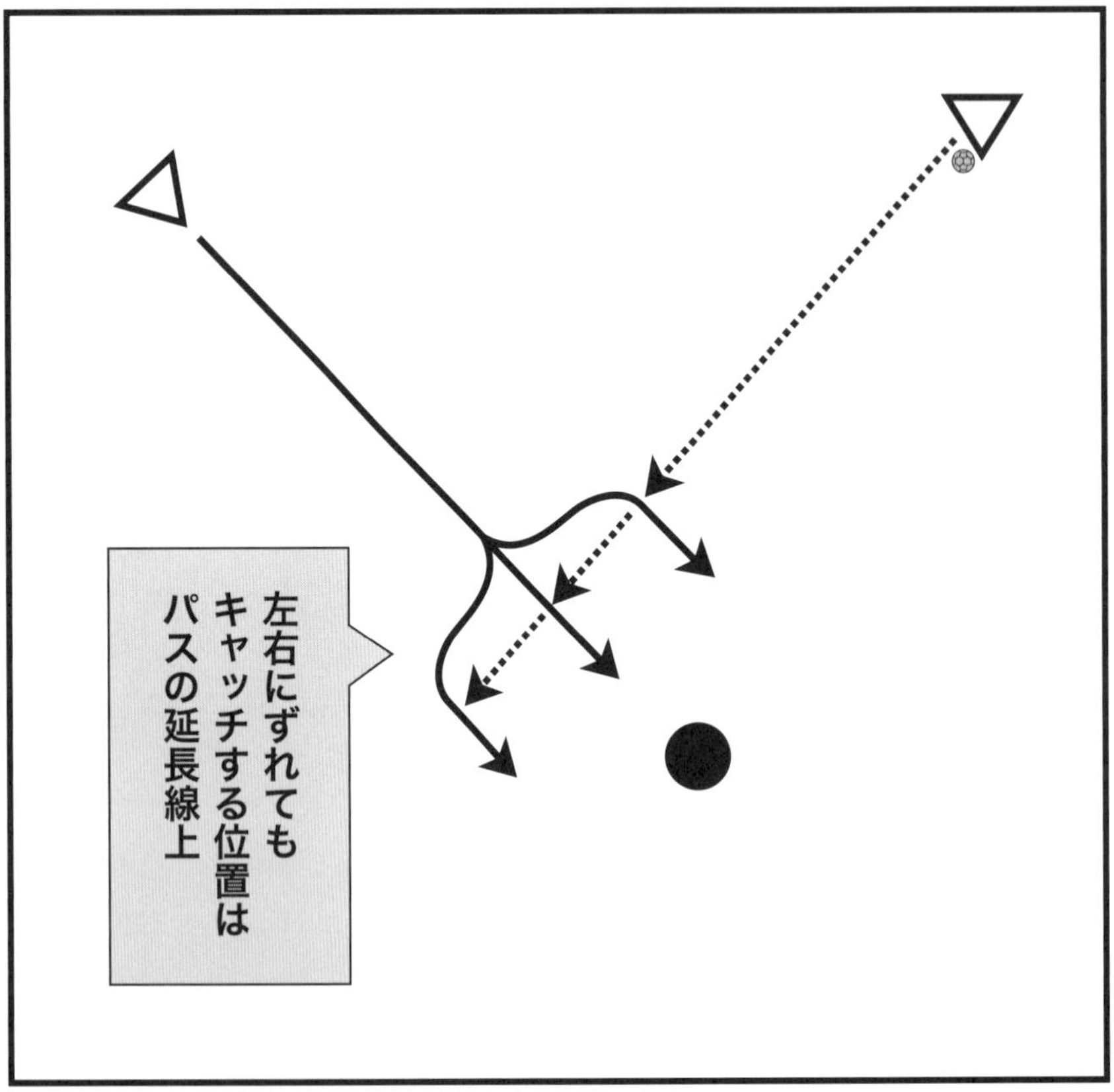
左右にずれても
キャッチする位置は
パスの延長線上

【図8】パスを出す位置

どちらに行こうと、パスはとおります。パサーも同じコースにパスを出せばいいので、迷いません。

このパスコースの約束を守るのはパサーの仕事です。パスをもらう側はオフ・ザ・ボールでひと仕事しているので、そこから先はパサーの役目。インとアウトを結んだ直線上に強く投げるよう心掛けてください。ただ一直線に投げるだけでなく、味方の顔の横、利き腕側の肩の上に届くようコントロールします。

この2つの約束事は難しく感じる人も多いでしょうが、初心者でも順を追ってやっていけば、必ずできるようになります。詳しくは次ページ以降で紹介しますが、段階的に練習すれば、そんなに難しくありません。

最初はパスをもらう選手が、自分の動く方向を伝えるようにします。「インでほしい」「アウトでほしい」という要望に応えて、パサーはパスを出していきます。

次はパスをもらう選手の動きを複雑にします。インからアウトでもらったり、アウトからインでもらうというように、オフ・ザ・ボールの動きのレベルを上げていきます。初めは「インからアウトだけ」というように、同じ動きだけを繰り返し練習し、慣れてきたら2つの動きをランダムに織り交ぜます。

このように段階を追って練習していくことで、パスを出す側ももらう側も共通認識が生まれてきます。考え方の根本にあるのは、インにもアウトにも行けるよう、選択肢を持っておくことです。どちらを選択しても同じようにプレーできるためには、パスを一直線上に出す必要があります。パスもアウトに届く強さで統一しておけば、インとアウト両方に対応できます。ここにパスフェイクでDFをおびき寄せる動きが絡めば、選択肢がさらに広がります。

チーム全体で「選択肢を用意する」意識が持てれば、プレーの選択、判断のレベルも上がってくるでしょう。フォーメーションだけに頼らない、自由度の高い攻撃をするためには、このような共通理解が必要になってきます。

パスが弱いと
いいキャッチができない
【写真12】パスが合わない時①

うしろ側でキャッチ
するのもよくない
【写真13】パスが合わない時②

アウトに行くと仮定して
強いパスを出す
【写真14】いいパスの時①

近めの時は
強いパスに感じる
【写真15】いいパスの時②

蛇行のトレーニング

**蛇行の動き方のトレーニング方法を紹介します。
ボールがなくてもできるものもあります。**

蛇行の動きを理解するためのトレーニングを2つ紹介します。

まず小さな蛇行の動きの練習から。簡単なもので、バックプレーヤーの位置にいる3人のパス回しなどの練習を、ボールがない状態でする方法があります。

蛇行の動き方がわからない、いい間合いがわからない。そういう状態のまま練習をしてもパスミス、キャッチミスが出て、練習のリズムが悪くなります。しかしボールを使わなければ、そういったテクニカルミスはなくなります。ボールを使っているからミスが出るので、ボールがない状態で動きましょう。よけいなことに気を使わなくていいので、動き方や間合いがよりわかりやすいと思います。

この時、蛇行の動き方だけでなく、となりの人にパスを出す動作や、パスをもらうタイミングを合わせるなど、ボールがある状態と変わらないように練習します。自分でどこでもらいたいかタイミングを図るのも練習の1つです。よくイメージをしてから練習をしてください。

DFをつけて練習する場合**【写真16】**、DFの選手もボールがないからといって手を抜かないようにしてください。また、OFに対して「今のはいい距離だった」、「今の距離では怖くない」などお互いに声をかけ合うことも大切です。

次は大きな蛇行のトレーニングを紹介します。

こちらも、小さな蛇行の練習と同じく、ボールがない状態で練習をします。ハーフラインぐらいから、3対3の攻防をします**【図9】**。

OFの選手は合図とともに6mラインをめざします。ボールを持っていないので、オーバーステップなどの反則はありません。だれか1人でも6mラインを越えたらOF側の勝利になります。

DFの選手はOFを6mラインまで行かせないように守ります。この

【写真16】 ボールがない状況でのパス回し

時OFにタッチすれば、そのOF選手は負けとなり後方に離脱します。全員タッチすればDF側の勝ちになります。

では、OFはどのように攻めればいいでしょうか。大きなスペースがあるのでそれを活かすことが重要になってきます。

例えば【図9】のように、左バックの選手が大きな蛇行でアウトに引きつけてからインを狙った場合（①）、DFがついていけばアウト側に大きなスペースができます。そこをセンターの選手がクロスする形で狙う（②）とスペースをうまく使うことができます。もし左バックに対してDFがチェンジしてきたならセンターは右に動いて、マークがずれたところを狙います。

大きな蛇行と、スペースの使い方をこのトレーニングで理解し、実際の試合でも使えるようにしましょう。

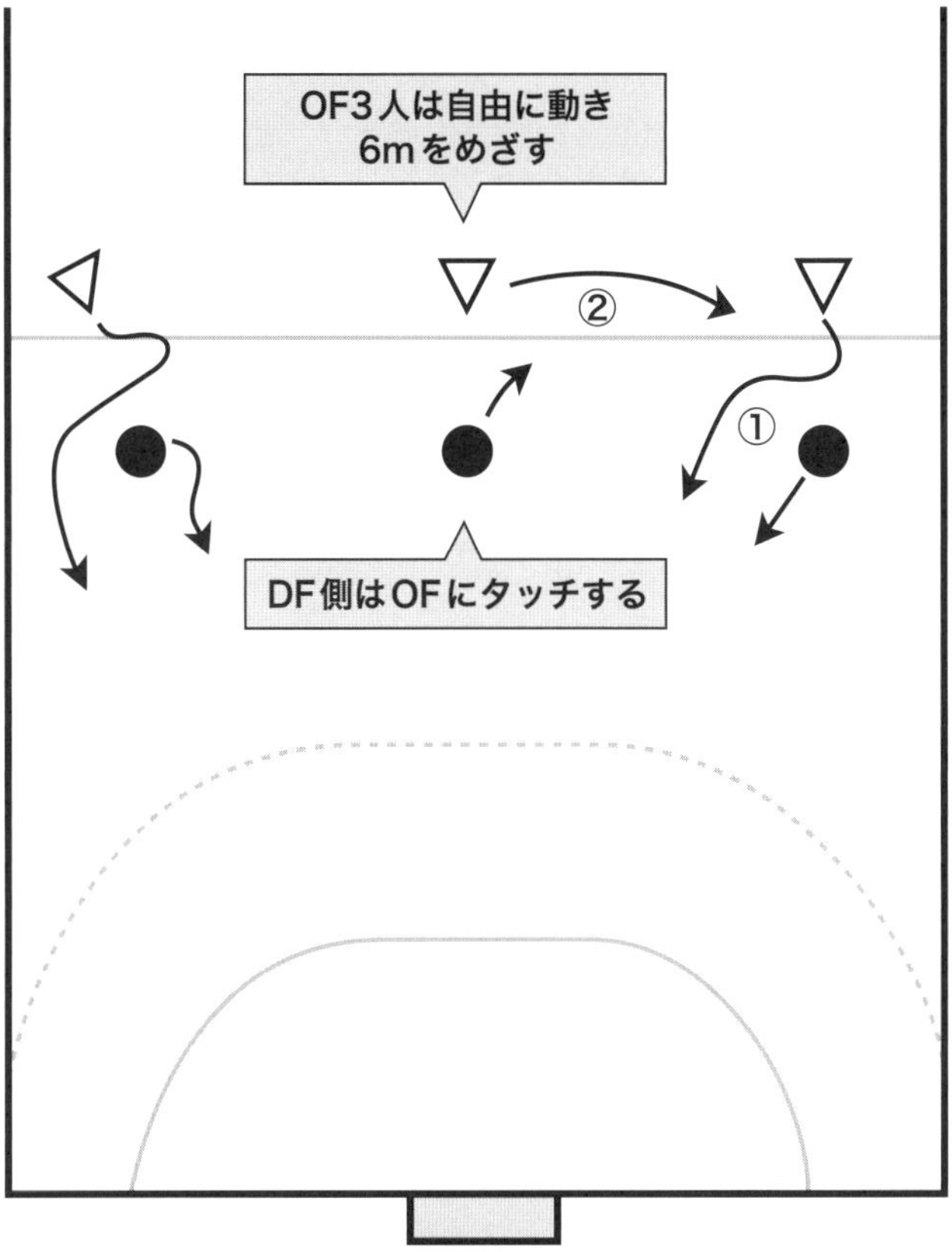
OF3人は自由に動き
6mをめざす
②
①
DF側はOFにタッチする
【図9】ボールを持たない蛇行の練習

大きな蛇行は2次速攻でも使える

大きな蛇行はセットOFだけでなく、2次速攻でも効果的です。

例えば、速攻で最初に飛び出したOFの選手にDFがついてきたとします。この時にOFは全力で走って、敵陣のコーナーに向かいます。相手に全力を出させることが第一条件です。そしてDFをコーナーに連れていくことで、反対側に広いスペースを作ります。これも味方の速攻を助ける動きの1つです。

次にOFが大きい蛇行を仕掛けます。オフ・ザ・ボールで広い1対1を勝負するのです。ここで、DFを全力で走らせていたことが効いてきます。DFが余力を残して戻っていたら、大きな蛇行にも対応できるでしょう。しかし全力で戻っている状態では、切り返しに対応できません。しかもうしろに戻る体勢なので、対応はよけいに遅くなります。

大きな蛇行でDFを振り切ったら、あとはパスをもらってワンマン速攻を決めればいいのです。

直線的な足の速さだけでは、速攻でノーマークにはなれません。戻りのDFが対応しきれない状況に追い込んでから、大きな蛇行でノーマークになるのです。

ハンドボールではスペースが広いほど、1対1でOFが有利。これはセットでも速攻でも同じです。

大きな動きでＤＦを振り切る

8 3対3でのトレーニング

3対3での蛇行のトレーニングを紹介します。
動き方をしっかり把握しましょう。

3対3のパス回しの中で蛇行の動きを取り入れたトレーニングを紹介します【図10、写真17】。

まずバックプレーヤーの位置にOFに入る人が並びます。DFをする選手は3人です。1人が前を狙い、隣にパスをしますが、ここからパスをキャッチする側は蛇行してもらいます。この時、蛇行する方向は左右どちらでも構いません。左右どちらにも動けるようにしましょう。一度蛇行をしてパスを出したら次の人に交代です。

これまで紹介してきたパスのもらい方やDFとの間合い（110ページ）、身体の向き（114ページ）、パスを出す場所（116ページ）はこの練習で活きるはずです。1つひとつ意識しながら練習に取り組んでください。

OF側は蛇行していい位置に動けたら、DFの間を攻めることができると思います【写真18】。間をついて、

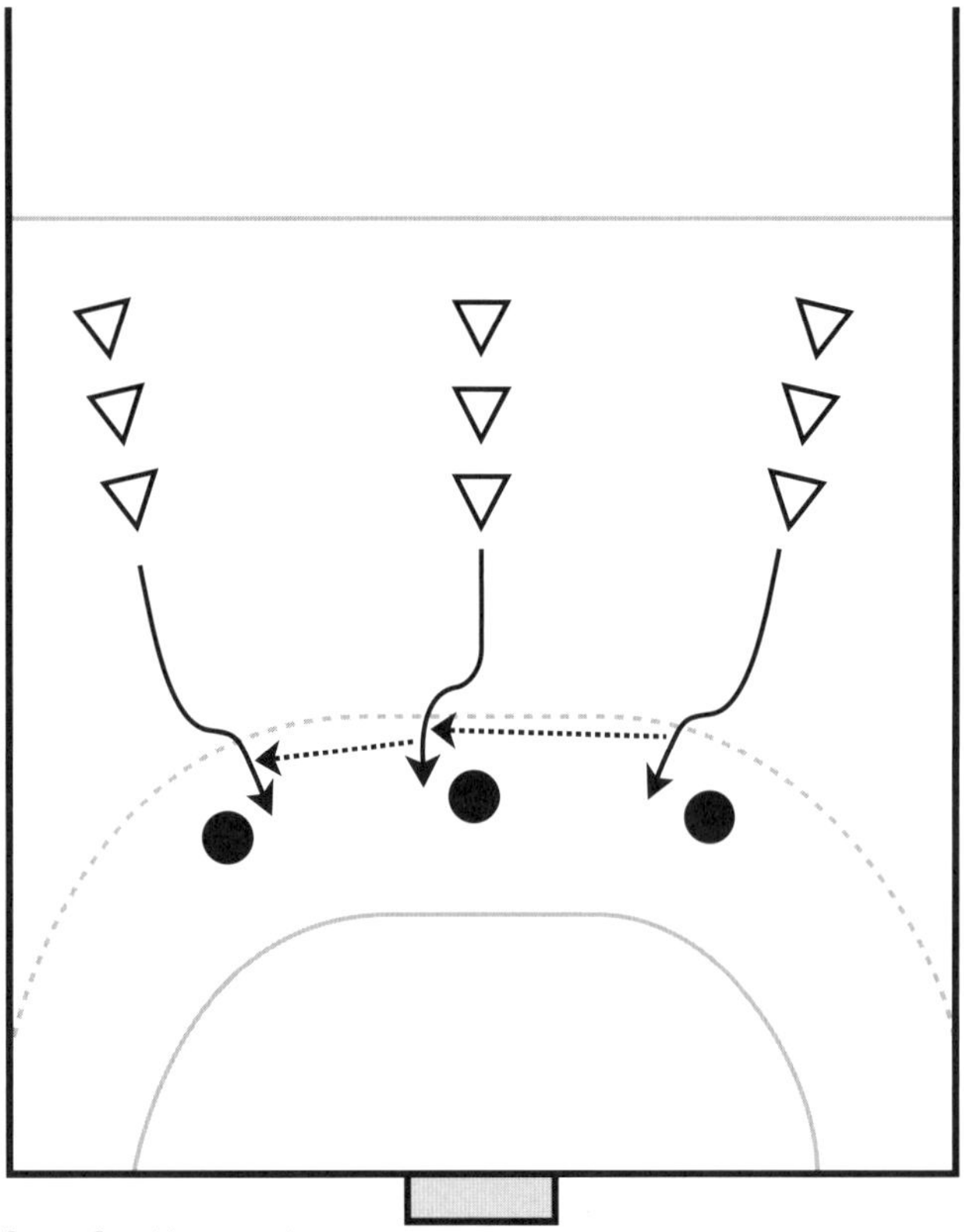

【図10】3対3でのパス回し

【写真18】蛇行でしっかりとＤＦの間を狙う

【写真17】3対3のトレーニング

となりのDFを引きつけてパスを出せば、DFはずれます。相手DFに対して、どのように入ればいいかよくイメージしてください。この練習ができれば、試合中の6対6でも活きてくるはずです。

また、この練習ではパスの出し方にも注意してください。【写真19】と【写真20】で例を紹介します。

【写真19】ではシュートを狙い、踏み切り足となる左足（左利きの場合は右足）を出したあと、右足をパスを出す方向に踏み出してからパスを出しています。これではDFに怖さはなく、DFに「シュートはない」と思われ、マークを捨てられてしまいます。

【写真20】では、ゴールを狙った状態です。この体勢からシュートを狙いつつ、右足を踏み出さずにパスを出せるようにしましょう。相手にシュートがあると思わせれば、自分に少し引きつけたことになるので、1ついい働きをしたということになります。

まだ筋肉が充分についていない中学生などは、9mからステップシュートを決める力がないかもしれません。ですが、こういった狙う姿勢をつねに持っている必要があります。筋力がつき始めたら、シュート力が上がり、得点を決めることができてきます。

右足を踏み出してのパスは
シュートに見えない
【写真19】シュートがないパスの出し方

つま先をゴールに向ける
右足を踏み出さない
【写真20】シュートがあるパスの出し方

下がりながらのパスでは
DFに余裕を与える
【写真21】下がりながらのパス

またパスを出す時に下がりながらパスを出すのは、いいプレーとは言えません【写真21】。パスの方向に身体を向けているのと同じく、この状態からシュートを打てる選手はいません。やはりDFに余裕を与えて、マークを捨てられてしまいます。

たとえ強烈な個人技がなくても、このように前を狙うという姿勢が大切です。目の前のDFを引きつけたら、となりのスペースは広くなります。広いスペースがあれば、優位に攻めることができます。

条件を設定して難易度を下げる

これらの練習をいきなりやれと言っても難しいもの。そういう場合は、ある程度条件を決めてトレーニングをした方がいいと思います。

118ページでも紹介したように、まずはボールを持たないで練習するのがいいでしょう。動きを理解してから、ボールを持っての練習をします。

始めたばかりの人は、パスを出した時に、となりの人がインなのかアウトなのか、どちらに動くのかがわからないのでパスミスやキャッチミスがよく起こります。お互いの呼吸が合えば難しいことではないですが、まずは慣れを含めて、どちらかの方向だけに限定して練習する方がいいでしょう。

【図11】は全員左へ、**【図12】**は全員右へ動いています。こうすることによってとなりの人の動きが把握できるので、パスを出す強さや位置を知る、感じることができます。この時も自分が相手に対してどの位置を取ったのか考えながらプレーしてください。

このほかにも自分の行きたい方向を声に出すのもいいでしょう。パスをもらう時に「イン」や「アウト」と声に出せばパスする側の選手もわかりやすいです。

パスフェイントに対して

華陵高の選手たちはこのトレーニングの中で、パスフェイントを入れていました。もちろん、試合でもこ

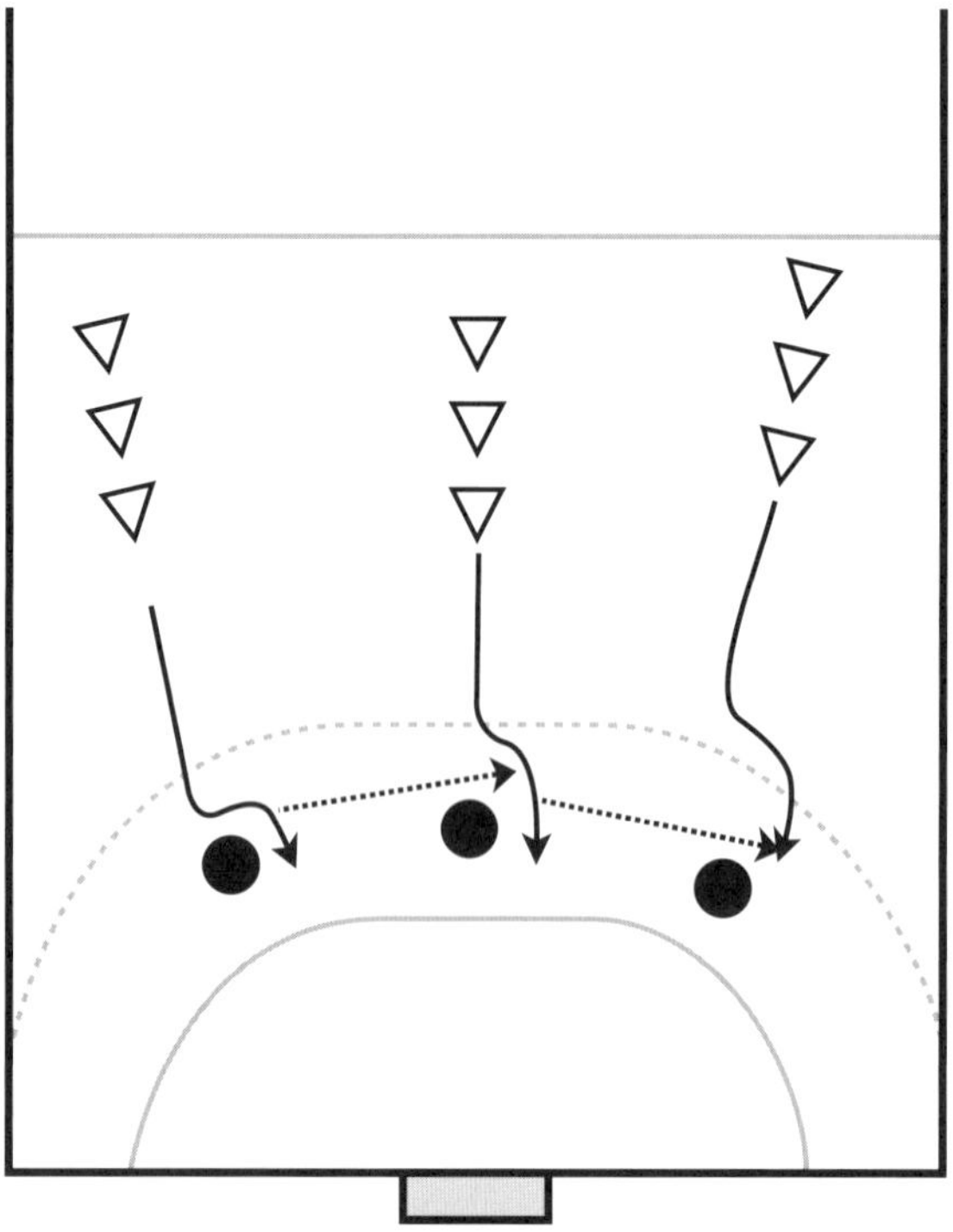

【図11】全員同じ方向への蛇行①

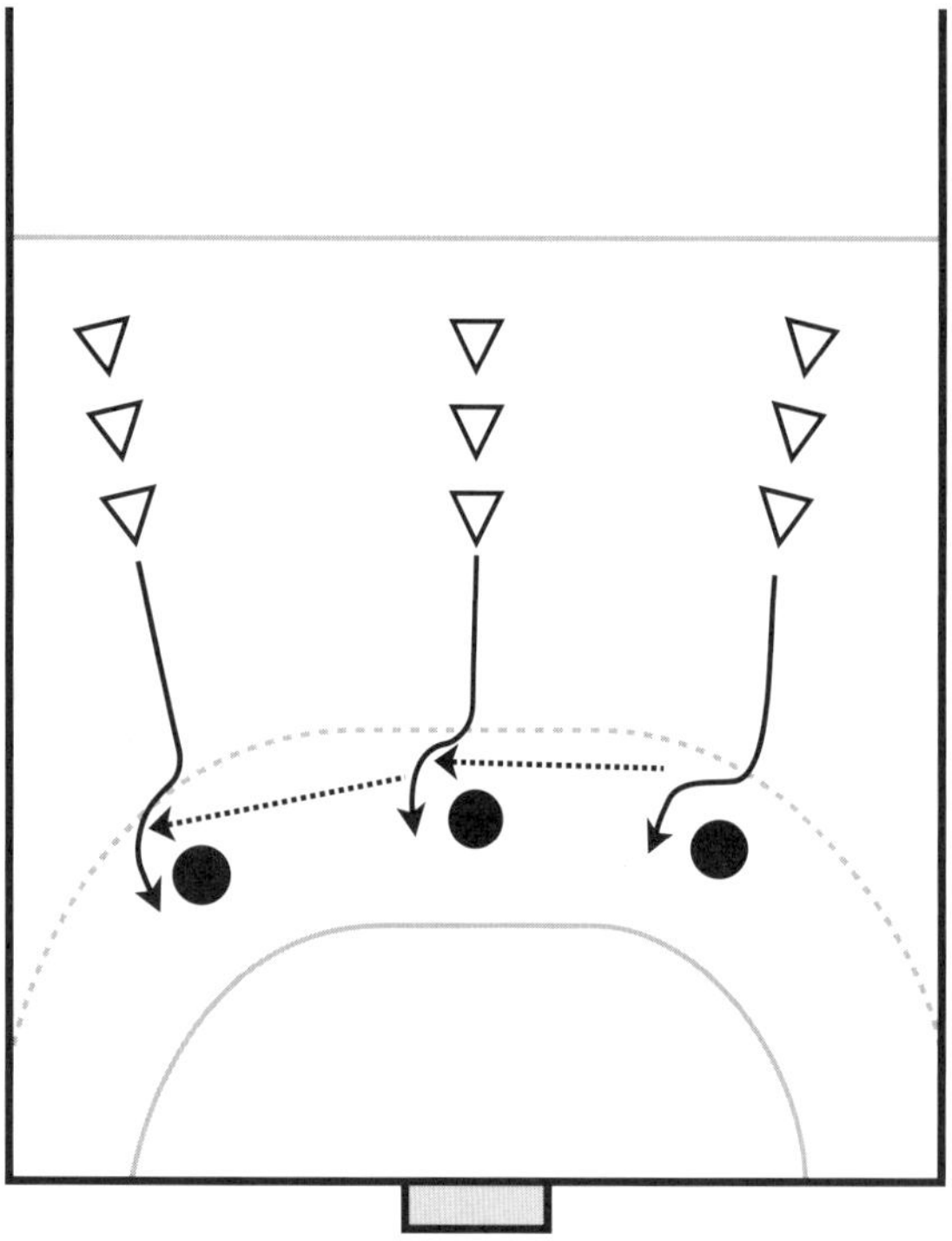

【図12】全員同じ方向への蛇行②

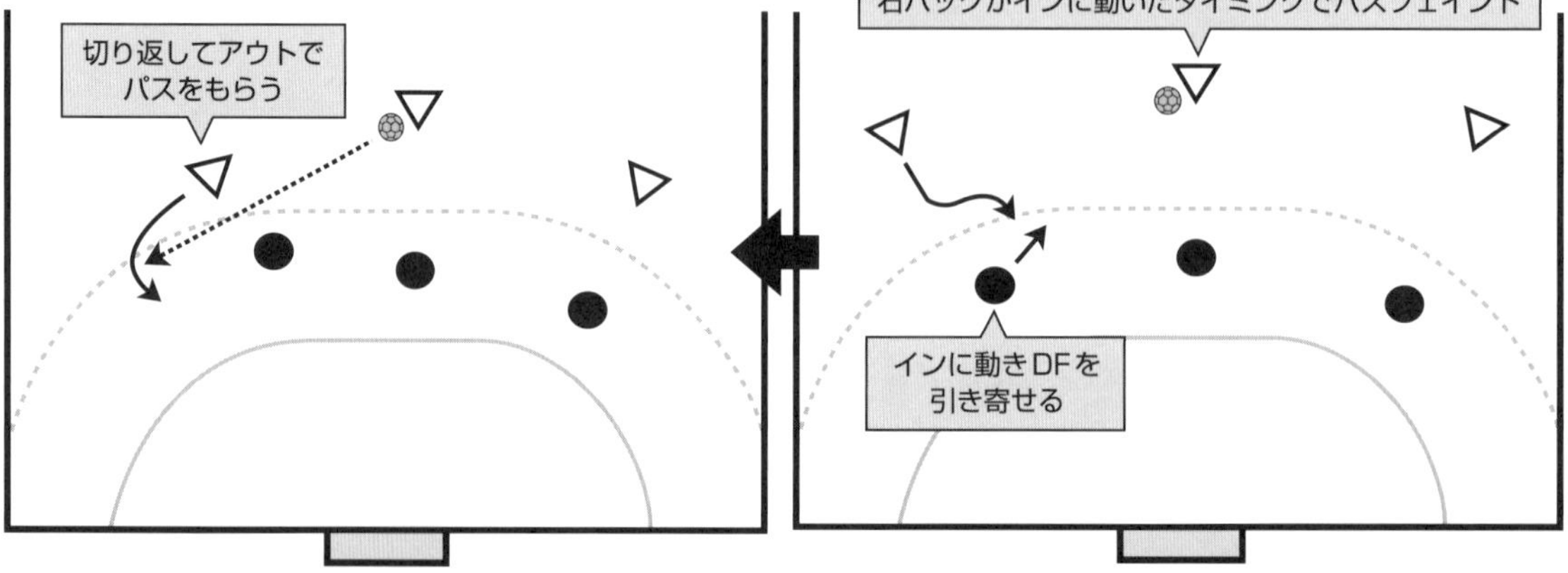

【図13】パスフェイントに対する動き方

のプレーを使っています。

パスフェイントをすると、タイミングがワンテンポずれます。そこをついて、動き直せばDFの逆をつけます。

【図13】と【写真22】を例に説明してきます。右バックの選手が一度インでボールをもらおうとしています。しかし、パスフェイントがありタイミングがずれていて、そのままボールをもらっても、足が止まった状態になっています。そこですぐに逆側に切り返してボールをもらいます。これも蛇行の動きの1つです。センターと息が合えば効果的なプレーです。

ポイントは最初の蛇行でDFを食いつかせること。

重心が移動していれば、逆方向についてくることは難しいので簡単に抜けます。

このように、コンビネーションが合ってくればいろいろなプレーができると思います。ずらすだけでなくクロスなども取り入れて練習してください。

1
2
パスフェイントに対して切り返す
3
4
5
【写真22】パスフェイントに対する動き

ここまではオフ・ザ・ボールの基本的な考え方から、蛇行の動きや、DFとの位置関係の考え方、3対3でのトレーニング方法などを紹介しました。

どの練習も難しく考えず、しかし、頭で動き方やプレーの意味をしっかりと考えて練習してください。

次のページからはユニットを組んだ2対2の動きや、数的優位の状況での練習などを紹介します。

2対2でのオフ・ザ・ボールの動き

田中大介(豊田合成ブルーファルコン名古屋)

104ページから123ページまでは1対1でのオフ・ザ・ボールの動きを中心に説明しました。ボールをもらう前に蛇のように動く「蛇行」を使えば、DFとずれた位置が取れることがわかってもらえたかと思います。

それでも「蛇行」だけではDFをかわしきれません。そこでここからは味方と連動したオフ・ザ・ボールの動きを説明していきます。横の2対2、縦の2対2の基本パターンを確認しながら、味方がボールを持っている時にどういう動きをすればフリーになれるかを考えていきます。2対2の定石が身につけば、攻撃のアイデアが広がります。そこに「蛇行」をプラスしていけば、数的優位を作りやすくなります。

2対2から発展して、変則的なDFに対する考え方も紹介しておきます。高い位置までけん制に出てくるなど、積極的な仕掛けで勝負してくる相手もいますが、基本的な考え方さえわかっておけば、怖くありません。オフ・ザ・ボールのタイミングでしっかり動いて攻略しましょう。

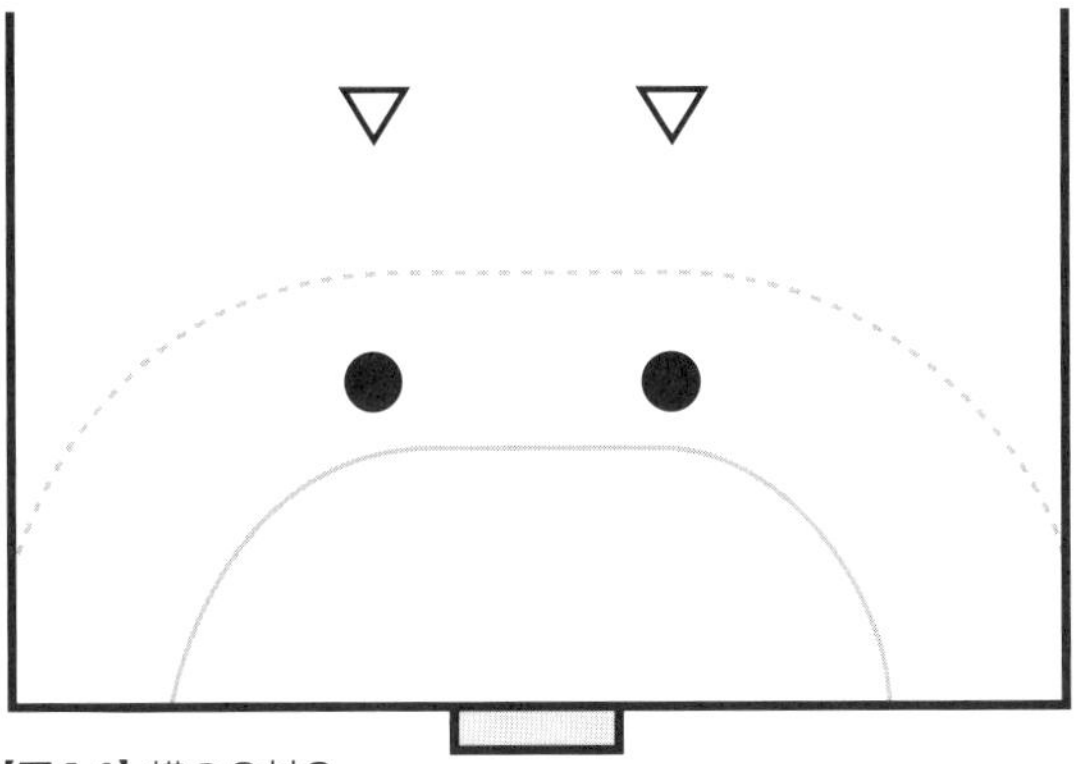

【図14】横の2対2

【写真23】横の2対2

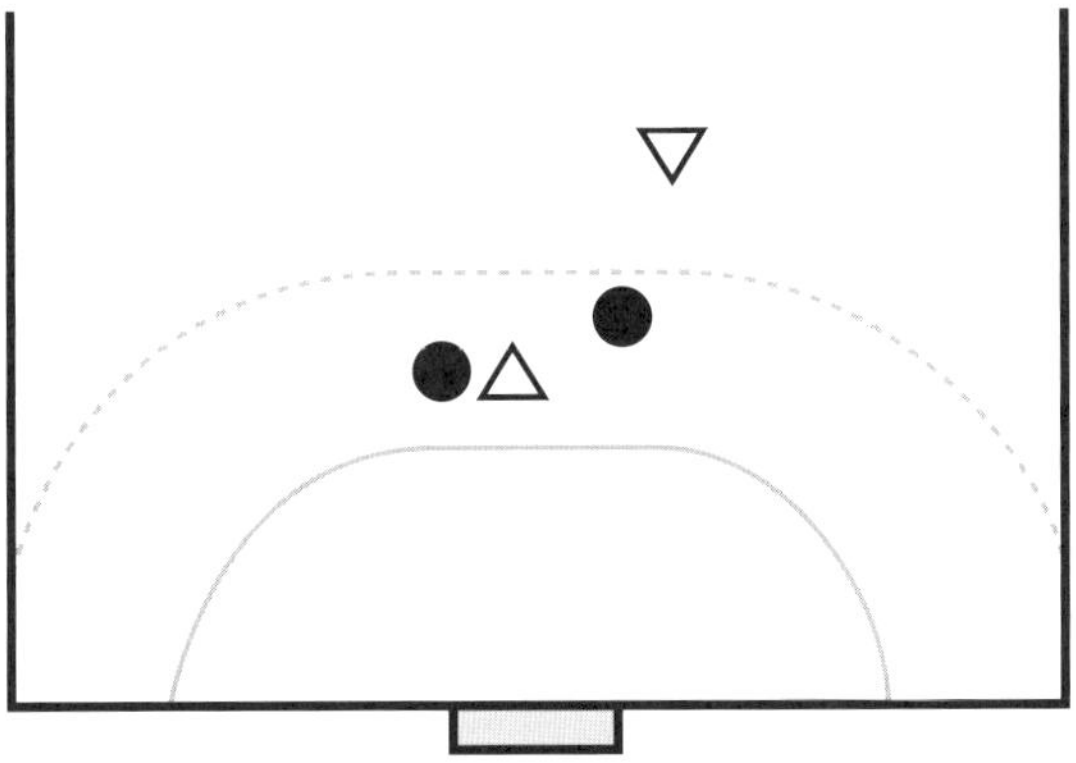

【図15】縦の2対2

【写真24】縦の2対2

打ったシュートか、打たされたシュートか

セットOFはシュートで終わればOKです。テクニカルなミスがなく、フィニッシュまで持ち込めていれば、極端に試合が崩れることはないでしょう。

それでもシュートの質については、普段の練習から追及しましょう。例えばDFの枝が引っ張りを消している時に、安直に流しに打つと、GKに止められてしまいます。そういう「打たされたシュート」だと、相手も怖さを感じません。そこでDFの枝を巻いて引っ張りに打てば、GKの反応も遅れます。根拠を持って「打ったシュート」は、相手にとっても脅威です。

「こういう理由があるから決まった」と自分で言えるシュートなら、同じような状況でまた決められます。明確な意図のあるシュートであれば、たとえ外してしまっても、その失敗を次に活かせます。

【写真25】枝に合わされ打たされたシュート

【写真26】枝を巻いて打ったシュート

横の2対2

まずは味方との位置関係が横の時の2対2についてです。
おもな攻め方を理解して、試合中に判断しましょう。

ハンドボールで繰り広げられる攻防の中にある2対2。

まずはOFが横に並んだ状態の2対2【写真27、図16】について説明します。ポストがいない状態での2対2です。

まずOFが意識することはDFの間を割ること。DF2人の間を割って、となりのDFを少しでも巻き込めば、OF側はいろいろな攻撃ができます。

この状態でのおもな攻撃パターンは下の表でも示しているとおり、①パラレル ②リターン ③ブロック ④抜けるプレーの4つになります。

①のパラレルは1人がDFの間を狙って、となりのDFが寄ったらパスを出す、いわゆるずらしです【図17】。②のリターンは間を狙った選手にパスを戻して（リターン）カットインする攻撃【図18】。③のブロックは味方のブロックを利用してシュートなどが狙えます【図19】。④の抜けるプレーはDFの裏を走り抜ける攻撃です。ブロックを利用したり、パスを出したりできます【図20】。

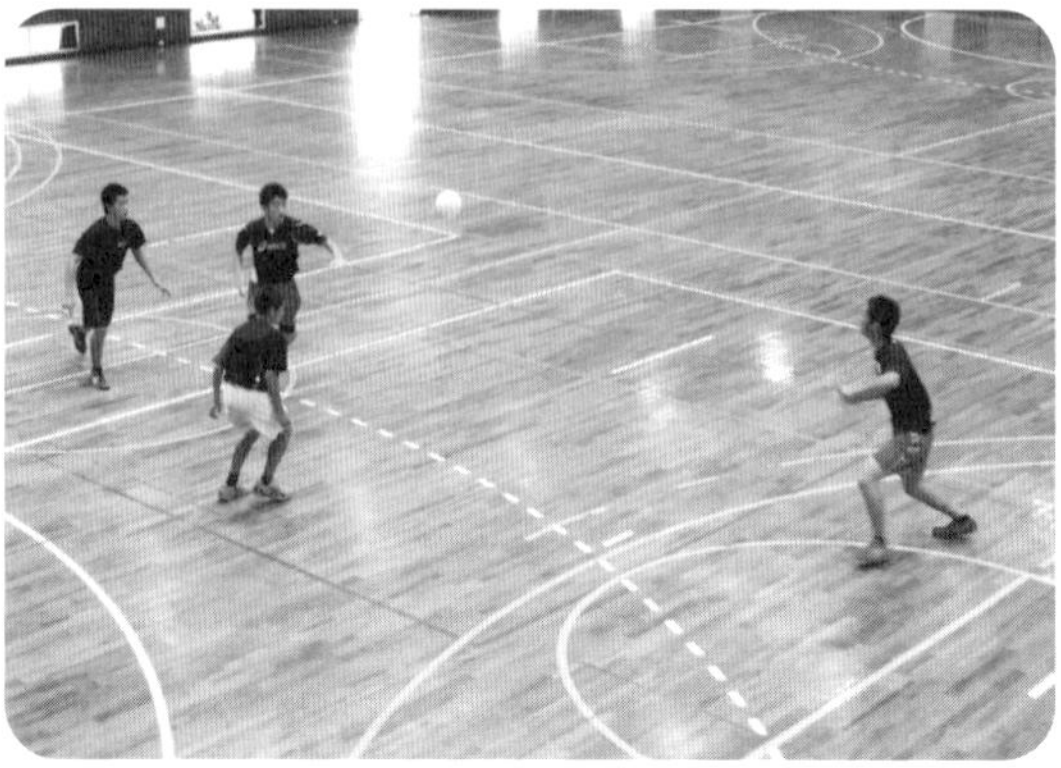

【写真27】横の2対2

紹介した4つ以外にも攻撃パターンは数多くあります。状況によって攻めるパターンはさまざま。相手DFをよく観察してどのプレーで攻めるのがいいのか考えましょう。

味方の動きを感じながら、または味方に動きを感じさせるようにして、2対2のユニットプレーの完成度を高めていきましょう。

完成度が高くなれば、アイコンタクトでプレーの合図ができてくるでしょう。

横の2対2でのおもな攻撃パターン

- ●パラレル【図17】
- ●リターン【図18】
- ●ブロック【図19】
- ●抜けるプレー【図20】

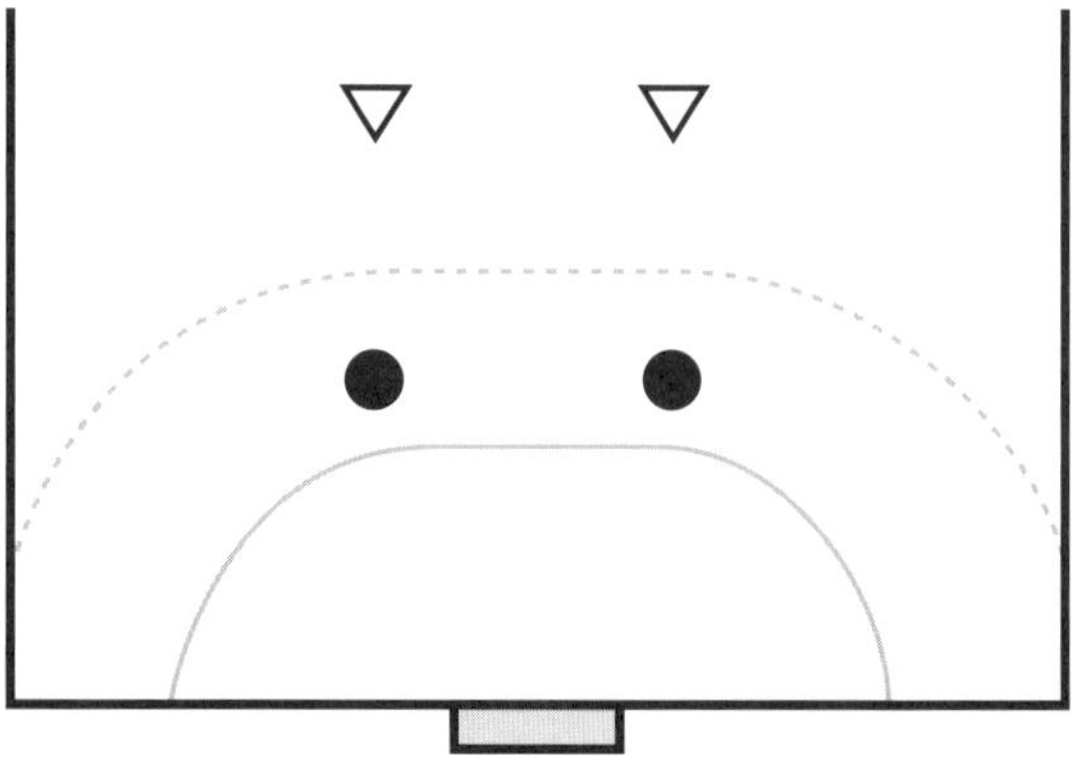

【図16】横の2対2

▽オフェンス
●ディフェンス
↓人物の動き
↓パス
［ブロック

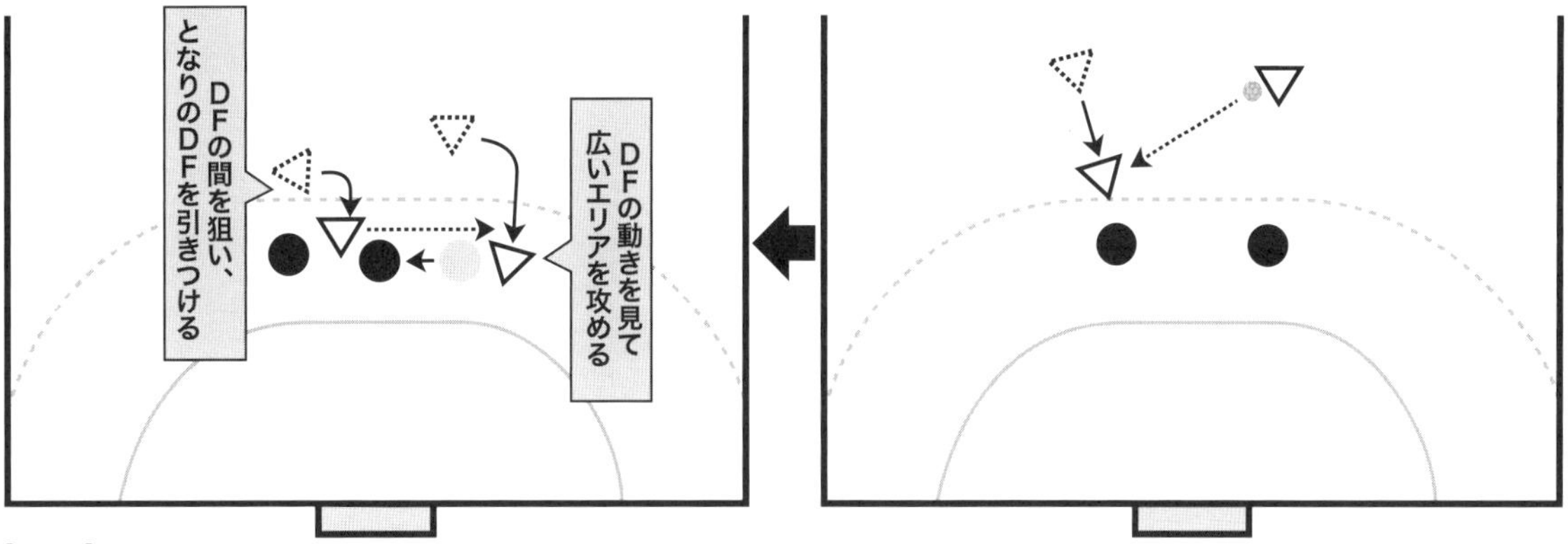
DFの間を狙い、となりのDFを引きつける
DFの動きを見て広いエリアを攻める

【図17】パラレル

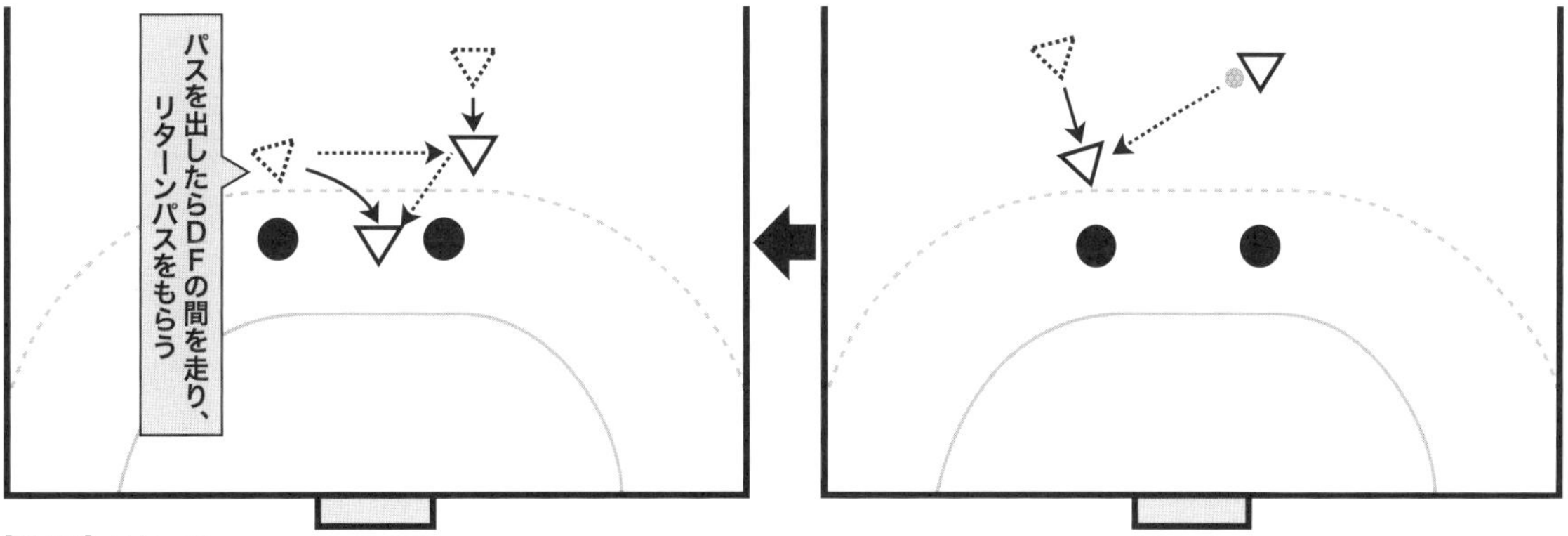
パスを出したらDFの間を走り、リターンパスをもらう

【図18】リターン

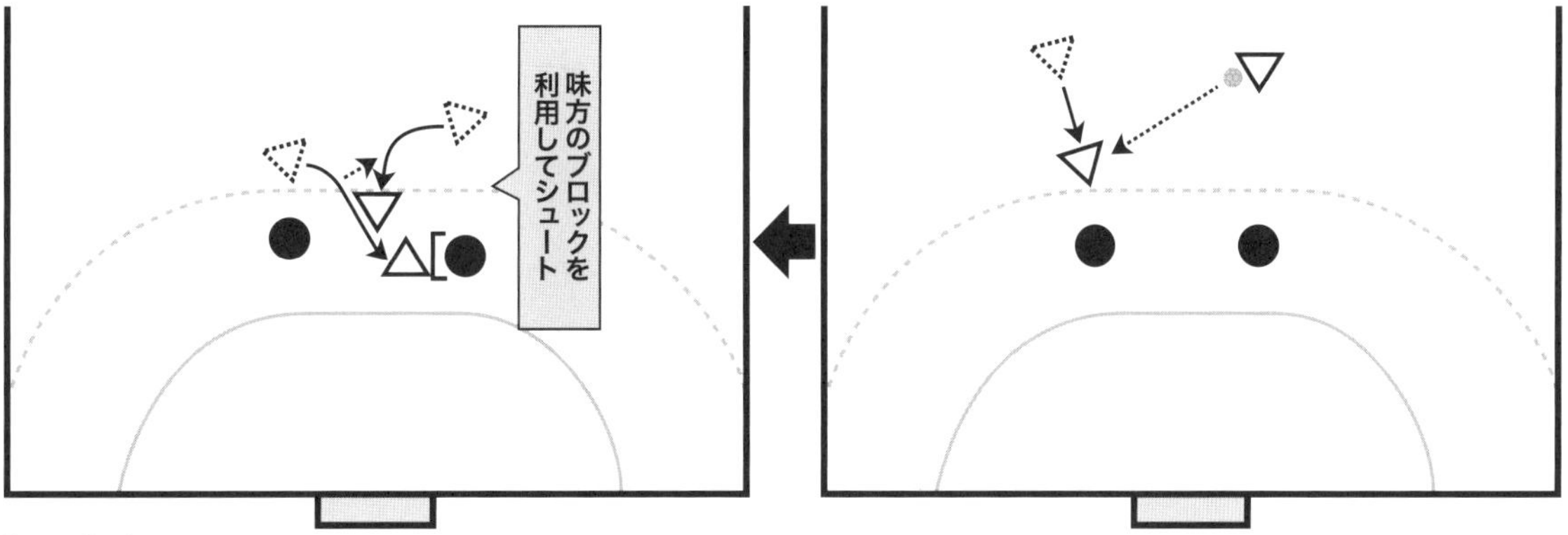
味方のブロックを利用してシュート

【図19】ブロック

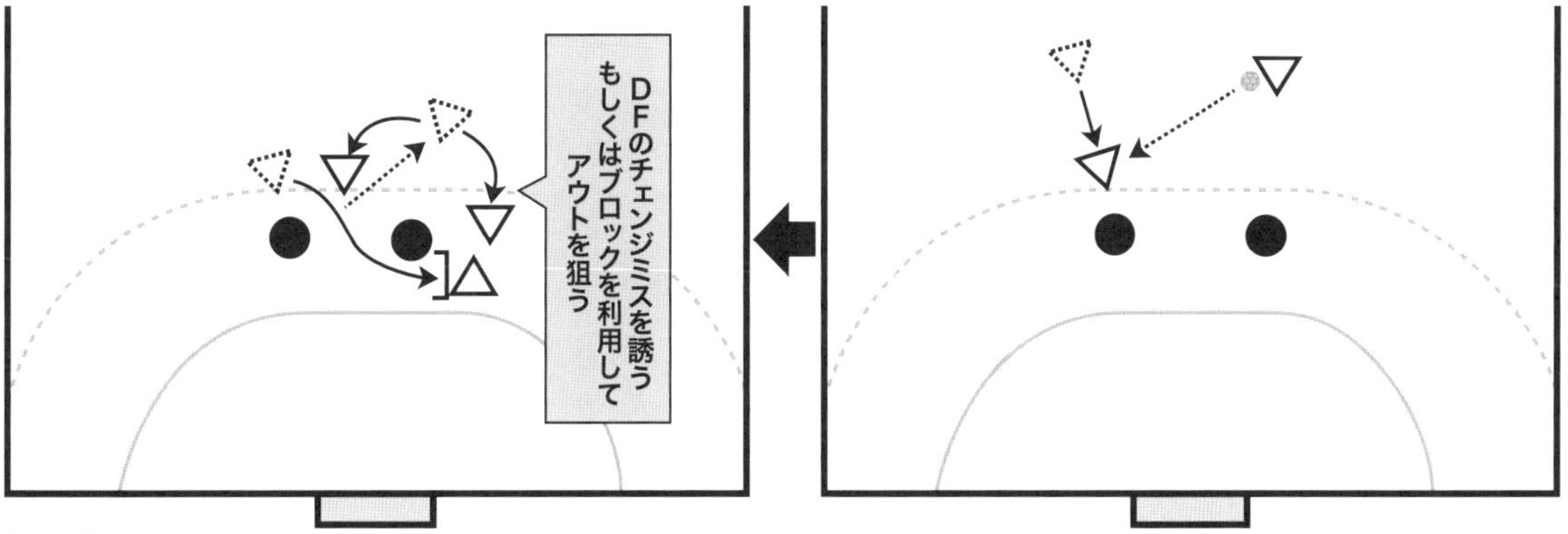
DFのチェンジミスを誘うもしくはブロックを利用してアウトを狙う

【図20】抜けるプレー

1 パラレル

ＤＦの間を狙って、となりのＤＦを寄せてパスを出す。これがパラレルです。ずらしとも言われています。

【写真28】のように、ボールを持った選手がＤＦを抜き、間を攻めています。となりのＤＦが少しでもこちらに寄ってきたらパスを出し、空いたスペースをもう1人のＯＦが狙う攻撃です。

この時、最初に攻めるＯＦは完全に抜ければいいですが、抜けなくても、となりのＤＦを巻き込むことを意識しましょう。ＤＦにいやな位置と思わせるために、最初の位置取りが大切になってきます。抜けた時に、パスを出すふりをして、パスフェイントからカットインというパターンもあります。

スペースに走り込むＯＦの選手は目の前のＤＦをよく見て、巻き込まれたのかを判断してスペースに走り込みましょう。

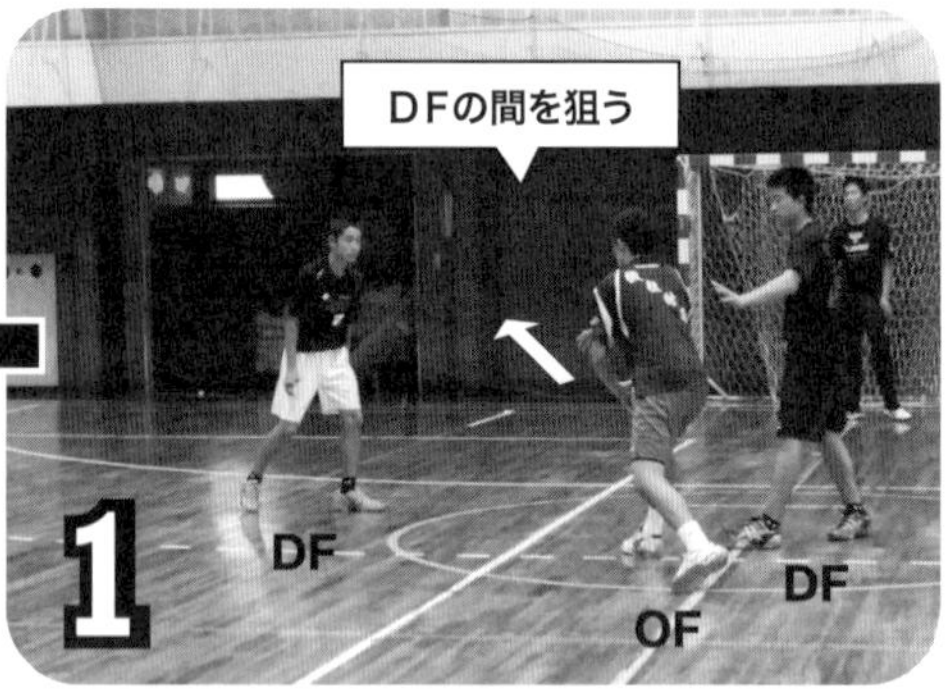

【写真28】2対2のパラレル

2 リターン

パラレルの似た形で、パスを出したあともう一度パスをもらってＤＦの間を攻めるのがリターンです。

最初に攻める選手はパラレルと同じようにＤＦの間を狙い、パスを出します。そのまま、バックステップをせずにＤＦの間を走ります。そこでワンツーパスをもらえば、シュートチャンスになります【写真29】。

リターンパスをもらう選手は早すぎても、遅すぎてもダメです。どのタイミングがいいのか、練習で感覚をつかみましょう。

リターンパスを出す側としては、目の前のＤＦを外へ引きつけることで、ＤＦの間が広くなり、リターンパスを出しやすく、とおしやすくなります。アウトを狙う意識を持ち、ＤＦが寄ってこなければ、そのまま突破してしまうのも1つの手段です。

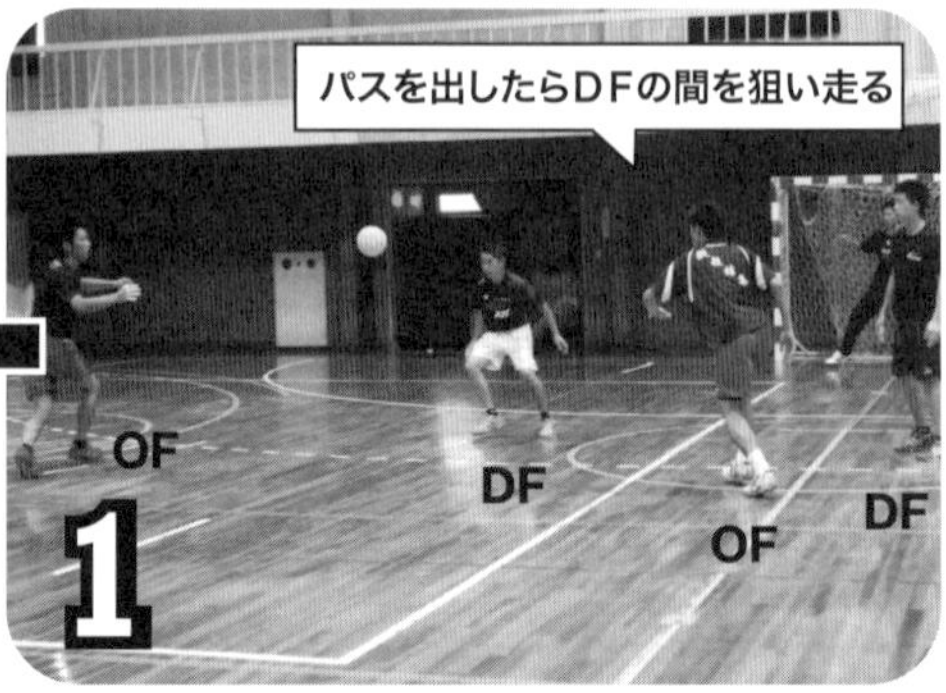

【写真29】リターンプレー

3 ブロック

ブロックとは、味方を助ける組織的なプレーです。パスを出した選手はそのままDFの間に入り、となりのDFにブロックをしかけます。パスをもらった選手がこの味方のブロックを利用する攻撃です。

【写真30】では、パスをもらったOFはブロックしている味方の上からシュートを打っています。このように、味方のプレーを活かすことが重要になってきます。味方がいない場所からシュートを打つと、どうしてもDFの枝などが入ってきます。そういったものをなくすプレーでもあります。

シュートを打つ時はあまりに右に寄ってしまうと、となりのDFの正面に入ってしまう可能性がありますので、注意してください。

ブロックするOFは、リターンパスをもらうふりなどをすると、より効果的にブロックがかけられるでしょう。

パスを出したあと、DFに近寄っていく
1
DF
OF
DF
2
OF
DF
OF
となりのOFをマークしているDFにブロックをかける
3
OF
DF
OF
味方のブロックを利用してシュート
4

【写真30】ブロックプレー

4 抜けるプレー

抜けるプレーはパスを出したあとに、DFの裏のスペースを走る攻撃です。

この動きで、DFのチェンジミスを誘ったり、味方のブロックなどが狙いどころになってきます。もちろん、DFが対応してこなければ、裏を走ったDFにパスを出し、ポストシュートを打つのもいいでしょう。

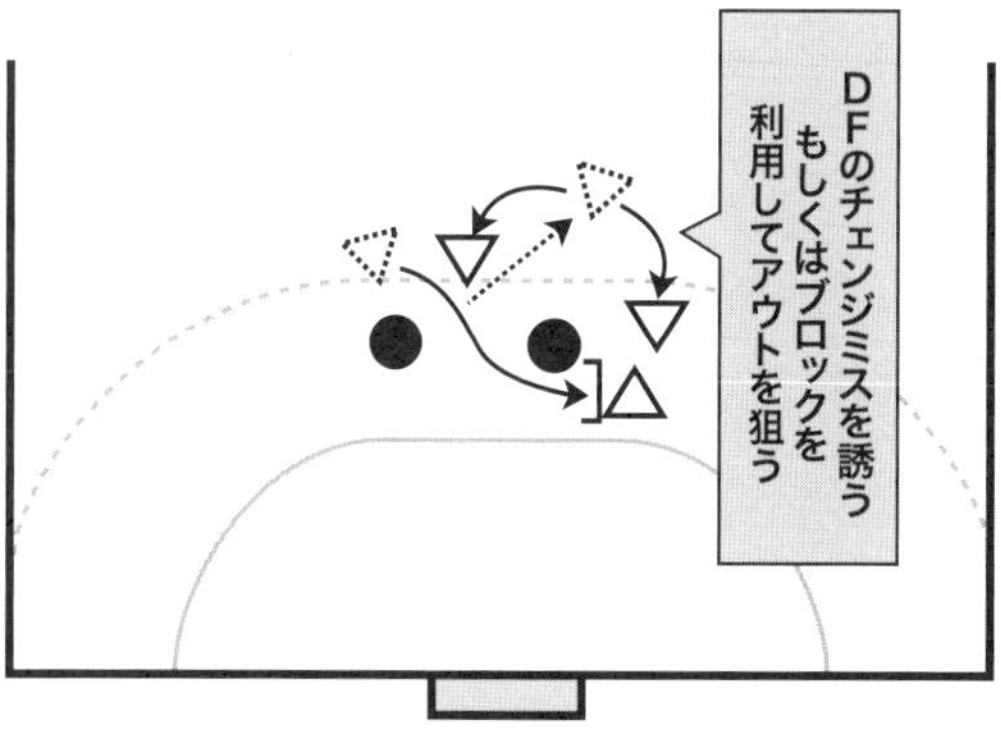
DFのチェンジミスを誘う
もしくはブロックを
利用してアウトを狙う

縦の2対2

横の2対2の攻撃を覚えたら、次は縦の2対2です。同じように攻撃パターンをしっかりと理解しましょう。

横の2対2はバックプレーヤー2人による攻撃でしたが、縦の2対2【写真31、図21】はポストとバックプレーヤーによる攻撃になります。ポストの位置取りによって、また動き方によって縦の2対2ではさまざまな攻撃パターンがありますが、今回はポストが動くおもな攻撃パターン4つを紹介します。

まずは、ポストの選手がDFの裏を狙い走る①スライド。味方をマークしているDFに対して行なう②ブロック。これは縦ブロックとも呼ばれています。DFの裏のスペースを狙うスライドから発展した形の③スライド→ブロック。さらに、スライドの動きから、来た方向へ再びスライドする④スライド→ターンがあります。

縦の2対2は横の2対2と比べると、ポストが最初からいる状態なので、このポストの動きが大切になってきます。ポストが相手DFのどこを狙って、どのように動き、DFを誘うかで、バックプレーヤーの動きも変わってきます。狙い、意図を合わせるためにも、練習中からよく話し合って、お互いの動きを感じてください。

コンビネーションが深まれば、アイコンタクトなどでプレーを決めることができますが、最初のうちはしっかりとどこを攻めるか1つひとつ理解しながら練習しましょう。

縦の2対2を練習する際には、パサーが必要になります。バックプレーヤーの両側に、もしくは片方にパサーをつけて練習してください。

【写真31】縦の2対2

縦の2対2でのおもな攻撃パターン

●スライド	【図22】
●ブロック	【図23】
●スライド → ブロック	【図24】
●スライド → ターン	【図25】

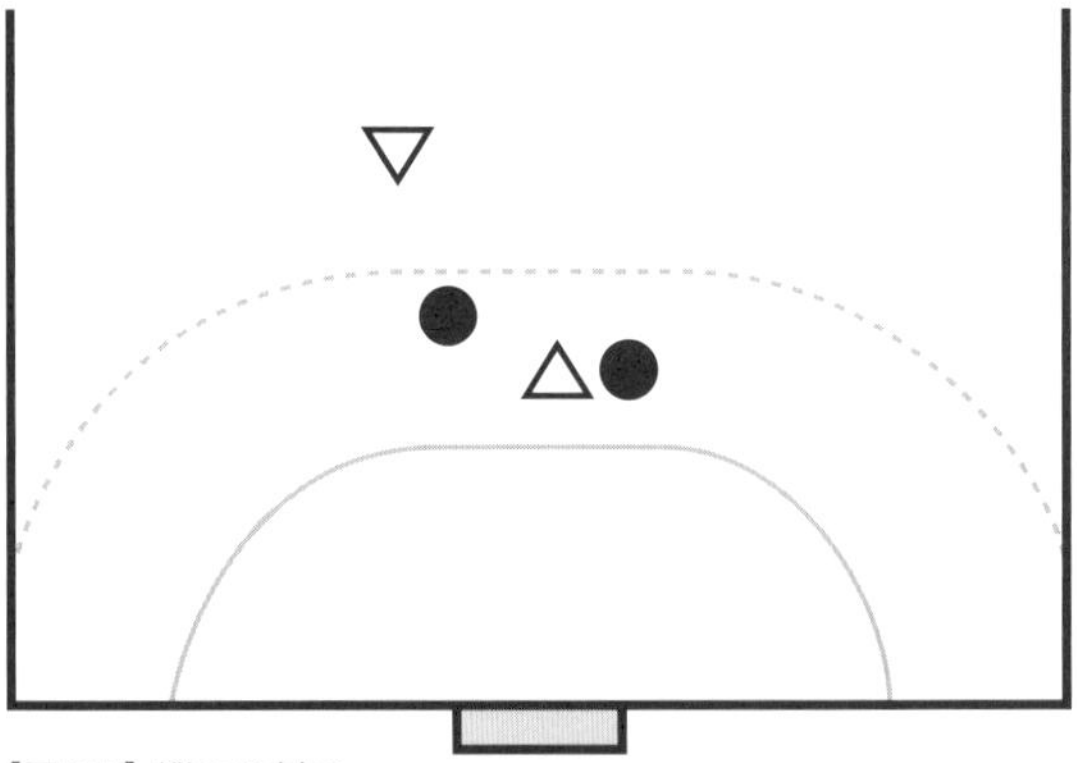

【図21】縦の2対2

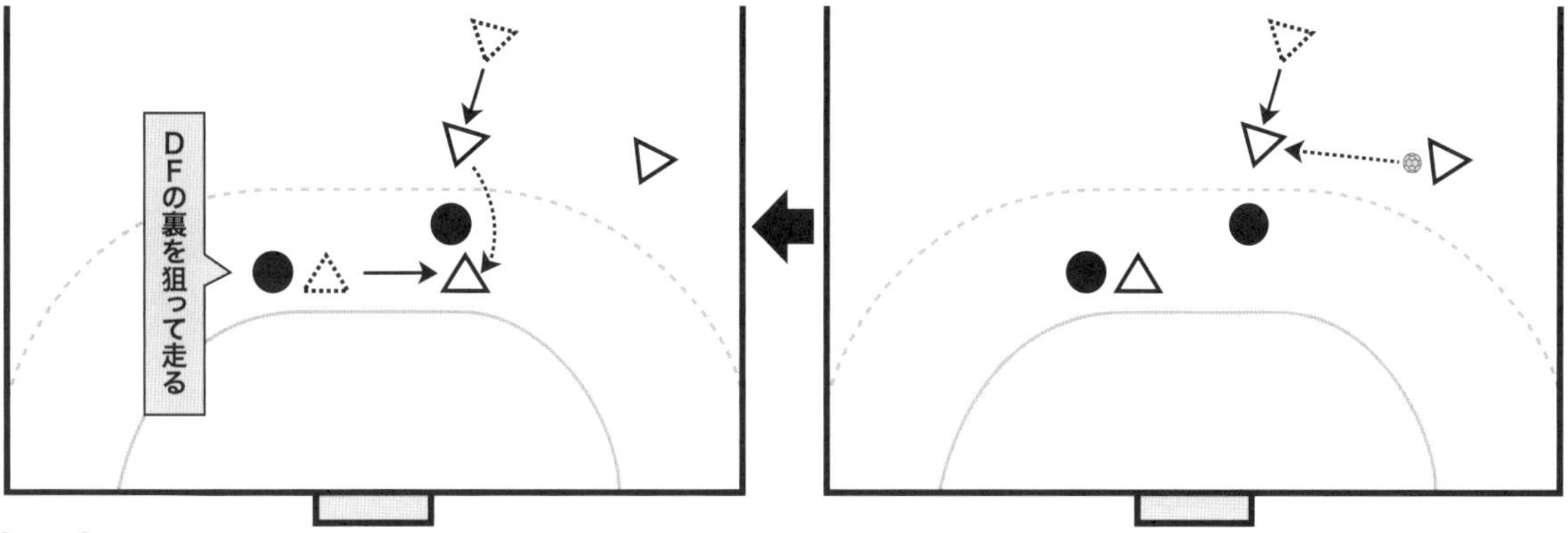

【図22】スライド

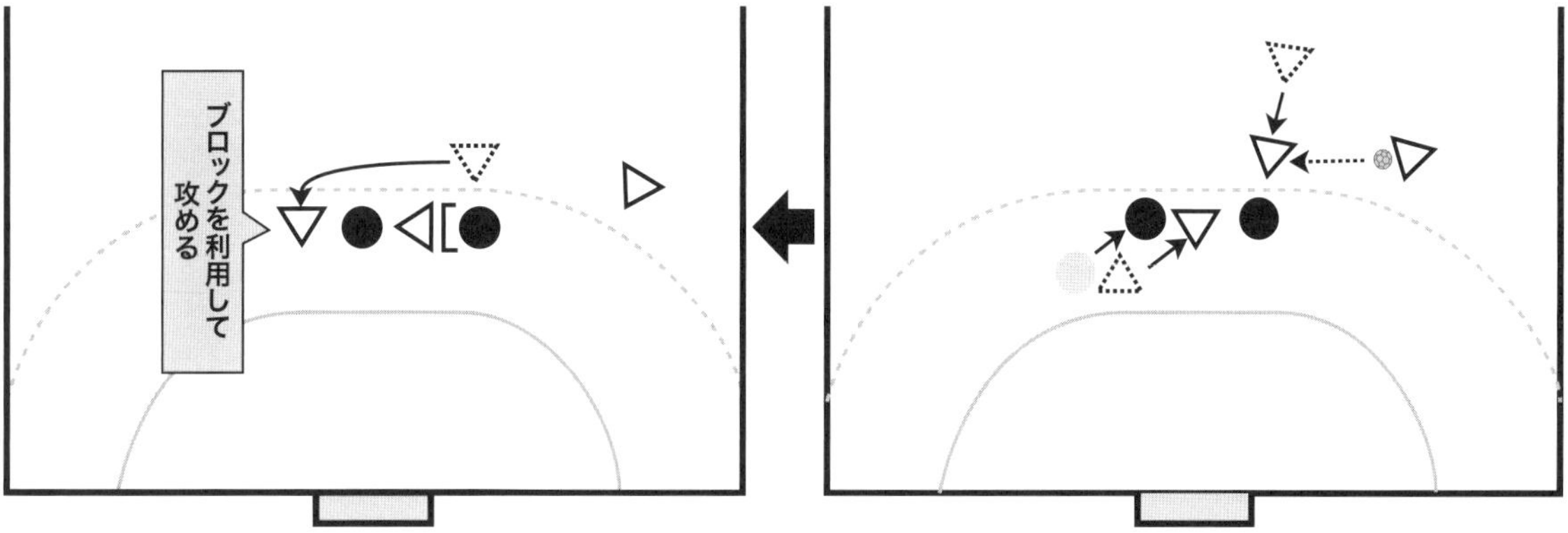

【図23】ブロック

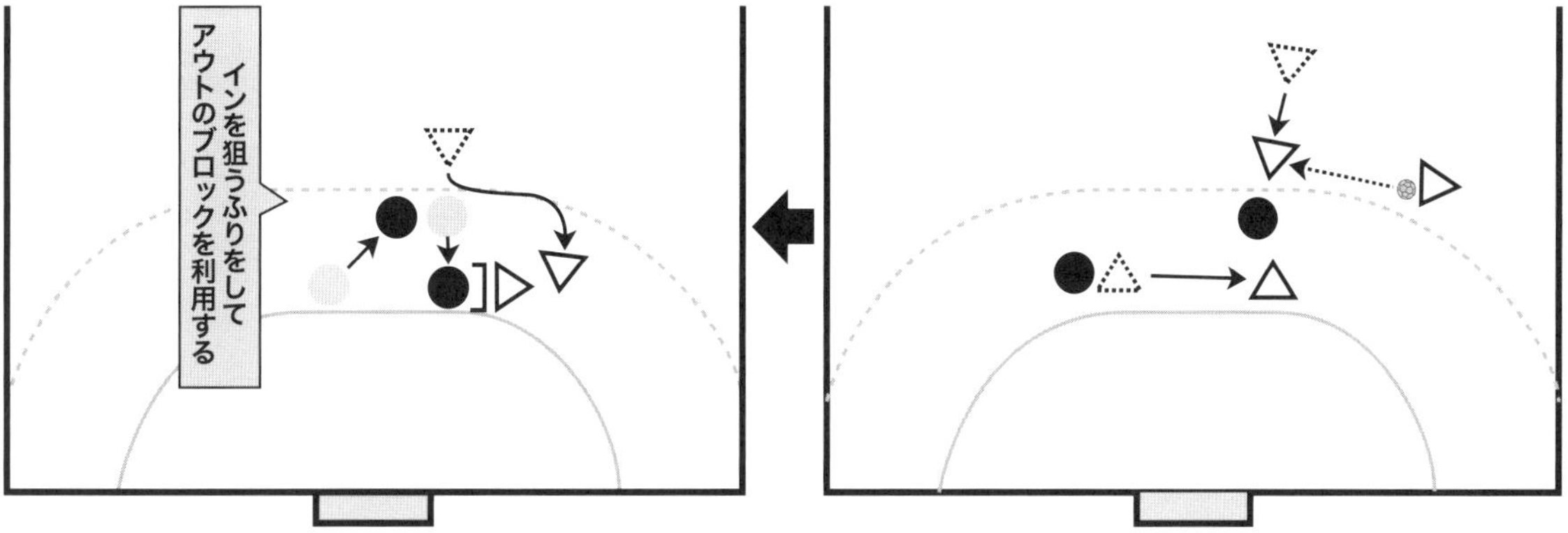

【図24】スライド→ブロック

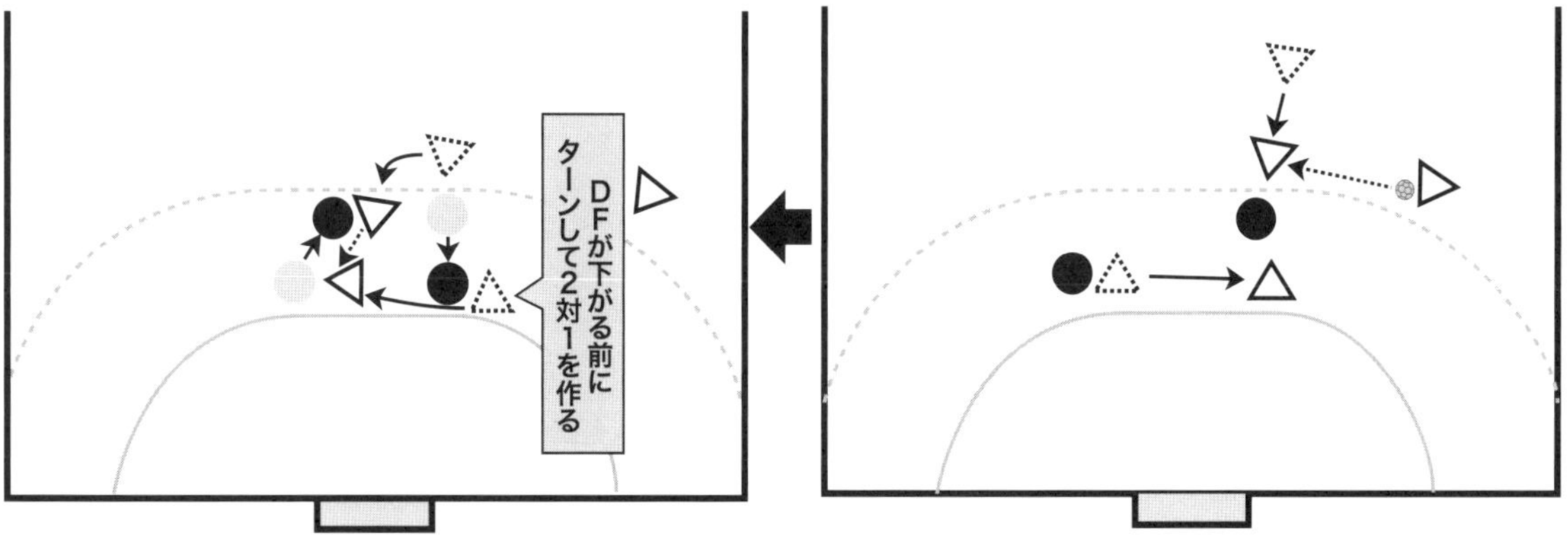

【図25】スライド→ターン

1 スライド

前に出ているDFの裏をポストが走る攻撃をスライドと呼びます。【図26】のように、ポストがDFの背後のスペースを活かし、パスをもらうパターンもあり、バックプレーヤーがパスフェイントで、相手のチェンジミスなどを誘うことができます。ポストが走り込むタイミングは、バックプレーヤーがボールをキャッチした時です。

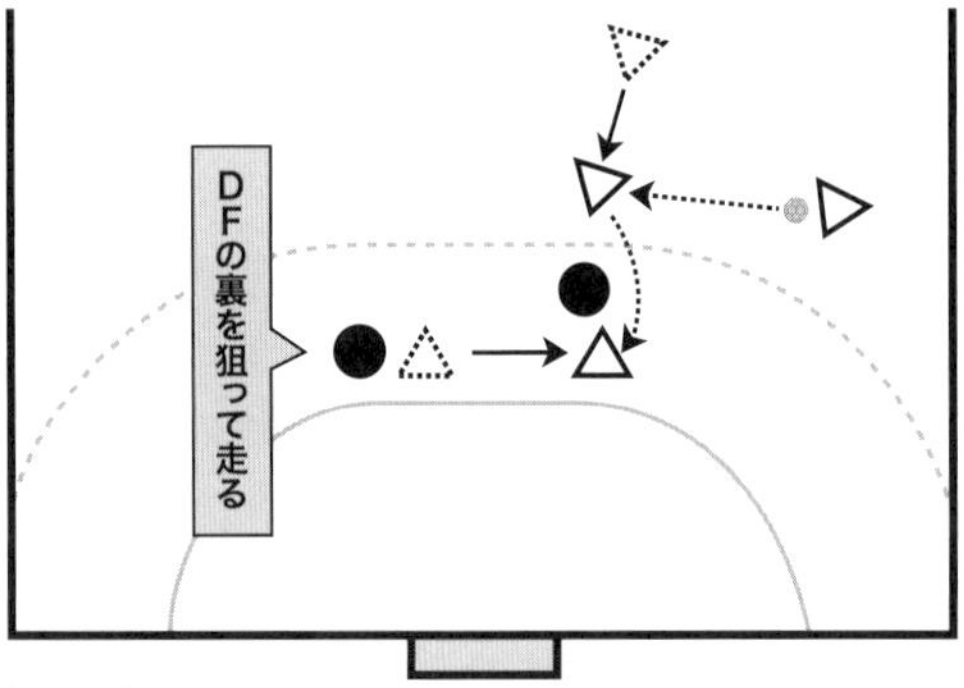

【図26】スライド

2 ブロック

縦の2対2でのブロックは、前に出ているDFに仕掛けます。ボールを持ったOFはポストのブロックを利用して、ポストをマークしていたDFのアウトを狙いましょう【図27】。アウトを攻めた時、となりのDFが寄ってくればポストとの2対1ができ、寄ってこなければ、カットイン、または6対6の場合だとその次の展開で数的優位な状況が作り出せます。

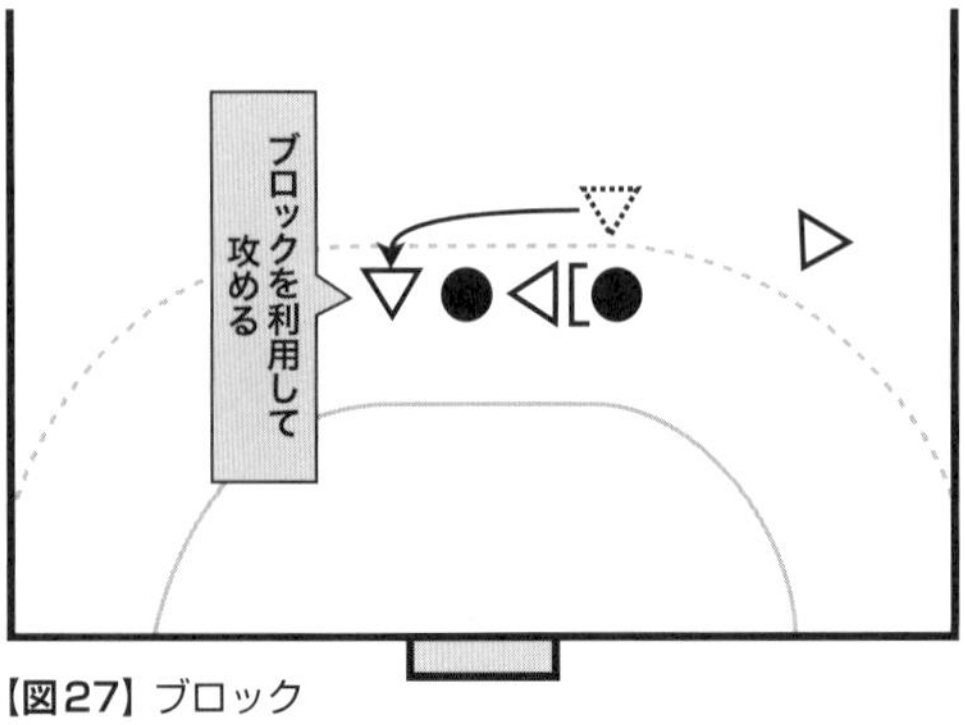

【図27】ブロック

3 スライド→ブロック

スライドとブロックを合わせたテクニックです。

まず、スライドと同じように、ポストがDFの背後のスペースを狙い走ります。バックプレーヤーは、ポストをマークしていたDFを引き出そうと、一度イン（ポスト方向）に行きます。ここでDFはマークをチェンジしてきたので、すかさずアウト側に切り返します。この時、ポストはチェンジして下がってきたDFのアウト側に立っていましょう。そしてバックプレーヤーがアウトに切り返したのを見計らって、DFにブロックを仕掛けます。

こうすることで、バックプレーヤーの選手は、味方のブロックを利用してDFを突破することができるのです【図28】。

これがスライド→ブロックです。

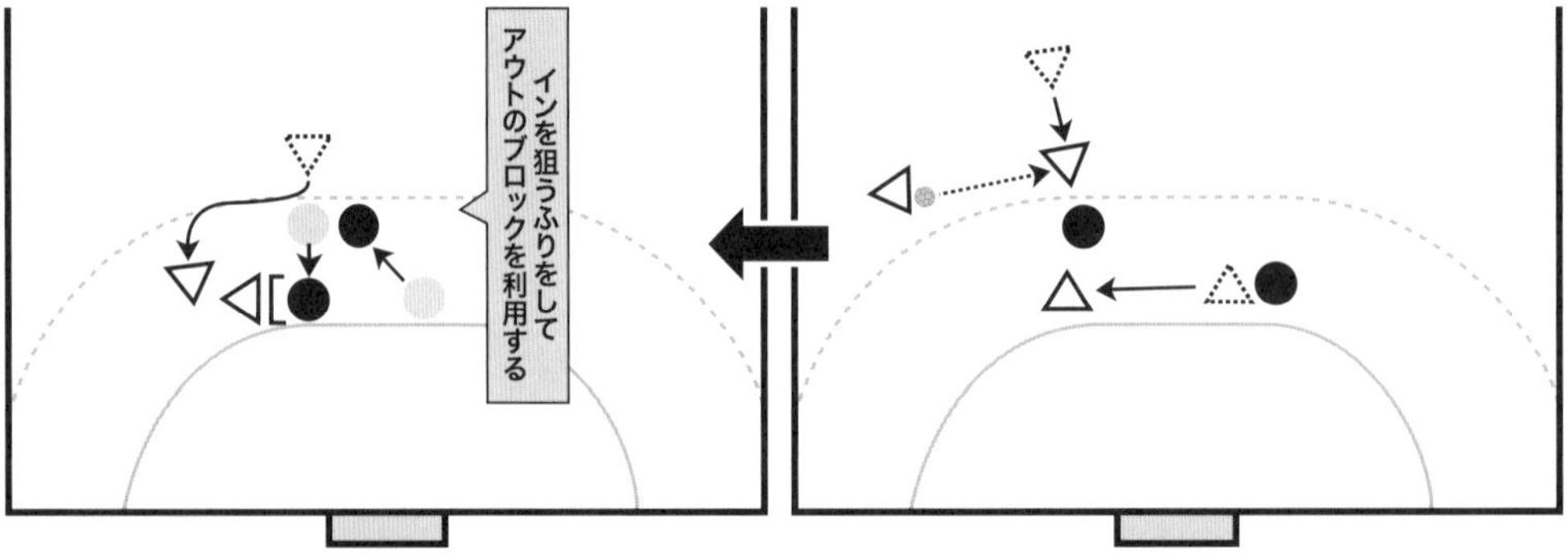

【図28】スライド→ブロック

4 スライド→ターン

スライド→ターンは、一度スライドの攻撃をして、素早く反対側にもう一度スライドする攻撃です。

バックプレーヤーをマークしているDFの裏を走るのは通常のスライドと同じです。バックプレーヤーがDFの間を狙い、相手DFのチェンジを誘います。チェンジで下がろうとしているDFの外側をブロックせず、そのDFが下がり切る前にターンして再び前に出たDFの裏を狙います。

こうすることで、チェンジして前に出たDFの裏には充分なスペースが生まれるので、バックプレーヤーからパスをもらう、という攻撃です。

スライド、スライド→ブロックなどと組み合わせながら攻撃、またはどれかを有効に使うためにも、DFがどのような動きをするのかまずは観察しましょう。

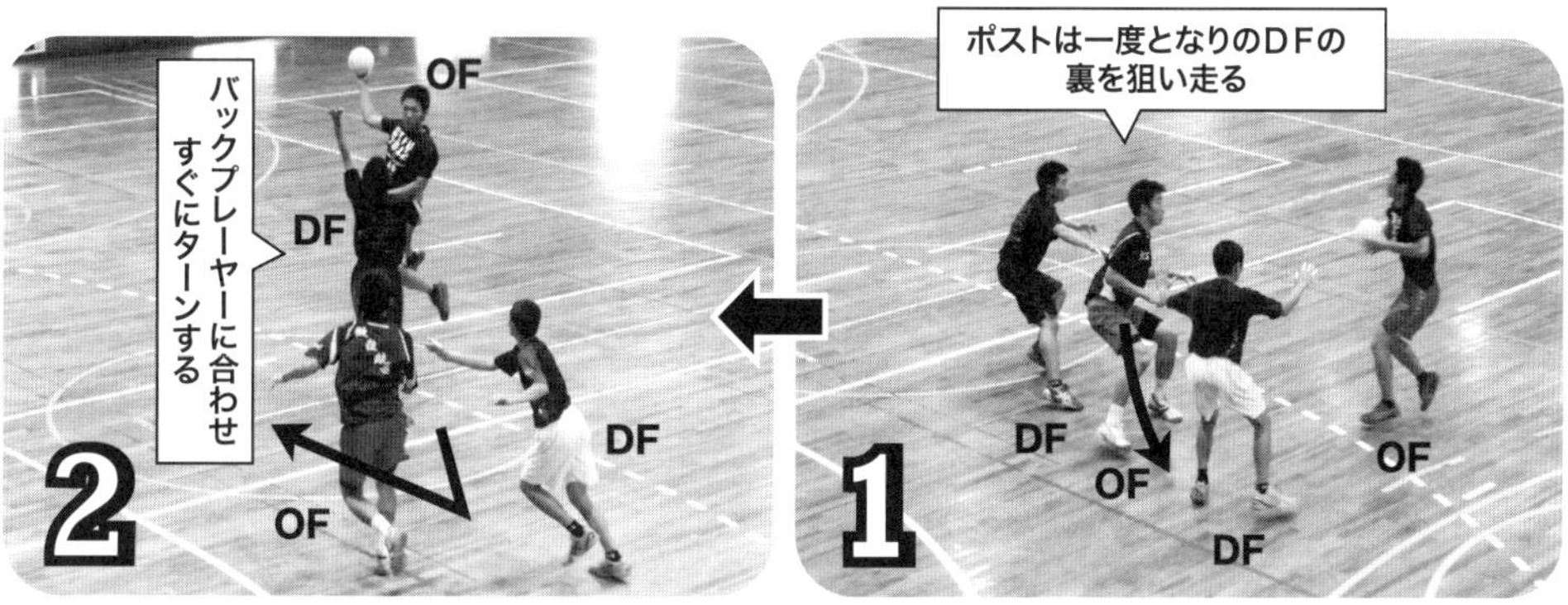

【写真32】スライド→ターン

ポジションチェンジで相性を見る

初めて対戦する相手の場合、試合開始10分間で、マッチアップしているDFとの力関係を測ります。自分の力が勝っていると判断したら、1対1でどんどん攻めていきます。相手の弱いところを強く攻めるのが、攻撃の基本です。

もし相手の力が上だった場合は、ポジションをチェンジして、組み合わせを変えてみましょう。マッチアップには相性があるので、自分にとっては「大きいからやりにくい」相手でも、別の人からすると「横のスピードで揺さぶれる」相手だったりします。逆にチームメイトが苦手にしている相手でも、自分にとっては「抜ける可能性がある」相手かもしれません。

この感覚は実際に対戦しないとわからない部分なので、試合の中で試してください。相手の弱点に自分たちの強みをぶつけていけば、必ず勝機が見えてきます。

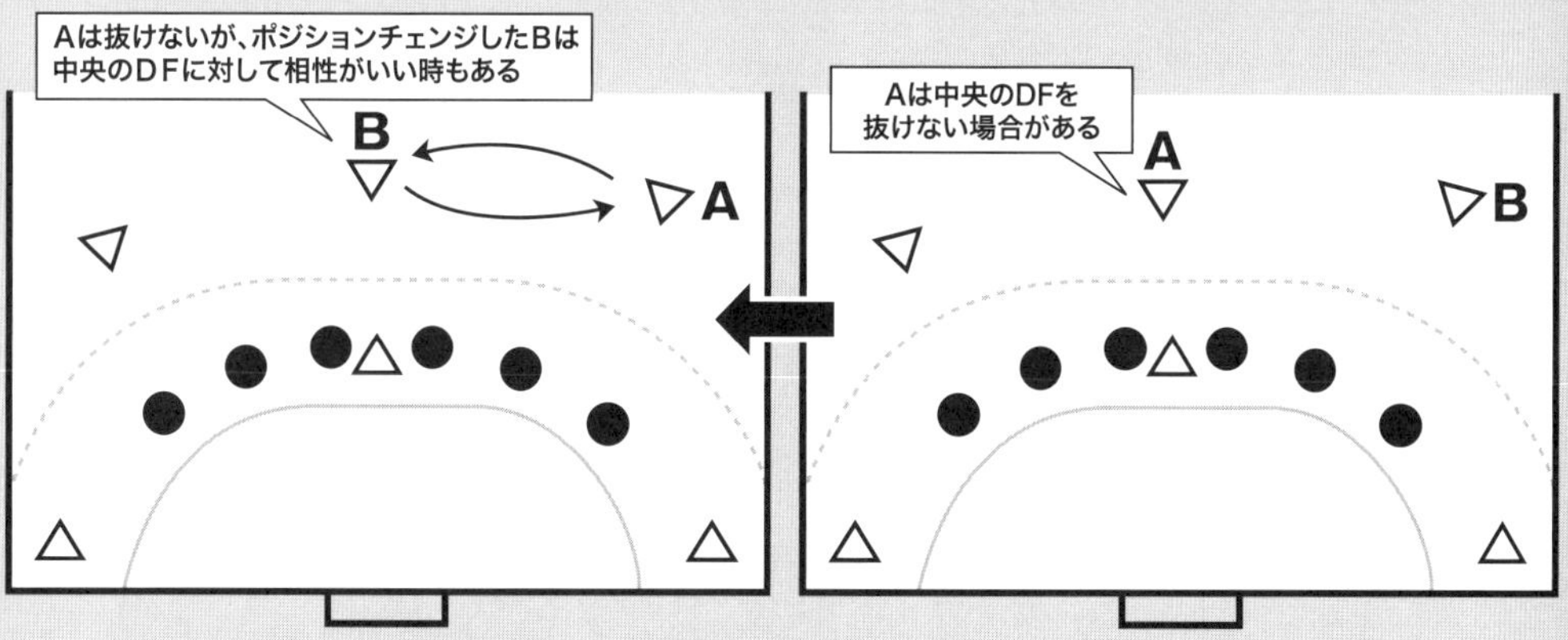

3 ポストの動きの考え方

**オフ・ザ・ボールの動きが重要になる
ポストについて解説します。**

ポストの動きでまず考えてほしいのが、裏のスペースを取ることです。【図29】のようにバックプレーヤーがボールを持ったら、DFも前に出ます。その裏のスペースへ動いて、次への展開を作るのです。

DFがついてこなければ、そのままフリーになってポストパスをもらいます。DFがついてきたらスペースができるので、そこにバックプレーヤーを走らせます。

そのままの状態でポストパスをもらってもいいのですが、パスがくるとわかったら、DFも前にかぶってきます【写真33】。かぶられないためには2つの対処法があります。1つは、DFがバックプレーヤーに気を取られているタイミングで横ブロックをかける方法。もう1つは、ポストがターンしてDFの裏を取る方法【写真34】。ここでは裏を取るための練習を紹介していきます。

【写真35】のようにバックプレーヤー2人にポストがいて、ポストにはDFがついている状況を作ります。左側のバックプレーヤーがポストパスを入れようとすると、DFがポストにかぶさってきます【写真35－2】。そこでポストはパスに合わせて、ターンします【写真35－3】。そうすればDFにかぶられることなく、右側で位置を取れます。裏を取られたDFは、右側からのポストパスに対応できません【写真35－4】。

練習ではバックプレーヤー同士でパスを繰り返し、それに合わせてポストが何度もターンして、DFの裏を取るイメージを作っていきます。

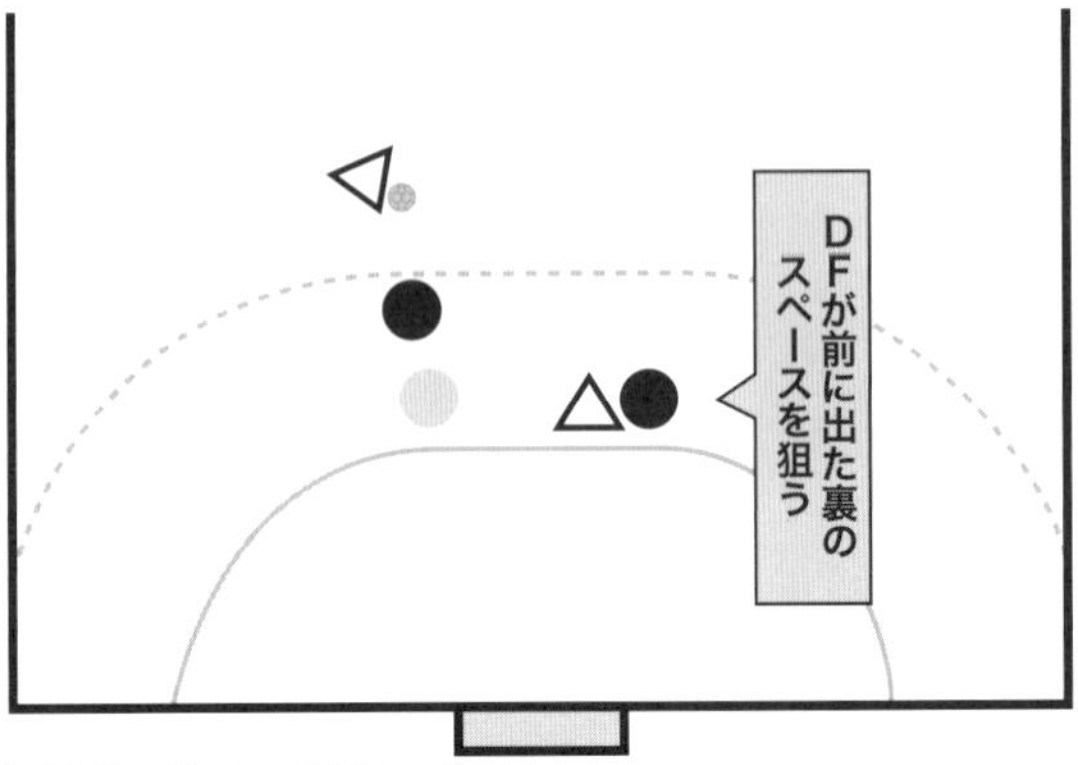

【図29】ポストの狙うスペース

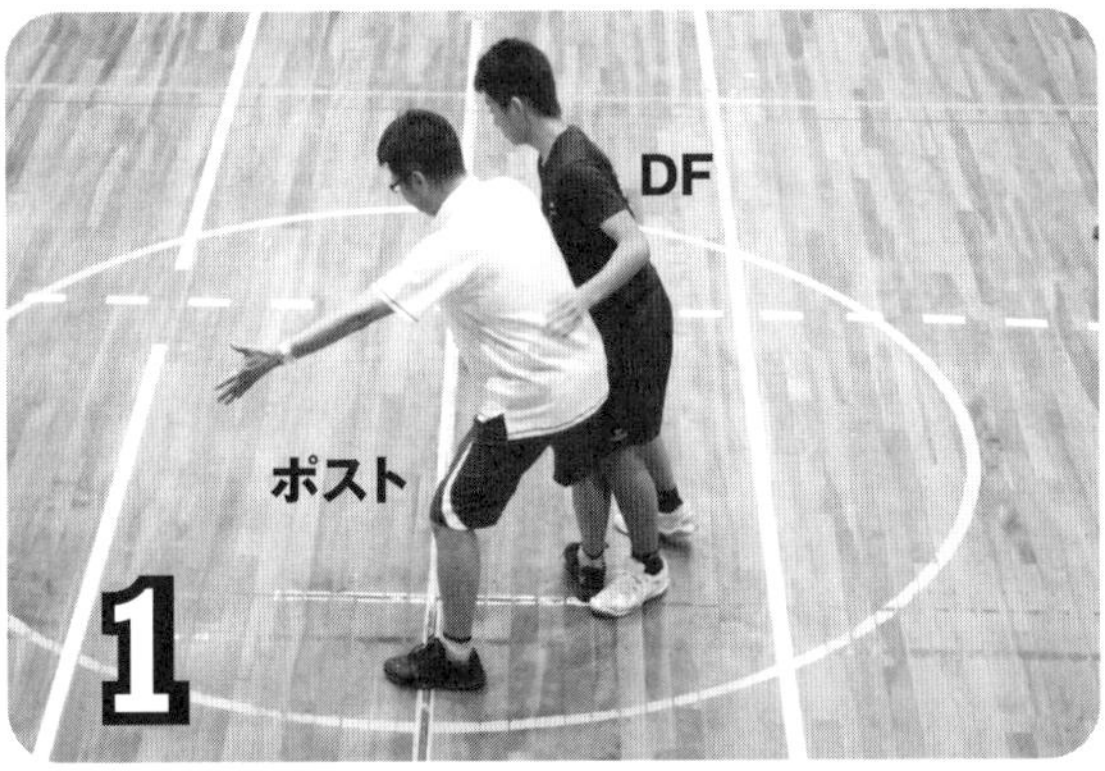

【写真33】DFが前にかぶってくる

【写真34】ＤＦの裏を取る

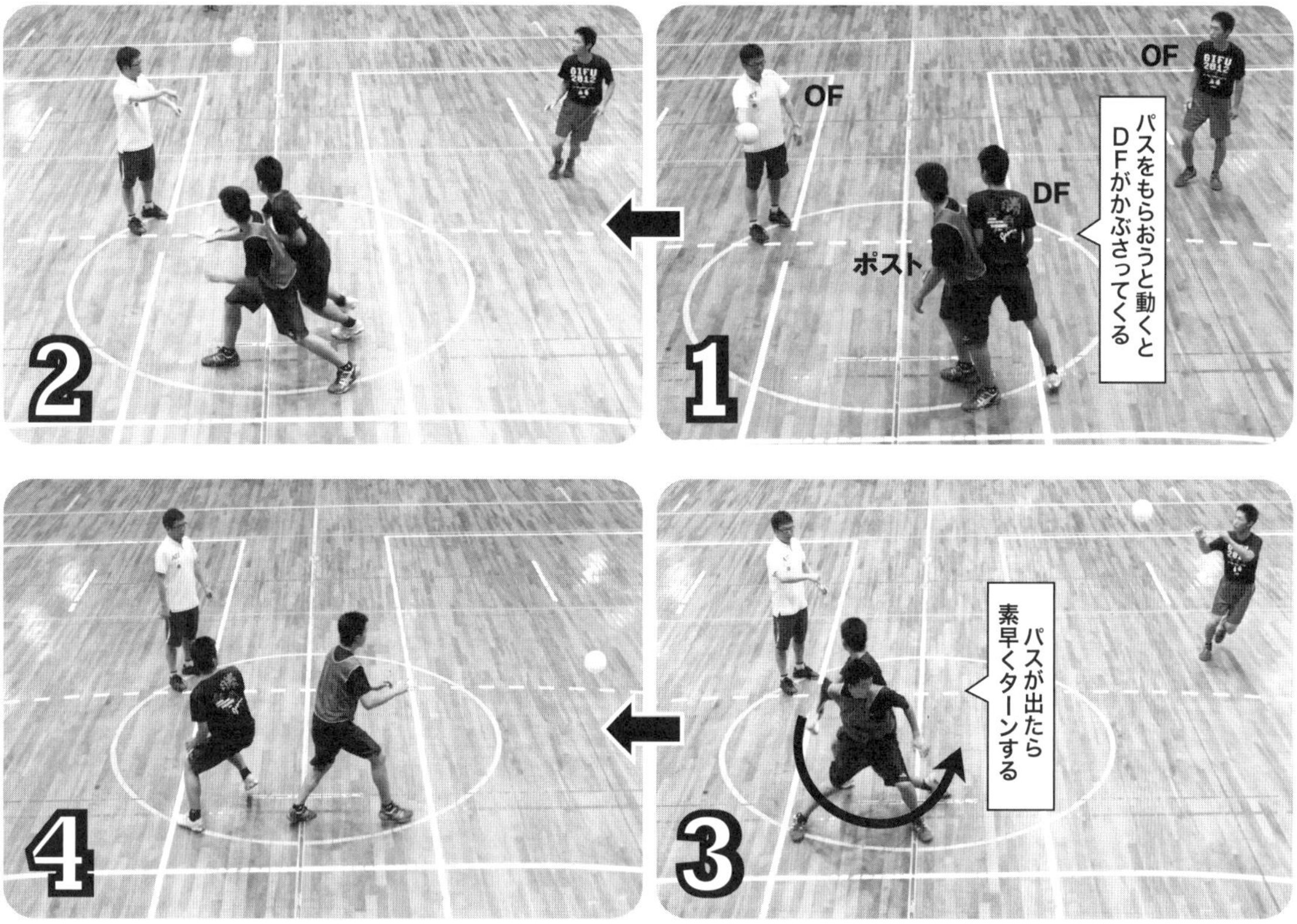

【写真35】バックプレーヤーの動きに合わせたポストのターン

寄せただけでもひと仕事

ポジションチェンジをしても、どうしても目の前のDFに勝てない場合があります。そういう時でも簡単に諦めないで、最低限の仕事をしてください。

目の前のDFを抜けなくても、寄せることぐらいはできるはずです。DFを少しでも寄せることができれば、反対側に広いスペースが生まれます。広いスペースができれば、味方が攻めやすくなります。【図30】のように1人ひとりがDFを寄せていけば、最終的にはどこかで勝負できます。完全にずれていなくてもスペースが広ければ、1対1ではOFが有利になります。1対1で相手を抜くのがベストですが、寄せるだけでも充分な仕事。全員でこういう仕事のできるチームは強いチームです。

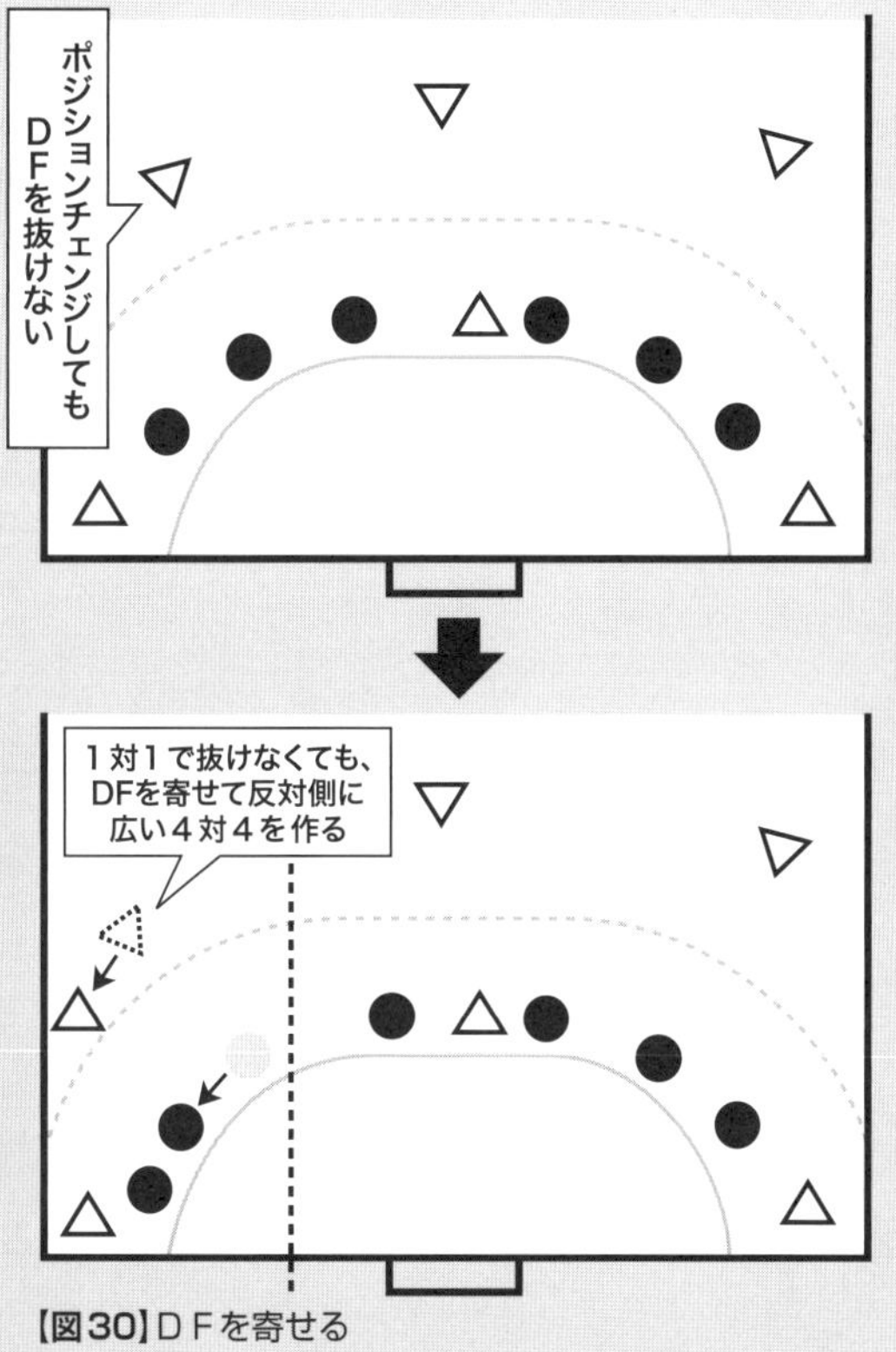

【図30】DFを寄せる

数的優位な状況でのトレーニング

3対2や4対3などの数的優位の状況でのトレーニングを紹介します。攻め方やトレーニングのポイントをしっかりと理解してください。

2対2を発展させていく時に、3人目の選手がどのように絡むかがポイントになります。だからといっていきなり3対3をやっても、なかなか数的優位を作れません。とくに小学生は1対1でとなりのDFを巻き込むほどのフェイント力がないので、3対3をやってもシュートまで持ち込めずに終わってしまいがちです。

数的優位を実感するためには、3対2や4対3など、OFが1人多い状況を作って練習するといいでしょう。最初から数的優位なので、練習がシュートで終わりやすいというメリットもあります。小学生はとくに3対2や4対3をどんどん練習して、たくさんシュートを打ってください。シュート練習にもなりますし「こうすれば味方が余るんだ」という感覚が身につきます。

より具体的に、3対2での攻め方を見ていきます。

【図33】では、サイドDFが左バックに寄っています。そうすると左サイドがフリーになるので、左バックは左サイドへラストパスを出しま

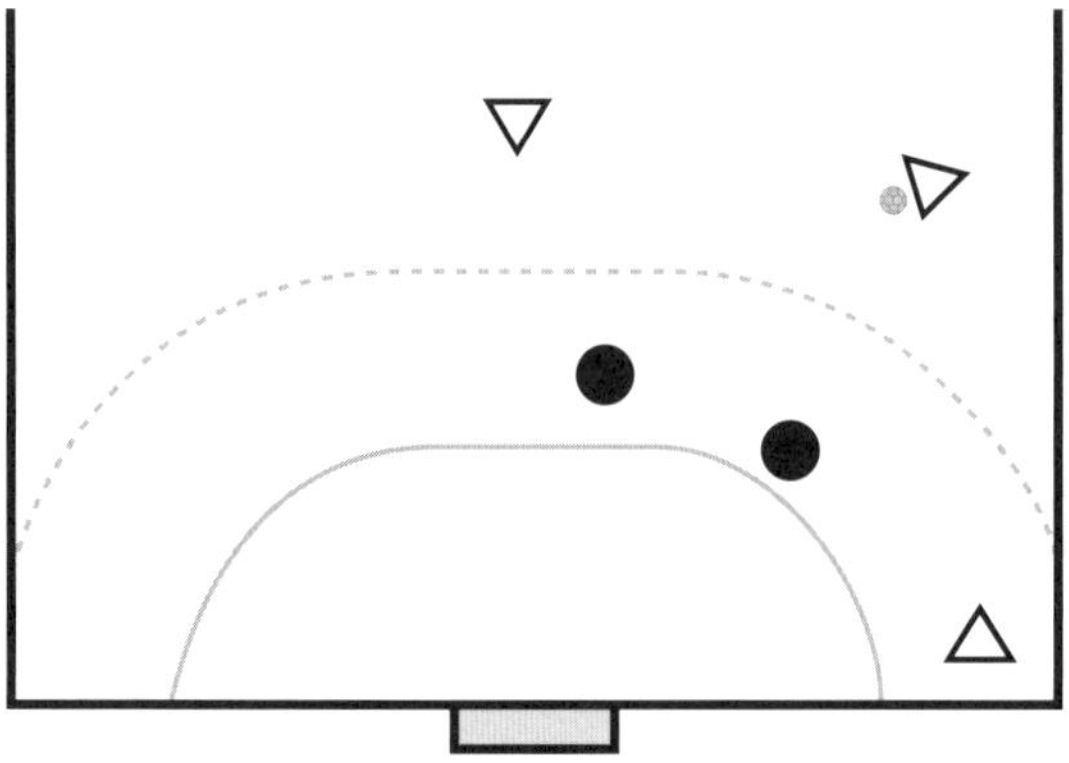

【図31】 3対2でのトレーニング

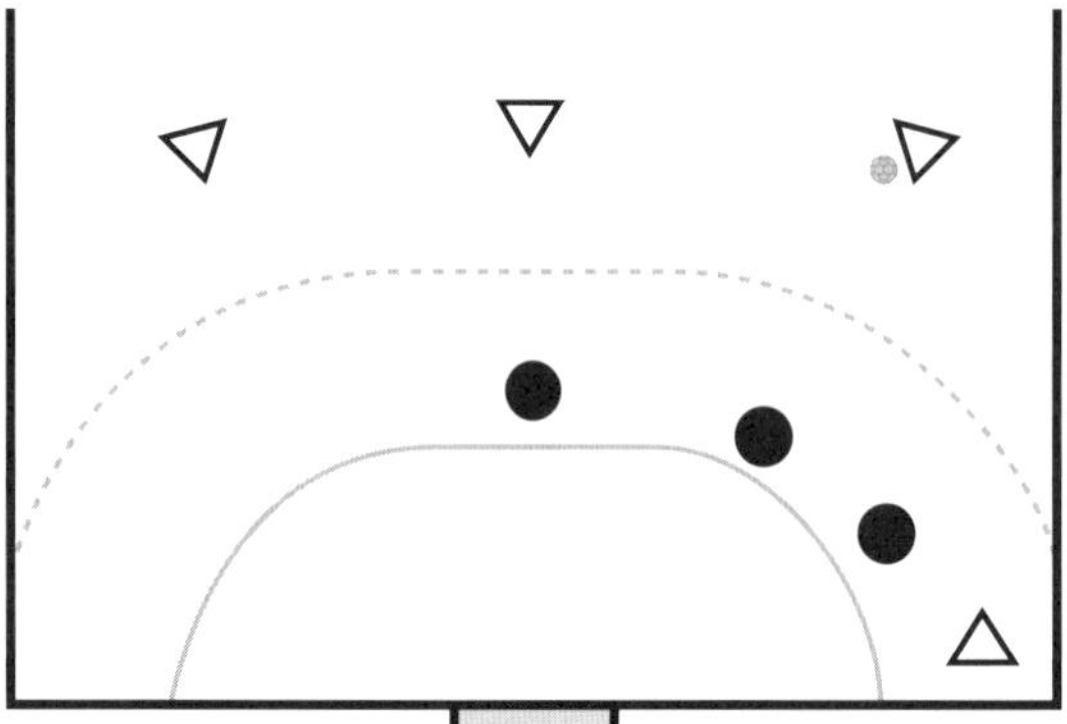

【図32】 4対3でのトレーニング

1
余った選手が攻撃に絡む

【写真36】 数的優位な状況でのトレーニング1

2
OFはDFの間を狙う

【写真37】 数的優位な状況でのトレーニング2

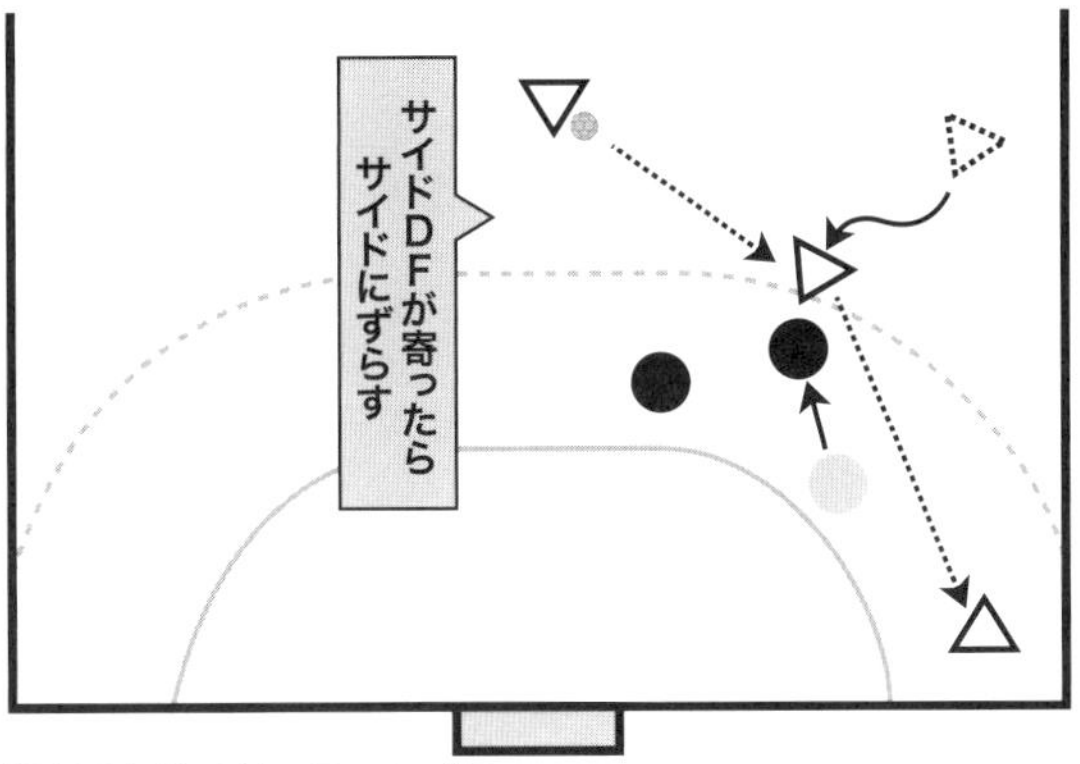

【図33】サイドへラストパス

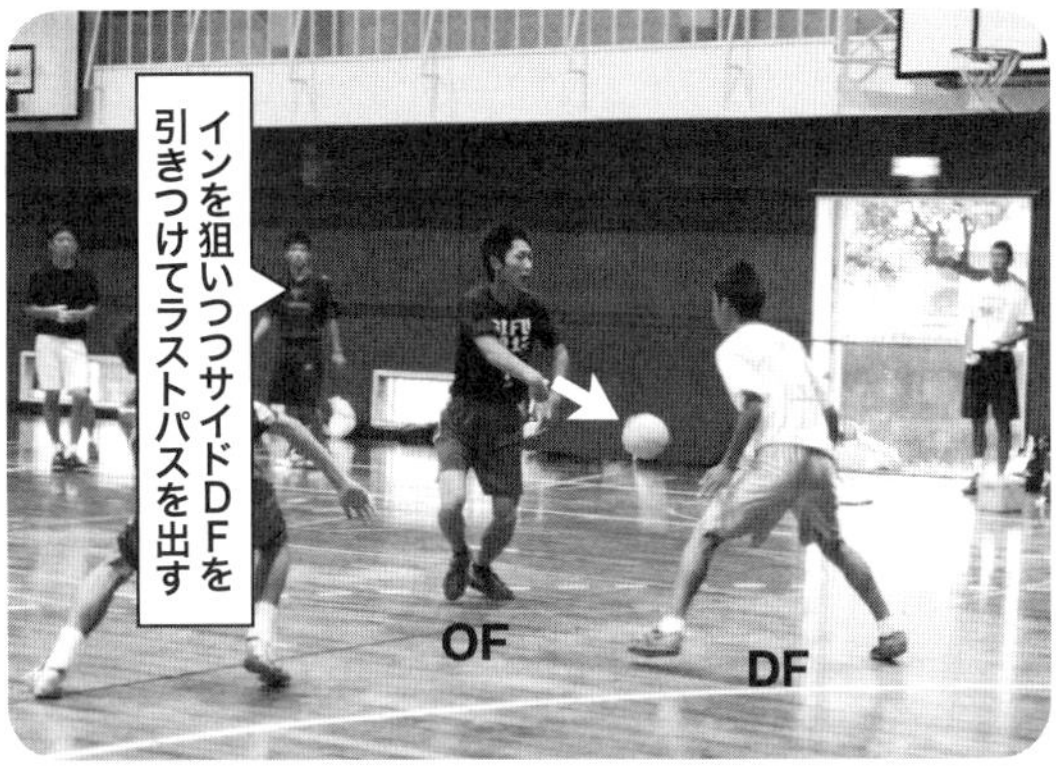

【写真38】サイドへラストパス

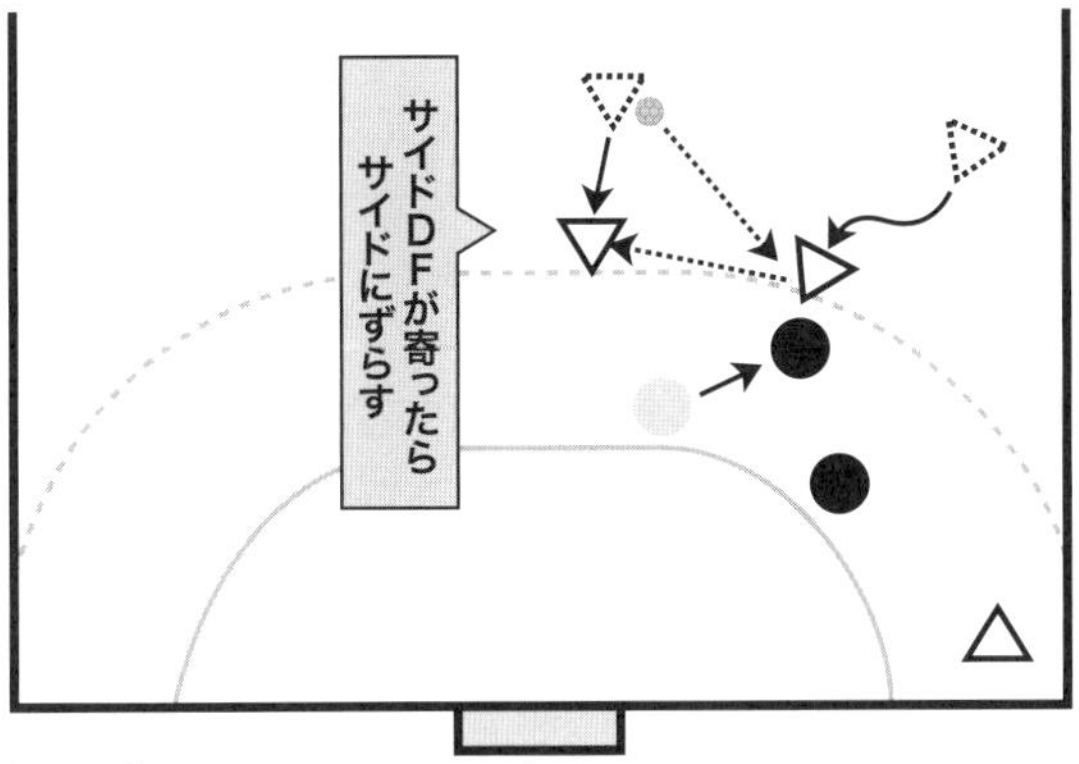

【図34】センターへリターンパス

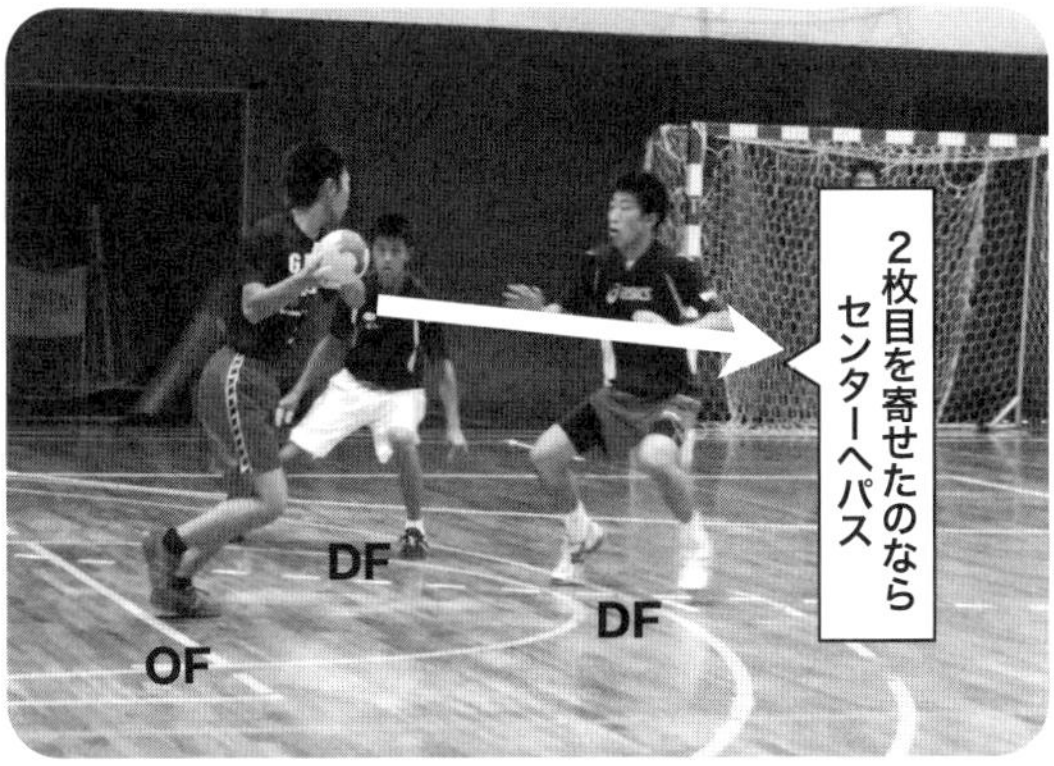

【写真39】センターへリターンパス

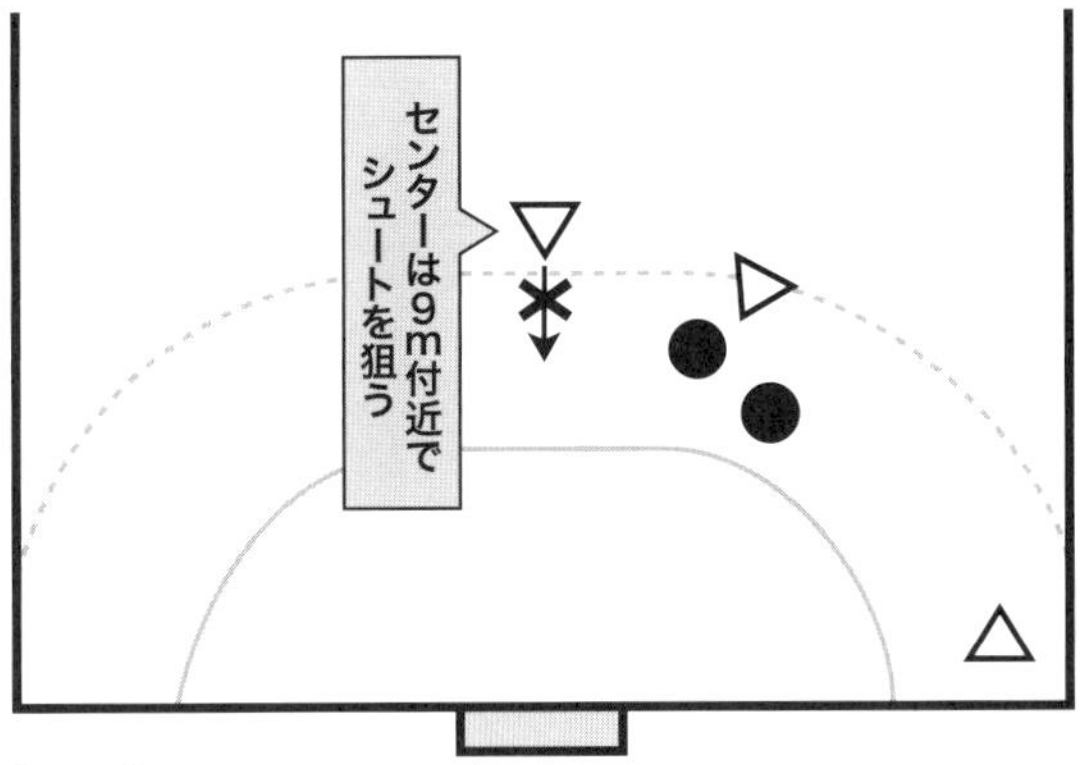

【図35】センターのシュート

す。その前の動きとして、左バックはサイドDFを引きつけるためにインを攻める必要があります。アウトに攻めたら、サイドDFが左バックを見ながら左サイドもケアできる形になってしまいます。左サイドにチャンスを作るためには、インに攻めるのが定石になります。

　左バックがインを攻めたら、今度はサイドDFではなく、2枚目のDFが寄ってきました【図34】。そうするとセンターがノーマークになります。そこで左バックはセンターに打たせるために、リターンパスを出します。

　リターンパスを受けたセンターの選手は、ノーマークなので6mからのシュートを打ちたくなりますが、この練習の時は、9mライン付近で打つことを意識してください【図35】。

　6mまでカットインするシーンは実際の試合ではあまりありません。9mからのシュートを決められるようになれば、得点も増えてきます。また、DFが素早く寄せてきた場合は、枝を利用したシュートの練習にもなります。

　数的優位の練習では、ミスさえなければ必ずシュートまで行けます。逆に言えば、ミスがあると、フリースローになるなど仕切り直しになります。どこが悪かったかが明確になるので、選手たちも次にどうすればいいのかを考えやすくなります。また守る側も数的不利でも守るためにクロスアタックなどの駆け引きを工夫するようになるので、DFやGKの技術も同時に高められます。

けん制に対しての動き 5

相手DFがけん制にきた時の対処法を理解していれば、オフ・ザ・ボールの動きでDFを崩すことができます。

ここからは応用編として、相手がけん制に出てきた時の対処法を考えていきましょう。左バックに対して相手がけん制をかけてきた時に、オフ・ザ・ボールの動きでどう崩していくかを、順を追って説明します。

本来であれば、最も安定しているDFの形は6：0DFです。ラインにべったり下がって守れるのであれば、それにこしたことはありません。退場を防げるし、間を割られにくい守り方でもあります。

ところが一番安定している形を崩してまで、2枚目DFが高い位置までけん制に出てくることがあります【図36】。このけん制に惑わされる選手がいますが、原理原則に立ち返って考えてください。DFがけん制に出ている時点で、その裏に大きなスペースがあります。いわゆる「段差がある」状態ですので、DFとしては安定した形とは言えません。変則的なDFほど、じつはOFにとってチャンスがたくさんあるのです。

とはいえ、安直に攻めてしまうと、相手の思うツボです。よくある失敗例が【図37】です。センターに近づきながらパスをもらおうとすると、けん制に出たDFもついてくるので、仮にパスをもらっても、足が止まった状態になります【図38】。ここから次の展開に持っていくのは難しいでしょう。

この状況を打開するために、けん制に出ているDFをどのように振り切るかを考えます。

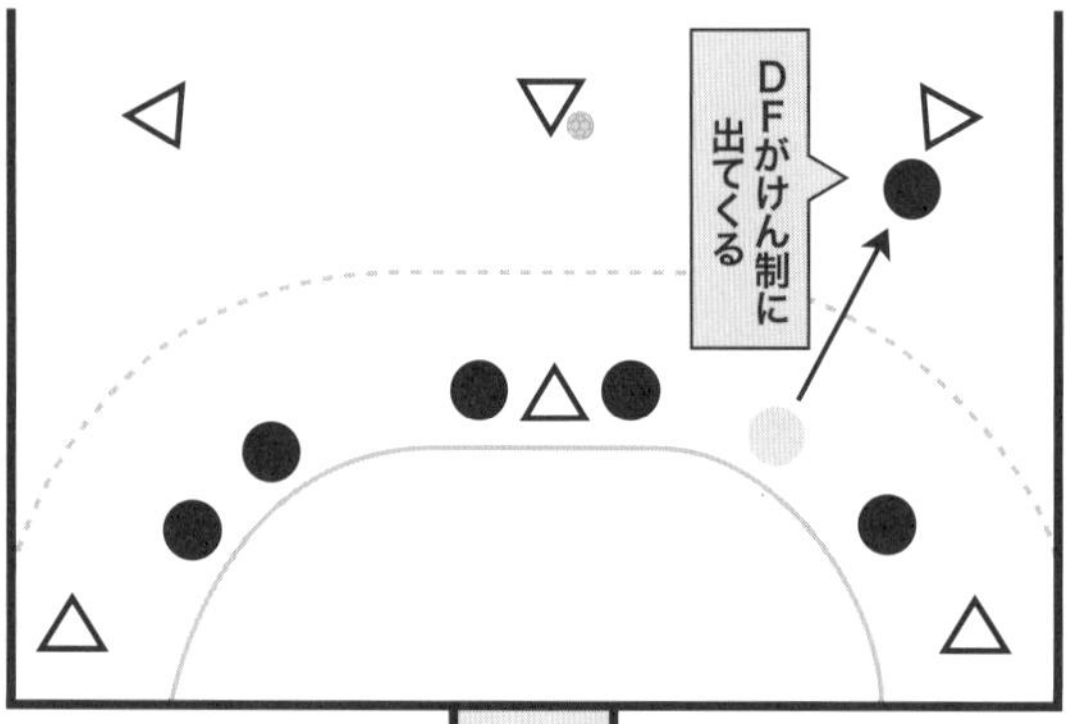

【図36】6：0DFで2枚目がけん制に出てきた場合

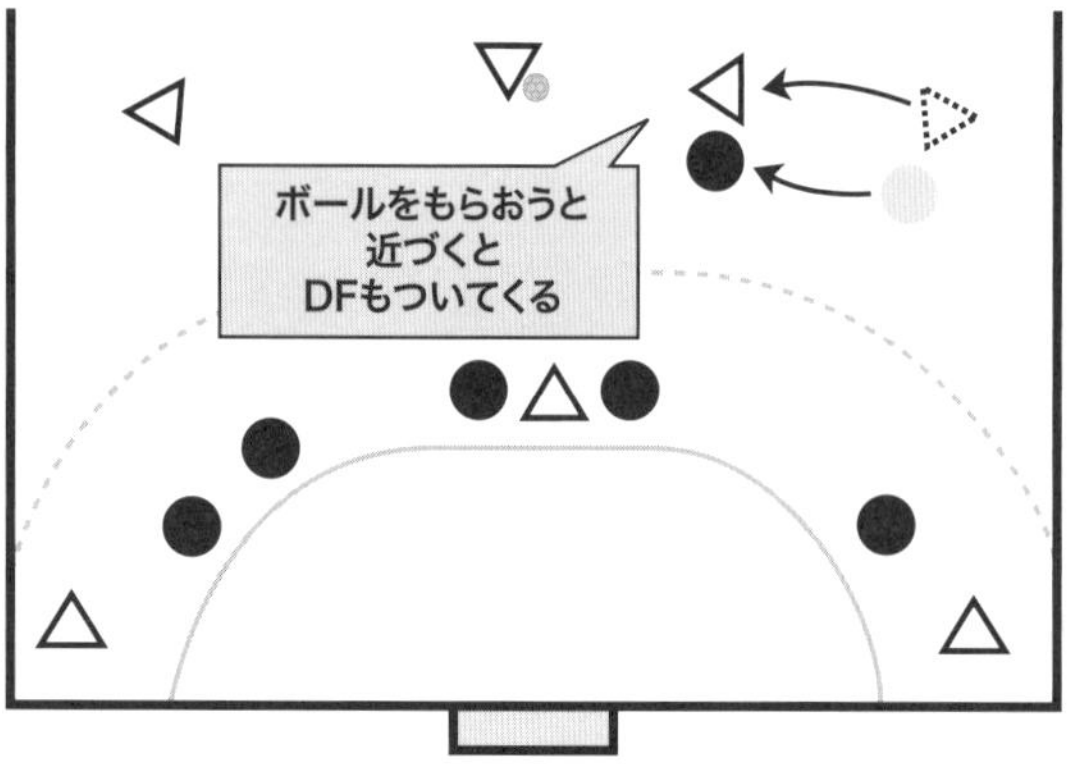

【図37】けん制に対しての悪い対処方法1

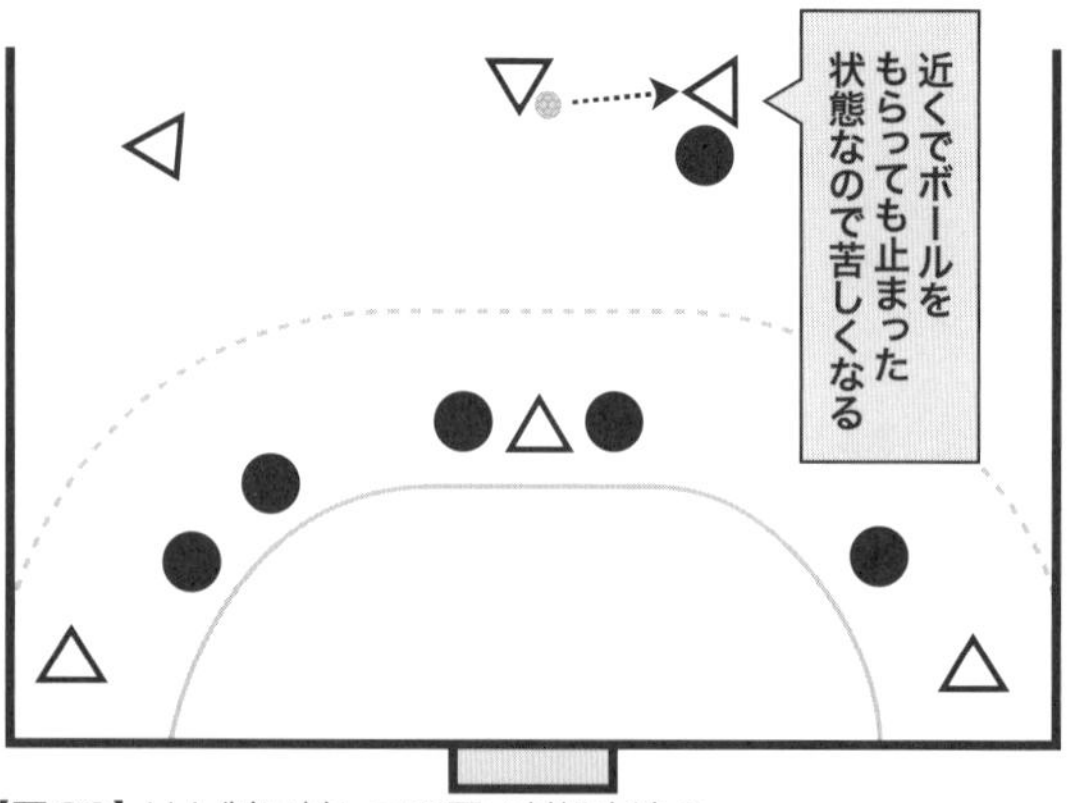

【図38】けん制に対しての悪い対処方法2

「大きな蛇行」で振り切る

【図39】では、DFを振り切るために、左バックがアウトに動きました。DFもついてきますが、ここでの狙いはDFを食いつかせることです。DFをアウトに寄せておいてから、今度はインに切り返して、センターからのパスをもらいます【図40】。アウトに行くと見せかけてインに切り返す「大きな蛇行」で、DFとずれた状況を作るのです。

同じように、インに動いたところからアウトに切り返して、フリーになるというのも選択肢の1つです。ずっとインに行こうとするから、DFがついたままになるのです。「大きな蛇行」でDFを振り切れば、次の展開が生まれやすくなります。

アウトからイン、インからアウト、どちらにしても左バックのオフ・ザ・ボールの動きでけん制に対処しています。しかし、けん制に出ているDFに機動力があると、「大きな蛇行」だけではチャンスを作れません。

そこで周りの選手と協力して、けん制の裏にあるスペースを攻めるのです。この時に観察しておきたいのが相手の反応。裏のスペースを攻めた時、だれがそのスペースを埋めてくるのかに注目してください。けん制に出ていたDFが下がる場合もあれば、ライン際にいたDFがフォローに走る場合もあります。相手の出方がわかれば、それに合わせて次の手を打てばいいのです。

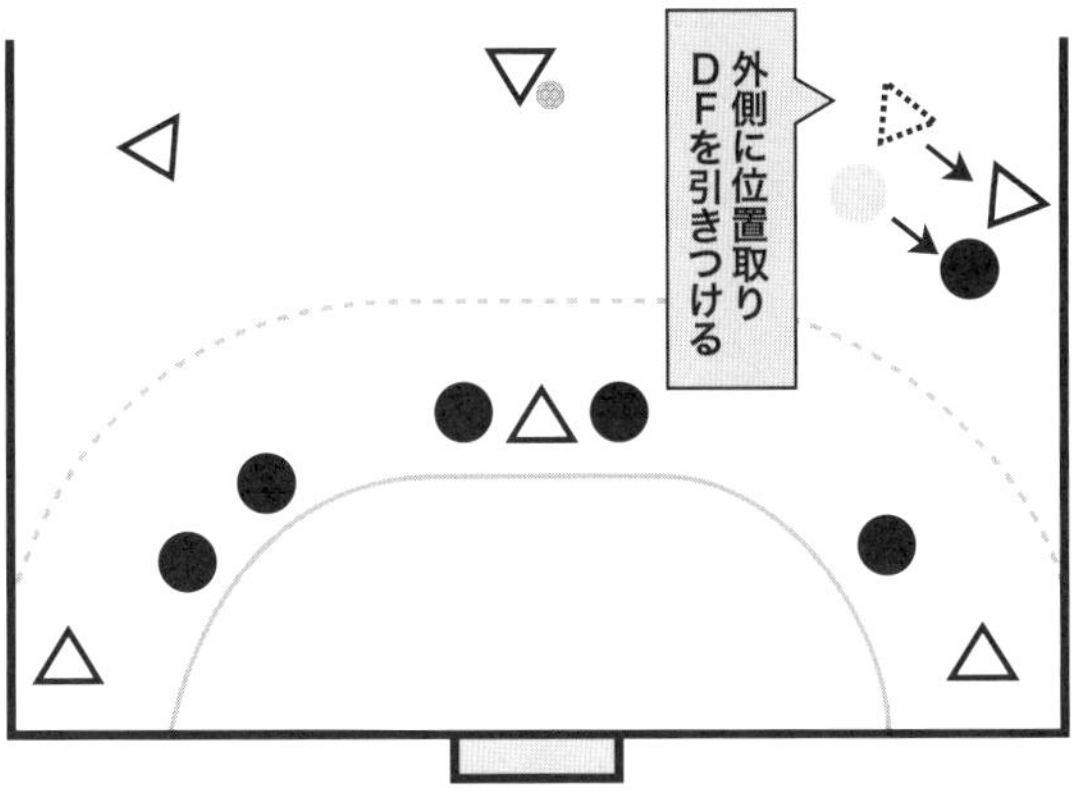
外側に位置取り
DFを引きつける

【図39】けん制に対してのいい対処方法1

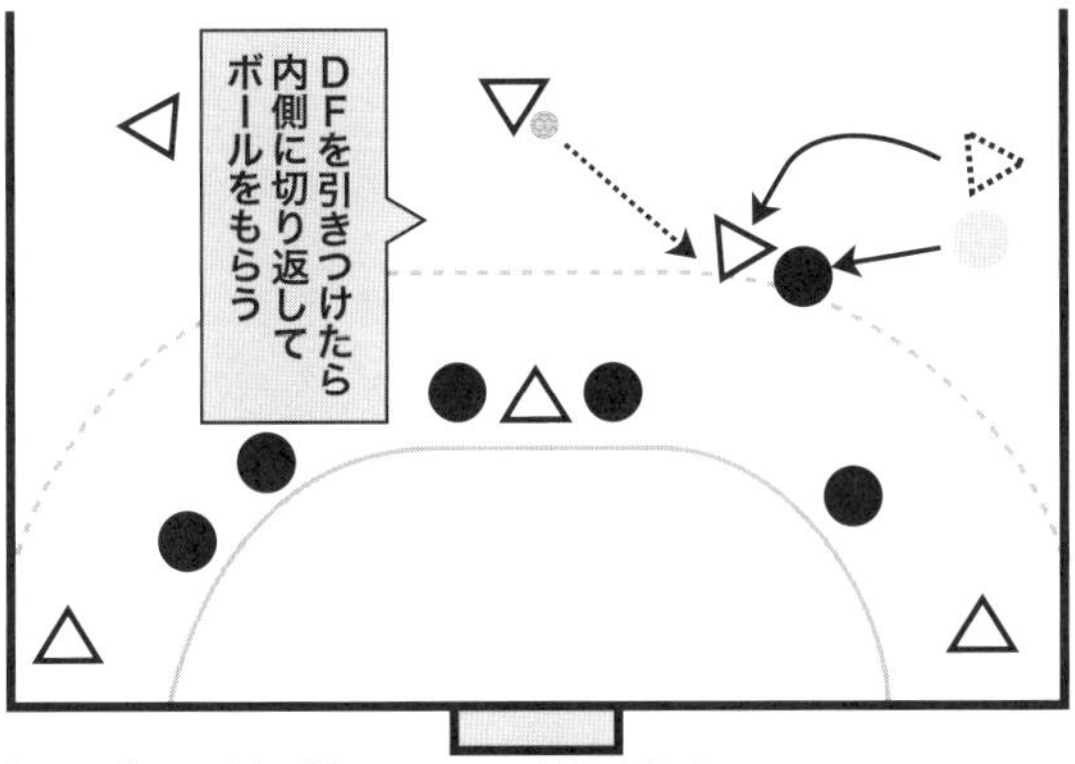
DFを引きつけたら
内側に切り返して
ボールをもらう

【図40】けん制に対してのいい対処方法2

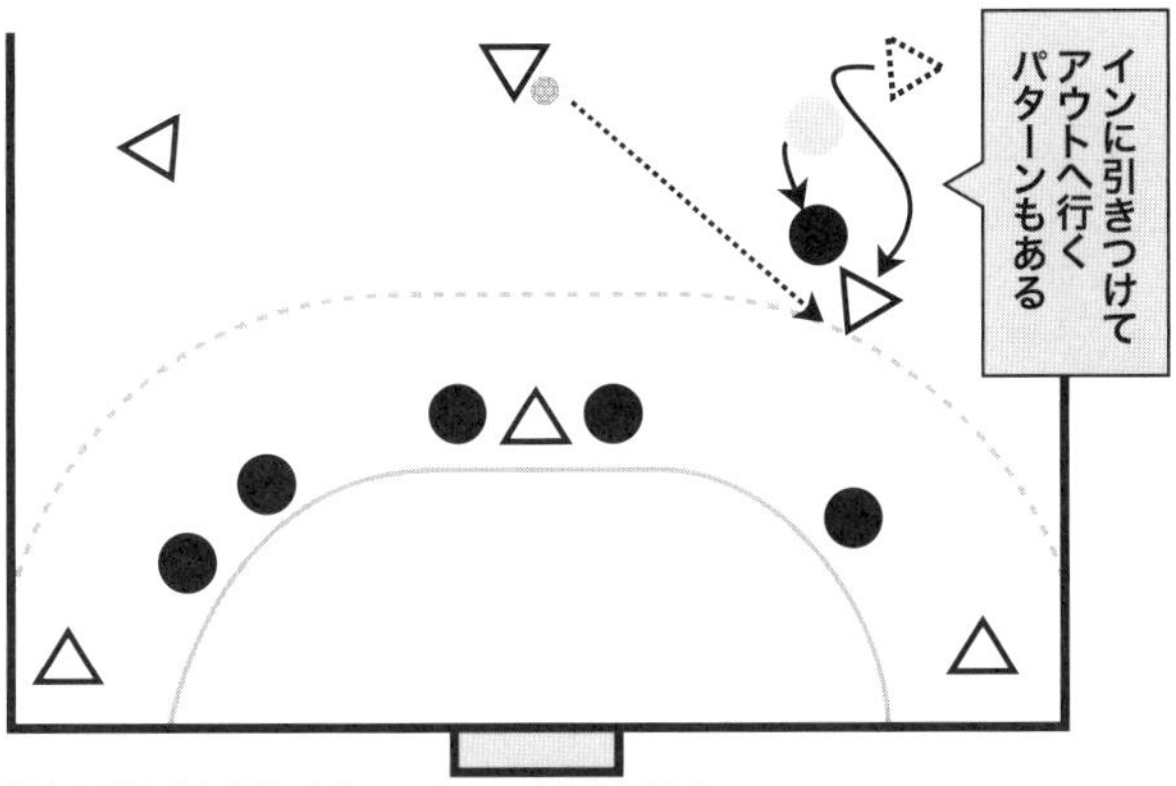
インに引きつけて
アウトへ行く
パターンもある

【図41】けん制に対してのいい対処方法3

周囲を感じる 周囲に感じさせる

いい選手はイメージする力があります。ほかの選手のプレーをイメージできるから、自分のプレーを正しく選択できます。言い換えれば、周りを感じる力があるということです。

例えばOFでとなりの選手がアウトを攻めているのに、自分から近づいてしまうと、せっかく味方がスペースを広げようとしているのを邪魔してしまうことになります。だから攻めている味方から離れて、次の展開に備えるのです。

周りの動きを感じると同時に、周りに感じさせる力も必要です。自分がこういうふうに動くから、この位置にいてほしい、こう動いてほしいと感じさせることで、プレーに連動性が生まれます。普段から共通理解を持って練習するとともに、味方の特徴を知っておけば、互いに感じる、感じさせる関係が構築できます。

大きな蛇行からスカイプレーへ

139ページからの続きで、けん制を振り切るためのバリエーションをさらに考えていきます。

　まず左バックがインに動いてDFを寄せます。そこからアウトに切り返し、DFの裏のスペースを取ってスカイプレーにつなげます【図42】。この場合は左バックが主導で、センターは左バックが跳んだのを見てから、空間にパスを出します。アドリブでのスカイプレーは難しいと思っている人も多いでしょうが、普段から「裏のスペースを取れたらスカイに跳ぶから、こっちの動きを見ていてほしい」といった話し合いができていれば、女子の選手でも意外にできるものです。

　左バックがアウトを抜くと、けん制に出ていたDFは抜かれるのを警戒して、ライン際に下がります。その下がり際を利用して、左バックが再びインに切り返せば、センターからのパスがもらいやすくなります【図43】。オフ・ザ・ボールの動きでDFを誘導すれば、つねに先手が取れるのです。

左サイドが回り込む展開へ

　ここまで駆け引きをしても、けん制のDFが上手で、ノーマークを作れない場合があります。DFが下がりながら左バックのインへの動きに対応してきたら、センターから左バックへのパスが出せません【図44】。

　そういう時は左サイドが大きく回り込みます【図45】。左サイドが回り込んでセンターからパスをもらうことで、コートの左側に2対1の数的優位ができました【図46】。2対2のようにも見えますが、サイドDFはマークを取れていない状態なので、実質2対1の形です。パスをもらった左サイドに中央の3枚目DFが寄ってくれば、コート右側に4対3の数的優位が生まれます【図47】。

　この展開で重要なのが左サイドです。左サイドが動かなければ、展開は止まってしまいます。味方の動きを感じ取って回り込んだから、新たな展開が生まれました。

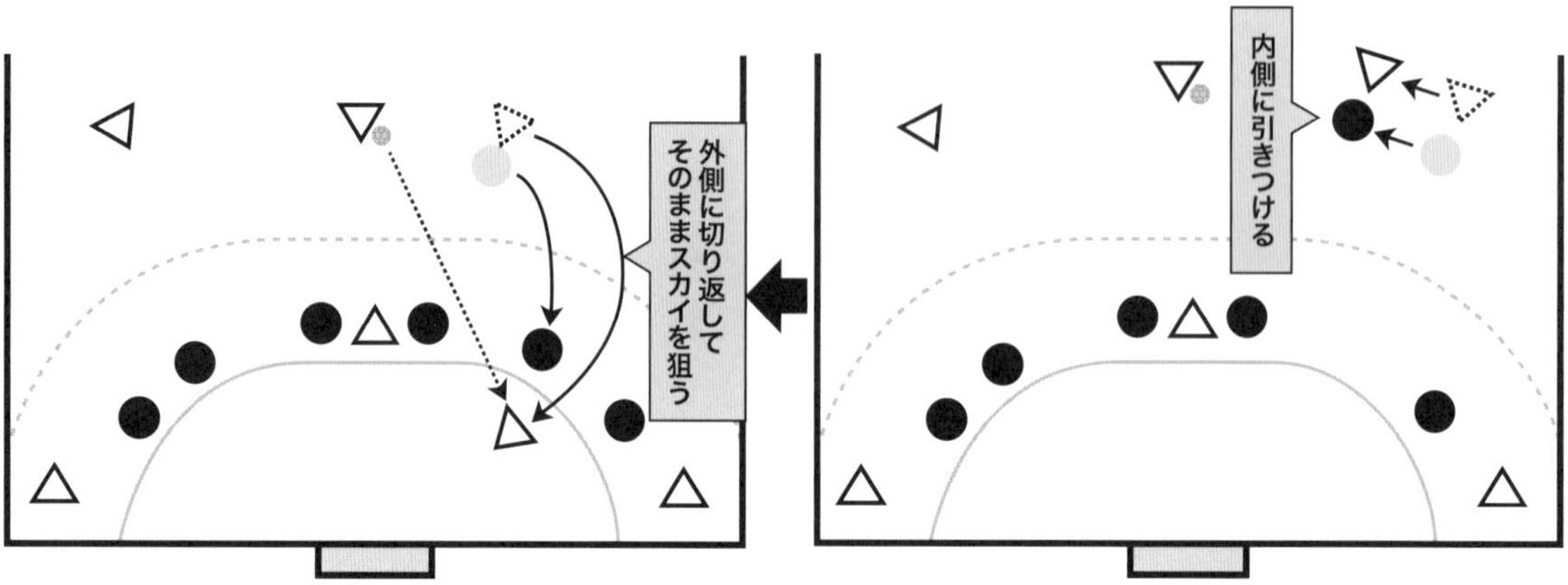

【図42】大きな蛇行からスカイプレー

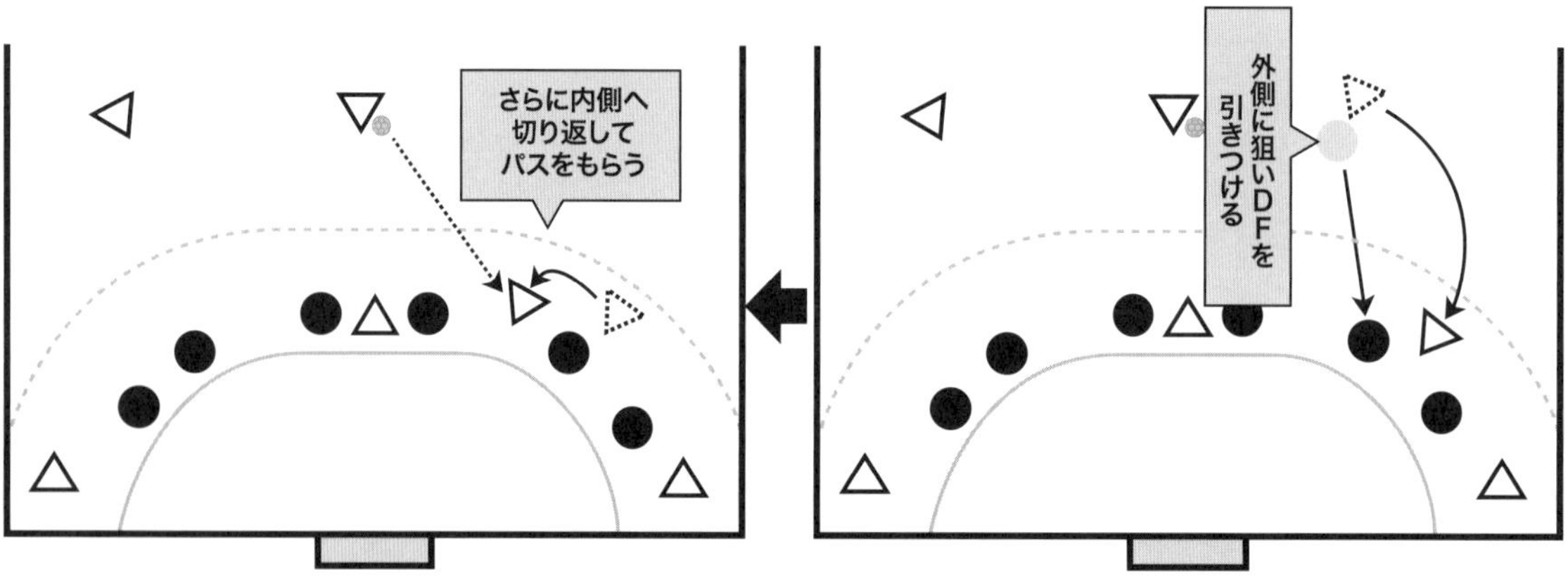

【図43】大きな蛇行からインに切り返す

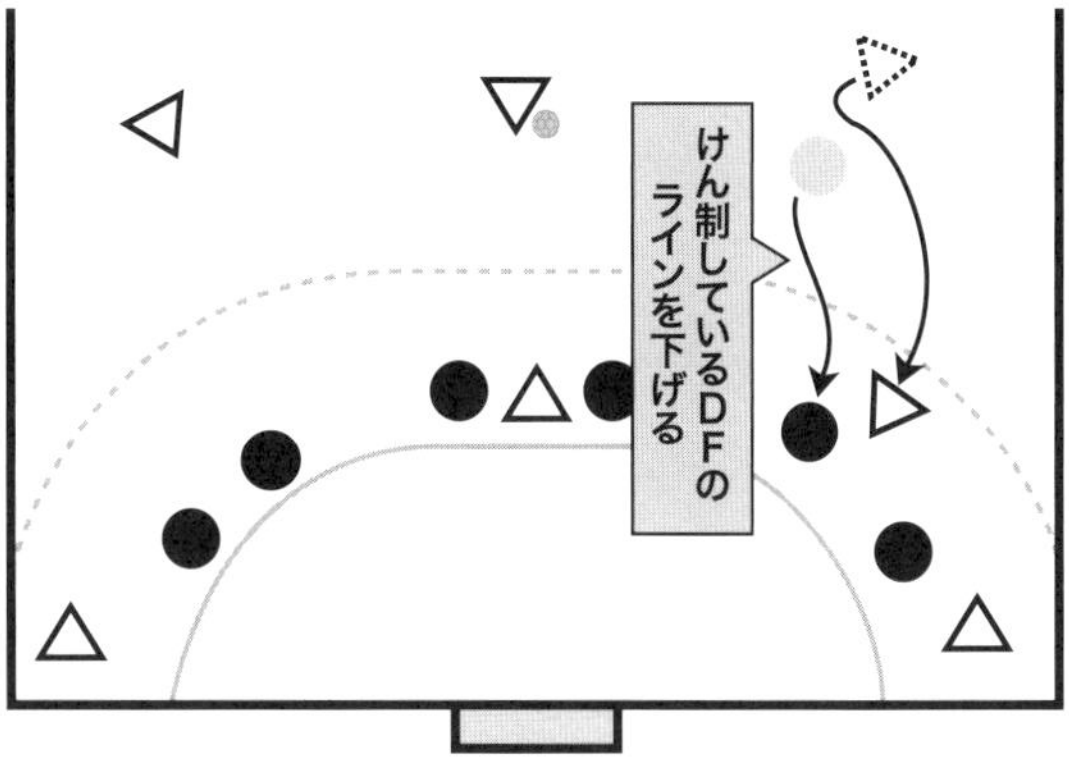

【図44】サイドを回らせるプレー1

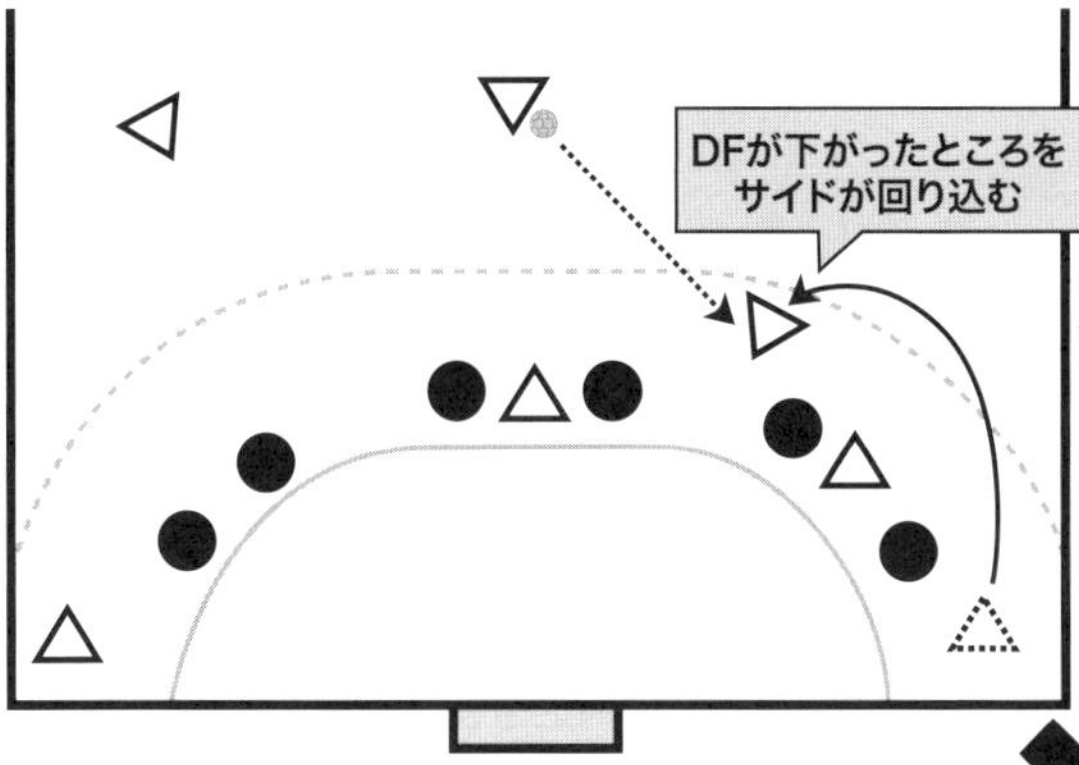

【図45】サイドを回らせるプレー2

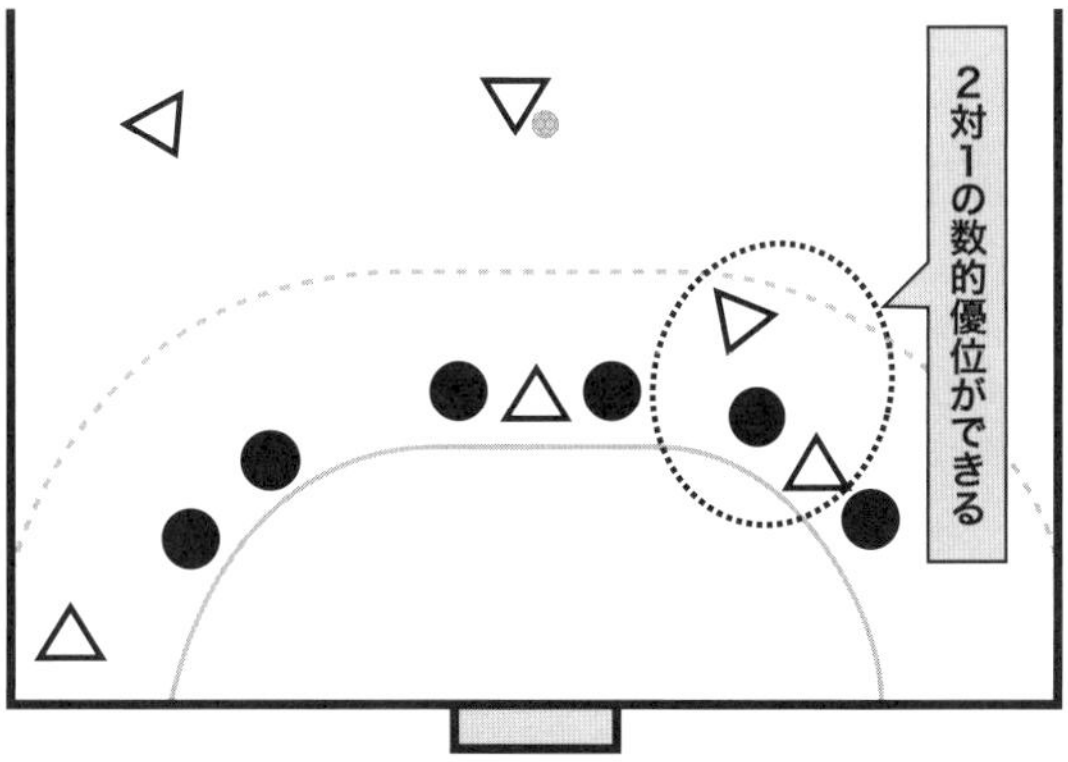

【図46】サイドを回らせるプレー3

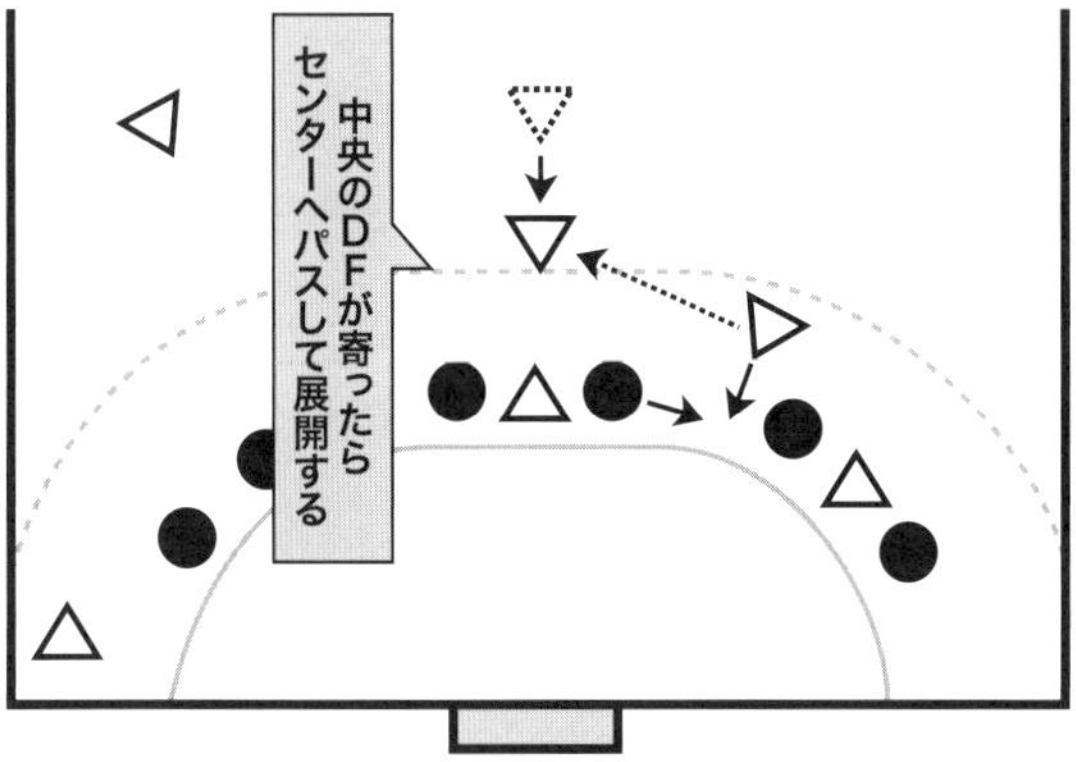

【図47】サイドを回らせるプレー4

オフ・ザ・ボールを理解するために 6

オフ・ザ・ボールの動きは複雑で練習しにくいイメージがあります。それでも考え方を整理していけば、そんなに難しくはありません。

1対1では「蛇行」の動きで、DFとずれた位置を取ります。2対2ではノーマークを作るための定石を覚えておきましょう。そこに3人目の選手がうまく絡んだり、全員が協力してスペースを広げたりすることで、最終的に6対6の攻撃が完成するのです。

自分が動いた時にDFがどう反応するのかも、しっかりと観察してください。DFがついてくるのであれば、自分が動くことでスペースができます。ついてこなければ、ノーマークのチャンスになります。

オフ・ザ・ボールの動きを理解し、その場で考えて動ける選手になれば、代表チームなどに入った時にもすぐに活躍できます。だれがとなりでも感じ合えて、だれが監督であってもその意図をくみ取り、コート上で表現できる――そういう選手が「自立した選手」だと、私は思います。

あとがき

『ハンドボールスキルアップシリーズ　目からウロコの個人技術』、読んでみて、いかがだったでしょうか。

この本は、「読む」、「見る」だけではなく、それをトレーニングやプレーに取り入れ、実際に「動いてみて」「やってみて」「試してみて」こそ意味のある、まさに「強化書」となっています。

さらにチームメイトと話し合いながら、チームの個性にあった使い方で、1人ひとりの動きに取り入れてみましょう。きっと、チーム力上昇の効果があるはずです。

そして、「できたこと」と「まだできあがっていないこと」をお互いに確認し、さらに精進していきましょう。

個人技術にしろ、チーム力にしろ、フィードバックしながら練習を繰り返し、螺旋状の階段を上がるように伸びていくものです。いま「できない」からといって諦めるのは早計です。

みなさんにはチームメイトというお互いの先生がいます。仲間を鏡とし、切磋琢磨することで、チーム全体が伸びていきます。

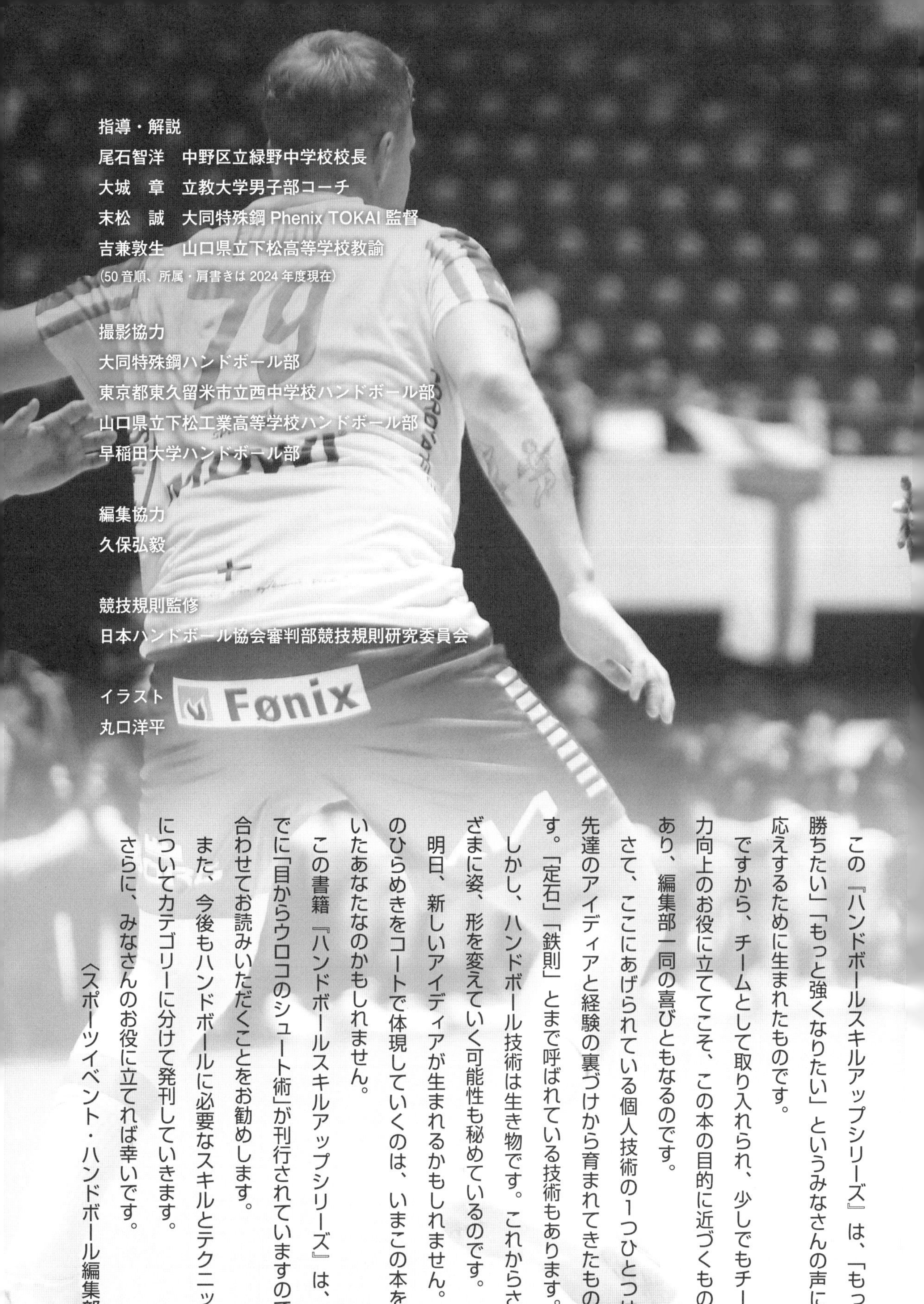

指導・解説

尾石智洋　中野区立緑野中学校校長

大城　章　立教大学男子部コーチ

末松　誠　大同特殊鋼 Phenix TOKAI 監督

吉兼敦生　山口県立下松高等学校教諭

(50 音順、所属・肩書きは 2024 年度現在)

撮影協力

大同特殊鋼ハンドボール部

東京都東久留米市立西中学校ハンドボール部

山口県立下松工業高等学校ハンドボール部

早稲田大学ハンドボール部

編集協力

久保弘毅

競技規則監修

日本ハンドボール協会審判部競技規則研究委員会

イラスト

丸口洋平

この『ハンドボールスキルアップシリーズ』は、「もっと勝ちたい」「もっと強くなりたい」というみなさんの声にお応えするために生まれたものです。

ですから、チームとして取り入れられ、少しでもチーム力向上のお役に立ててこそ、この本の目的に近づくものであり、編集部一同の喜びともなるのです。

さて、ここにあげられている個人技術の1つひとつは、先達のアイディアと経験の裏づけから育まれてきたものです。「定石」「鉄則」とまで呼ばれている技術もあります。

しかし、ハンドボール技術は生き物です。これからさまざまに姿、形を変えていく可能性も秘めているのです。

明日、新しいアイディアが生まれるかもしれません。そのひらめきをコートで体現していくのは、いまこの本を開いたあなたなのかもしれません。

この書籍『ハンドボールスキルアップシリーズ』は、すでに「目からウロコのシュート術」が刊行されていますので、合わせてお読みいただくことをお勧めします。

また、今後もハンドボールに必要なスキルとテクニックについてカテゴリーに分けて発刊していきます。

さらに、みなさんのお役に立てれば幸いです。

〈スポーツイベント・ハンドボール編集部〉

ハンドボール
目からウロコの個人技術

2018年6月1日　初版第2刷発行
2025年1月5日　第2版第1刷発行

編著者　スポーツイベント・ハンドボール編集部
発行者　山本浩二
発行所　株式会社グローバル教育出版
〒101-0047　東京都千代田区内神田2-4-2 一広グローバルビル3階
TEL.03-3253-5944
FAX.03-3253-5945
http://www.g-ap.com/
印刷所　株式会社瞬報社
デザイン　アオキケンデザイン事務所